안전 □□□□□□ 다

재난안전교육의 이론과 실제

Safety
Education

도서출판 맹꽁이　　이정일, 권창희, 정명원, 문종철, 이종성, 김경화 지음 / 감수 권오덕

현대사회가 기술적으로 발전함에 따라 인위적으로 만들어진 환경들이 많이 생겨나고 있다. 이러한 환경 속에서 안전이란 단어가 많이 나타나고 있다. 특히 안전 불감증, 안전교육 등은 요즘 더욱 많은 사람들의 관심을 받고 있다고 해도 과언이 아니다. 많은 인명 피해를 낸 세월호 사고, 노인 요양병원의 화재 사고, 포항의 지진 등 수많은 위험이 우리의 주변에 도사리고 있다.

안전교육이란 교육이라는 수단을 통하여 일상생활에서 개인과 집단의 안전에 필요한 지식, 기능, 태도 등을 이해시키고, 자신과 타인의 생명을 존중하며, 안전하고 건강한 생활을 영위할 수 있는 습관을 형성시키는 활동을 의미한다. 즉, 사람을 상해로부터 보호하고, 생명을 지키는 활동이다. 개인과 집단의 안전성과 건강을 최고도로 발달시키는 교육이며, 근본적으로는 인간 생명의 존엄성을 인식시키는 것이다.

2014년 4월 16일에 발생한 세월호 침몰 사고로 인하여 우리나라의 재난 대응 시스템의 심각한 문제점이 노출되었으며, 또한 선장과 선원들의 선박의 관리 부실, 운전 미숙, 퇴선 명령의 부재, 적재물의 과다 적재 등 많은 복합적인 원인으로 인한 사고였고, 한편, 통합 컨트롤 타워의 부재, 해경의 신속한 대응 미숙 등 재난 초동대응에서도 많은 문제점이 나타나 복합적인 원인으로 인한 대형사고였다.

세월호 사건뿐만 아니라, 그동안 우리 사회에서는 학교 안전사고가 지속적으로 증가하고 있으며, 인명 피해도 심각하다. 구체적으로 1999년 6월 30일에 경기도 화성군 청소년수련원 씨랜드의 화재로 유치원생 19명 등 23명이 사망한 씨랜드 화재 사건, 2013년 7월 18일에 충청남도 태안군 안면도 사설 해병대 캠프에서 공주사대부고 학생들이 구명 조끼를 벗고 바다로 들어가라는 교관의 지시를 따르다가 5명의 학생들이 실종·사망한 태안 사설 해병대 캠프사고, 2014년 발생한 경주 마우나 오션리조트 붕괴사고, 2022년 10월 29일 오후 10시 15분경 서울특 이태원동 해밀톤호텔 옆 골목에 핼러윈을 즐기려는 다수의 인파가 몰리면서 사망 158명, 부상 197명의 압사 사상자가 발생하였다.

이러한 사고를 겪으며 정부와 국민은 큰 혼란과 경각심을 가지게 되었고, 이후 정부는 조직을 개편하여 국민안전처를 출범시키며 재난 및 안전관리기본법 개정 등을 통해 정부 조직과 제도가 개선되었다. 그러나 이러한 정부 조직의 개편과 제도 개선으로만 학생들이 자신의 생명을 지키지 못한다는 비판을 갖게 되었다. 그러나 안전의식은 하루아침에 이루어지지 않는다.

어려서부터 가정, 학교, 직장, 사회에서 안전교육이 체계적이고 조직적으로 이루어질 때 안전에 관한 지식은 물론 안전의식이 형성되어 생활 태도로 나타날 것이다. 더욱이 재난안전을 담당하는 실무자나 재난안전교육을 담당하는 강사들에게는 정확한 지침이 필요한 실정이다. 이러한 점을 고려하면 이 책은 우리 주변에서 일어날 수 있는 안전사고를 모두 다루고 있으며, 그에 대한 안전과 예방대책, 응급처치 방법을 다루고 있다.

부디 이 책의 활용을 통해 우리나라 국민들 모두가 안전이 일상이 되어 안전사고 없이 행복한 세상을 살아가기를 기원하며, 안전한 생활을 습관화하는 데 도움을 줄 수 있게 되기를 희망한다.

대표 저자 이정일 지음

목 차

제1부
안전교육

제1장
안전의 정의와 특징

1.

안전의 정의

안전이란 위험이 생기거나 사고가 날 염려가 없는 상태를 말한다. 또는 안전이란 인간 생활을 편안하고 완전하게 하기 위하여 위험의 가능성을 없애고 사고를 줄이는 것을 말한다. WHO에서는 안전에 대하여 개인과 지역공동체의 건강과 복지를 위하여 위험과 육체적, 정신적 또는 물질적인 해로움을 초래하는 조건들이 조절되는 상태라고 하였다.

인간은 누구나 편안하기를 원하고 만족시키려는 욕망을 가지고 있다. 안전이란 편안하여 위험이 없는 상태를 유지하여 인간의 안전의 욕구를 지켜주는 것이다. 결국 안전이란 사고의 예방과 개인적 피해나 부상 또는 사고로부터 오는 재산적 손실이 없도록 하는 것이다.

지금까지 일어난 대형 안전사고의 문제점을 살펴보면 우리나라는 안전에 관한 법이나 제도가 미비하고 안전의식의 부재와 안전 점검의 소홀을 들 수 있고 안전교육 부족과 안전문화 형성이 미흡함을 알 수 있다. 안전의 목적은 이러한 사고나 재해로부터 안전한 삶을 살아가도록 사고의 위험성을 감소시키기 위하여 인간의 행동을 수정하거나 물리적으로 안전한 환경을 조성한 조건이나 상태를 만드는 것을 말한다.

안전과 관련된 단어들의 정의를 보면 다음과 같다.

1) 위험

위험이란 위태롭고 험하여 안전하지 못한 것을 말한다. 학교에서는 학교 내의 각종 시설, 체육 시설, 교육활동 시간과 관련하여 학생들이 부상할 가능성이 있으며, 산업 현장에서는 근로자가 기계 나 시설 등 위험한 환경에서 부상이 발생할 가능성이 있다. 안전은 생활 속에서 일어날 수 있는 위험 요소를 제거하는 것도 포함된다.

2) 사고

사고란 뜻밖에 일어난 일이나 사망 혹은 부상을 입게 하거나 재산상의 손실을 가져오는 예기치 못한 사건을 말한다. 사람은 신이 아닌 이상 행동이 완벽할 수 없으므로 누구나 가끔 실수를 저지르게 된다. 이러한 실수는 대부분 정해진 원칙이 무시되고 지켜지지 않음에 따라 사고를 당할 확률이 높다. 사고에는 교통사고, 등산사고, 낙상사고 등이 있으며, 안전은 사고를 미연에 방지하는 것을 포함한다.

3) 재해

재해는 사고의 결과 일어난 인적 피해를 말한다. 재해는 자연 재해와 인위적인 재해로 구분된다. 자연 재해는 화산 폭발, 지진, 홍수, 가뭄, 폭풍, 태풍, 해일, 벼락 및 우박 등 오늘날의 과학 기술로써 방지하기는 어렵고 예보나 대피 등으로 그 피해를 최소화할 수밖에 없다. 그러나 인위적 재해는 사람들에 의해 일어나는 화재, 교통사고, 추락 등의 사고에 의한 재해로써 대개는 미연에 방지할 수 있다. 안전은 재해에 의해서 일어날 수 있는 피해를 최소화하는 데 의미가 있다.

4) 손상

손상은 비의도적인 손상과 의도적인 손상으로 나눌 수 있다. 비의도적 손상은 자신이 의도하지 않은 교통사고, 낙상, 화상, 질식, 중독 등과 같은 불의의 사고로 발생하는 손상을 말한다. 의도적 손상은 폭력, 학대, 자살, 범죄 등으로 인해 초래되는 건강상의 해로운 결과를 의미한다. 손상의 원인은 사고, 자해, 폭력, 자연재해, 재난, 전쟁 등이다. 안전사고는 손상을 유발하는 하나의 주요 요인이다.

2.

안전사고

1) 안전사고의 정의

안전사고란 안전 관련 사항을 충분히 교육하고 숙지했다면 일어나지 않았을 사고를 의미한다. 예를 들자면 횡단보도에서 초록불이 깜빡일 때 생각 없이 뛰어서 가는 것, 에프킬라를 뿌린 방에서 라이터를 켜면 화재가 발생할 수 있다는 것, 헬멧을 쓰지 않고 자전거나 킥보드를 타는 것 등등의 상황을 말하는 것이다. 안전사고의 최대 요인은 안전 지식에 대한 무지와 안전 지식의 습득과 실행에 대한 나태의 결과다.

2) 안전사고의 원인

최근 우리 사회는 첨단과학 및 물질문명의 급속한 발달로 우리의 생활을 매우 편하고 풍요로워지면서 각종 위험 요소들이 우리의 안전을 위협하고 있다. 일상생활에서 각종 사고 소식을 매일 접하면서도 '설마 나한테는 그런 일이 일어나지 않겠지?' 하는 방심으로 잘못을 방치하거나 안전 규칙을 지키지 않는 안전 불감증은 대형 사고의 주요 원인이 되고 있다.

3) 안전 불감증

- 과속, 신호위반, 음주운전, 무단횡단 등 교통 규칙을 지키지 않는 경우
- 전기나 가스의 안전 점검을 수시로 하지 않는 경우
- 대형건물의 소방 설비시설의 허술
- 여름철 물놀이 안전 수칙을 지키지 않거나 안전요원이 배치되어 있지 않은 경우
- 각종 불량식품 및 유해 물질이 함유된 식품이 유통되는 경우

3.

안전사고 발생 요인

    안전사고는 위험이 발생할 수 있는 장소에서 안전교육의 미비, 안전 수칙 위반, 부주의 등으로 발생하는 사람 또는 재산 피해를 주는 사고를 말한다. 안전사고는 반드시 안전교육의 미비, 안전 수칙 위반, 부주의 등과 같은 원인이 있어야 일어난다. 따라서 안전사고는 사람의 불안전한 행동과 불안전한 상태만 제거하면, 사고는 발생하지 않고 피해도 발생하지 않는다고 할 수 있다. 그러나 아무리 안전을 위한 법령이나 규칙이 정비되어 있어도 사람이 그것을 지키지 않으면 사고가 일어날 수밖에 없다. 안전사고를 일으키는 요인에는 인적요인, 물적요인, 환경요인이 있다.

1) 인적요인

    인적요인은 사람으로 인해 안전사고가 생기는 것을 말한다. 인적요인은 인간의 불안전한 행동 요인과 불안전한 개인적 요인으로 나눌 수 있다.

    인간의 불안전한 행동 요인은 금지된 사항을 위반하여 행동으로 나타나는 원하지 않은 행동을 말한다. 예를 들면 경고 무시, 안전 지시 무시, 감독 불철저, 위험 장소의 접근, 장난, 잡담, 집중력 및 주의력 부족, 안전 장비 미착용 등이 여기에 속한다.

    인간의 불안전한 개인적 요인은 사고 발생의 간접 요인에 속하는 것으로 부적절한 태도, 거친 성격, 주의력 및 자제력 부족, 건강 상태, 자만심, 명령의 이해 부족, 안전에 대한 지식과 경험의 부족, 미숙련, 고의적 게으름, 이기적 태도, 피로, 우유부단한 성격, 비협조, 서두름, 강박 관념, 무관심 및 건망증 등이 있다.

이러한 인적 요소는 선천적 요소와 후천적인 요소로 나눌 수 있는데, 선천적 요소는 주로 정신적인 기능의 결함에 속하는 것으로 지능, 성격, 판단 등으로 나타나며 후천적인 요소는 불량한 태도, 불충분한 지식, 미숙한 기능기량, 능력 등이 이에 속한다. 이러한 개인적인 요소가 요인이 되어 직접 불안전 행동으로 나타나게 되는 것이다. 사람으로 인해 생기는 안전사고는 인적요인을 미리 예방하거나 제거하면 사고를 효율적으로 예방할 수 있음을 보여 준다.

2) 물적요인

물적요인은 사람들 둘러싸고 있는 물적인 요소들에 의해서 안전사고가 생기는 것을 말한다. 물적요인은 시설상의 불안전한 상태를 말하는데, 인간이 활동하는 데 직간접적으로 관계되는 여러 가지 기기, 시설, 기구, 도구 등의 물적요인으로 가해물의 위험한 배열, 설비 자체의 결함, 강당, 체육관, 운동장, 실습장, 교실, 계단, 특별교실, 실험실, 실과 실습실, 미술실, 공작실 등의 시설물의 상태 결함 말한다. 물적요인으로 인해 생기는 안전사고는 물적요인을 미리 규칙에 맞도록 운영하며, 미리 위험요인들을 제거하면 사고를 효율적으로 예방할 수 있음을 보여준다.

3) 환경요인

환경요인은 사람을 둘러싼 환경에 의해서 안전사고가 생기는 것을 말한다. 환경요인은 사고를 일어나게 하는 온도, 습도, 청결, 날씨, 가정· 학교·사회의 안전 불감증이나 잘못된 안전교육 등의 주변 환경을 말한다. 환경요인으로 인해 생기는 안전사고는 사고를 일으키는 환경에 대비하여 준비하고, 미리 위험요인들을 제거하면 사고를 효율적으로 예방할 수 있음을 보여준다.

4.

안전사고 발생 원인

안전사고의 원인은 크게 네 가지로 구분할 수 있다.

① 천재지변 등 사람이 전혀 예측하지 못한 일이 일어난 것으로 사람의 힘으로는 어떻게 조치할 수 없는 불가항력적인 것으로 태풍과 홍수와 같은 재난 사고가 있다.

② 물적인 시설상의 결함이나 하자가 있는 것으로 기계의 고장이나 시설의 노후로 인해 발생하는 사고가 있다.

③ 사람의 행동이 불안전하여 설비에는 전혀 문제가 없는 상태에서 행동의 잘못으로 발생하는 인재사고가 있다.

④ 사고의 원인이 한 가지가 아니라 여러 가지가 복합되어서 일어나는 사고가 있다. 즉 불안전한 행동과 불안전한 시설이 복합적으로 엉켜서 일어나는 경우가 있다. 예를 들어 시설이 노후한데 사람도 불안전한 행동을 하여 발생하는 사고 같은 경우를 말한다.

사고의 원인이 여러 가지인 경우에는 시간이 지남에 따라 직접적인 원인이 되기도 하고 간접적인 원인이 되어 일어나기도 한다. 예를 들어 재해로 인한 사고로 인해 인명이 사망한 경우에는 재해가 직접적인 원인이 되기도 하고, 간접적인 원인이 되기도 한다.

사고를 일으키는 원인은 과학적인 방법으로 추적하여 찾아낼 수 있다. 예를 들면, 정해진 규정을 지키지 않아 사고가 발생한 원인을 보면, 사고 유발자가 바쁘기 때문에 규정을 지키지 않았거나, 안전의식 미비로 인해 발생된 원인을 찾을 수 있다. 또는 교통사고로 인해 인명이 사망한 원인을 보면, 도로를 횡단하는 보행자가 실수를 해서 발생한 것인지, 운전자가 부주의로 인해 발생한 것인지, 기계적 결함으로 발생한 것인지 원인을 찾을 수 있다.

위험에 무뎌진 사람이 사고를 일으키게 되는 것은 경험이 적고 위험에 민감한 사람이 일으킨 사고보다 더욱 큰 사고가 일어나게 된다. 이것은 위험에 무뎌지므로 자만에 빠져 엉뚱한 행동을 순간적으로 하게 되기 때문이다.

사고 및 재해의 원인은 직접 원인과 간접 원인이 상호 복합적이며 연쇄적인 관계에서 발생한다. 따라서 안전사고는 연쇄 관계를 단절시키면 사고 재해는 충분히 예방할 수 있다.

5.

안전의 특성

우리 사회의 곳곳에서는 아직도 안전에 대한 부주의, 무관심, 불감증 등으로 인해 각종 사고가 발생하고 있다. 이와 같은 사고를 예방하기 위하여 안전교육이 매우 중요하다 할 수 있다. 안전교육을 통하여 사고를 미리 예방할 수 있으며 안전하고 건강한 사회로 발전할 수 있다. 안전은 구체적으로 다음과 같은 특성이 있다.

1) 안전은 인간의 기본적인 욕구

안전은 누구나가 바라는 인간의 기본적인 욕구이며, 우리가 보다 나은 삶을 영위하기 위한 수단이다. 따라서 행복한 인생을 살기 위해서는 안전을 생활화해야 한다. 어려서부터 안전에 관한 지식이나 안전 행동요령 익혀 각자가 일상생활 속에서 부단한 실천을 통하여 건강하고 안전한 삶을 영위해야 한다.

2) 전파되는 안전의식

안전에 대한 사람들의 의식은 전파되는 특성을 가지고 있다. 사회에서 안전의식을 가진 사람이 생겨나면 이것이 주변으로 전파를 하게 된다. 예를 들면 사람들이 교통질서를 지키기 시작하면 주변 사람들이 교통질서를 지키게 되고, 이는 사회 전체로 번져 나간다. 그러므로 교통질서를 준수하는 안전 문화가 형성되어 있는 사회에서는 교통사고로 인한 사망률이 매우 낮고, 그렇지 않은 사회에서는 사망률이 높은 특성이 있다. 따라서 안전사고를 예방하려면 안전교육이 자주 이루어져 사람들에게 안전의식의 중요성을 알려주어야 한다. 안전교육은 아무리 강조하여도 부족하며, 건강하고 안전한 사회로 발전할 수 있는 가장 기본이라고 할 수 있다.

3) 안전교육과 안전사고는 반비례

안전교육과 안전사고는 반비례한다. 즉 안전교육을 자주할수록 안전사고는 줄어드나, 안전교육이 없을수록 안전에 대한 관심이 줄어들어 안전사고가 많이 생기게 된다. 따라서 안전사고를 줄이는 가장 좋은 방법은 지속적인 안전교육이 가장 효과적이라고 할 수 있다. 안전교육은 사람의 성장 발달 및 생애주기에 따라 안전사고의 유형이 다르기 때문에 생애주기에 따라 안전교육을 달리해야 한다. 따라서 유아기에는 가정에서 안전교육을 담당해야 하며, 청소년기에는 학교 생활이 많아지므로 학교에서 안전교육을 담당해야 하며, 성인이 되면 직장생활이 많아지므로 직장에서 안전교육이 필요하다.

제2장
안전교육

1.

안전교육의 정의와 목적

1) 안전교육의 정의

안전교육은 '사고를 미연에 방지하고 갑자기 일어날 수 있는 재해나 사고로부터 자신의 신체를 보호하기 위한 지식 및 기술을 습득하는 교육'을 말한다. 즉 안전교육은 교육이라는 수단으로 일상생활에서 일어날 수 있는 개인 안전, 집단안전에 필요한 지식, 기능, 태도 등을 이해시키고, 자신과 타인의 생명을 존중하며 안전하고 건강한 생활을 영위할 수 있는 습관을 형성시키는 활동이라고 할 수 있다.

결국 안전교육이란 안전을 위협하는 여러 요소로부터 건강한 생활을 유지하기 위한 적극적인 방법으로써 사고의 위험을 사전에 방지하여 사고율을 낮추고, 사고에 대한 대책을 마련하여 그 피해를 줄이기 위한 방법을 주된 내용으로 하는 교육을 의미한다.

2) 안전교육의 목표

안전교육의 목표는 다음과 같다.

① 학습자 스스로 안전하게 행동하는 것을 배우고 익힘으로써 자신과 타인의 생명을 존중하고 질서를 준수하는 바람직한 사회인이 되는 기본적 소양을 기르는 것이다.
② 여러 상황에서 스스로 안전하게 행동할 수 있도록 그와 관련된 기본적인 지식과 기능을

익히며, 그에 따른 안전한 태도를 기르게 하는 데 있다.

3) 안전교육의 목적

안전교육의 목적은 다음과 같다.

안전교육의 궁극적인 목적은 인간 생명의 존엄성을 바탕으로 하여 일상생활에 있어서 안전을 위해 필요한 요소들을 이해하고, 자신과 타인의 생명을 존중하며 안전한 생활을 영위할 수 있는 태도와 위험 사태에서도 적절한 대처 능력을 기르는 것이다. 우리가 일반적으로 실시하는 안전 교육의 구체적인 목적을 한국 산업안전관리공단(2004)에서는 다음과 같이 설명하였다.

① 각종 재난의 예방을 목적으로 하는 안전의식 내면화 및 행동의 습관화를 정착시킨다.
② 안전을 위해 필요한 요소들을 이해하고, 자신과 타인의 생명을 존중하며 안전하게 행동할 수 있는 태도와 능력을 기른다.
③ 잠재된 위험을 예측하며 항상 안전을 확인하고 올바른 판단하에서 안전하게 행동할 수 있는 태도와 능력을 기른다.
④ 자신과 타인의 생명을 존중하고 학교생활과 가정생활 및 사회생활의 안전에 도움이 될 수 있는 태도와 능력을 기른다.
⑤ 예상치 못한 위험 사태에 직면해서도 적절히 대처할 수 있는 태도와 능력을 키운다.

4) 안전교육의 방향

안전교육이 효과를 보기 위해서는 다음과 같은 방향으로 진행되어야 한다.

① 학습자들이 일상생활 속에서 스스로의 안전을 도모할 수 있는 바른 습관을 기르고 생명 존중의 가치관을 형성하도록 해야 한다.
② 안전교육은 일회성 및 맹목적이 아니라 집중적이며 지속적으로 이루어져야 한다.

③ 학습자의 발달단계에 따라 교육이 이루어져야 한다.

④ 안전사고는 장소나 때에 따라 다르기 때문에 다양한 상황에 맞는 구체적인 안전교육을 해야 한다.

⑤ 안전교육은 이론적인 것이 아니라 현장에서 활용할 수 있도록 학습자들이 실제로 피부에 와 닿는 주제로 실시해야 한다.

⑥ 안전교육은 학교나 사회에서만 할 것이 아니라 가정과 연계해서 가정에서도 안전교육이 이루어지도록 해야 한다.

2.

안전교육의 원리

안전교육은 안전사고를 예방하고 건강하고 행복한 삶을 살기 위해 필요한 것이다. 따라서 안전교육의 중요성은 아무리 강조해도 부족함이 없다. 안전교육의 궁극적 목표는 자신과 타인의 생명을 존중하는 정신을 육성시키도록 교육하는 것은 무엇보다 중요하다는 것을 인식해야 할 것이다.

따라서 안전교육의 원리는 인간의 생명체를 안전한 관념 의식 속에서 그 필요한 교육 여건과 환경적, 심리적 조건, 활동 방향 및 의식적 활동이 총 망라된 교육이 필요하다. 안전교육의 원리는 다음과 같다.

1) 일회성의 원리

인간의 생명은 즉 탄생과 죽음은 한 번의 기회뿐이기 때문에 존엄한 것이다. 따라서 인간의 존엄한 생명을 지키기 위하여 어떤 사고든 발생하지 않아야 한다는 원리를 염두에 두고 안전교육이 이루어져야 한다.

만약 학교, 사회, 가정에서 안전교육이 소홀하게 이루어져 사고가 난다면 하나밖에 없는 생명을 잃게 하는 사례가 생길 수 있다. 따라서 우리의 존엄함 생명을 지키기 위하여 어떠한 사고도 발생하면 안된다는 생각으로 안전교육이 이루어져야 한다.

2) 자기통제의 원리

안전의식을 높이기 위해서는 스스로의 통제 능력을 길러야 한다. 사고나 재난과 같이 어려운 여건에 대처하는 지식, 태도, 습관을 자기통제 능력으로 심어주지 않고는 안전교육의 효과를 발휘할 수 없다는 것이다. 따라서 안전교육은 어려운 여건에서 자기를 통제할 수 있는 능력을 길러주도록 이루어져야 한다.

3) 실천의 원리

안전교육은 배워서 실천해야 가치가 있지 아는 것만으로는 효과를 보지 못한다. 따라서 안전교육은 사고와 안전에 대한 지식을 이해하고 실천할 수 있는 능력을 길러주어야 한다.

4) 지역성의 원리

사고와 안전은 지역적인 차에 그 유형이 다르기 때문에 지도 방법에 차이가 있어야 한다. 즉 도시와 농어촌, 지역에 따라 산간 지역과 해안지역, 인간의 경제적 수준에 따라 안전교육의 차이가 있어야만 효과가 있다.

5) 체험적 원리

안전교육은 자신과 타인의 생명과 건강을 지키는 것이 목적이므로 교육으로만 끝나서는 안된다. 안전교육이 지식을 획득하는 수준에 그치는 것이 아니라 안전 습관을 형성하기 위해서는 안전교육이 이론적이기 보다는 체험적이어야 내면화되기 쉽다. 따라서 안전교육은 학습자들이 직접 느끼고 습관으로 정착하게 하기 위하여 체험하기나 활동하는 기회를 풍부하게 제공하여야 한다.

6) 계속성의 원리

안전의식이나 안전에 대한 습관은 평생 가져야 하는 것이므로 인간의 발달 과정상 어느 특정 단계에서만 요구되는 활동이 아닌 생애 전 단계에서 필요한 교육이다. 다만 발달단계마다 내용의 차이가 있지만, 평생 계속해서 이루어져야 한다.

7) 통합성의 원리

안전교육은 학교에서만 하는 것이 아니라 발달단계에 따라 가정에서도 해야 하며, 사회나 직장에서도 이루어져야 한다. 뿐만 아니라 학교에서는 안전교육을 특강 위주로만 해서는 안되고 교과교육, 생활지도, 특별활동, 학교 및 학급 운영 등 학교의 전 영역을 통해 안전교육을 수시로 해야 한다.

3.

안전교육의 종류

1) 놀이 안전교육

놀이는 아동과 청소년들의 생활이며, 특히 놀이에 사용되는 여러 가지의 장난감이나 놀이기구는 아동과 청소년들이 가장 좋아한다. 그러나 놀잇감을 잘못 사용하여 안전사고가 발생하는 경우가 흔히 있다.

따라서 놀이에서 발생하는 안전사고를 예방하기 위해서는 우선 가정, 유치원, 학교에서 안전한 환경과 놀이기구를 제공해 주어야 한다. 또 아동과 청소년들이 안전하게 놀이를 할 수 있도록 적절한 지식, 기술, 태도를 길러주어야 한다.

2) 시설과 설비 안전교육

사람들의 시설과 설비와 같은 환경에서 안전사고가 일어날 수 있다. 따라서 사람들이 생활하는 환경은 가능한 한 안전하게 설계되고 관리되어야 한다.

따라서 사람들이 실내·외에서 접할 수 있는 여러 가지 시설과 설비를 안전하게 이용하는 데 필요한 지식, 기술, 태도를 가지고 있어 스스로 여러 가지의 안전사고를 예방할 수 있도록 교육하여야 한다.

3) 교통 안전교육

자동차의 증가와 함께 교통사고를 당하는 피해자의 수가 다른 어느 나라보다 많은 상황에서 사람들을 보호하려면, 운전자뿐만 아니라 사람들에 대한 교통 안전교육이 꼭 필요하다. 즉, 사람이 스스로 자동차에 의한 사고의 위험을 이해하고 그것으로부터 자신을 보호하는데 필요한 지식, 기술, 태도를 길러주어야 한다.

따라서 안전한 보행, 안전한 도로 횡단, 교통수단의 안전한 이용, 교통신호와 교통안전 표지의 이해, 안전한 장소로의 이동, 교통사고가 났을 때의 대처방법 등에 관한 내용을 포함하여 교육하여야 한다.

4) 위험 장소 안전교육

사람들의 안전사고는 어느 곳에서나 발생할 수 있으나, 공장, 직장, 차도, 건물 등 특별히 위험한 곳에서 많이 발생한다. 또 경우에 따라서는 성인에게는 아무런 위험이 없는 장소가 유아나 노인들에게는 치명적인 사고를 유발할 수 있는 장소가 되기도 한다.

유아나 노인들을 위해서는 위험한 장소를 없애는 것이 가장 바람직한 일이나 불가능한 경우도 있으므로 높은 곳, 미끄러운 곳, 기타 위험한 곳을 스스로 인식하고 적절히 행동할 수 있도록 하는 내용을 포함하여 교육해야 한다.

5) 위험물질 안전교육

위험물질은 물질의 화학적, 물리적 또는 생물학적 성질상 그 물질 자체의 특성, 서로 다른 2종류 이상의 물질이 접촉 또는 특별한 상황 하에서의 마찰 등으로 인하여 폭발, 인화성(引火性), 유독성(有毒性), 부식(腐蝕), 방사성(放射性), 질식(窒息), 자연발화(自然發火), 전염, 중합(重合), 동상 등을 초래하여 인간, 생명체 또는 환경에 위험을 야기하는 물질 또는 제품을 가리킨다.

따라서 위험을 유발할 수 있는 물질들을 인식하게 하고 그러한 물질에 대한 통제력이나 다루는 기술을 갖도록 해야 한다.

6) 유괴 사고 및 성폭력 안전교육

부모의 부주의에 의해 일어나는 미아 사고나 나쁜 성인들에 의해 계획적으로 일어나는 유괴나 성폭력은 우리 사회에서도 빈번하게 일어나는 아동과 청소년 안전사고의 하나가 되었다.
따라서 부모나 교사가 이러한 사고로부터 아동과 청소년을 보호하기 위해서는 세심한 주의와 함께 유괴 사고 및 성폭력의 가능성을 알려 주고 사고를 예방할 수 있는 방법과 만약의 경우 사고에 대처하는 방법을 알려주어 스스로도 자신을 지킬 수 있도록 해 주어야 한다.

7) 스포츠 안전교육

소득이 증가하고 생활양식이 바뀜에 따라 여가 선용으로 여러 가지 스포츠를 즐겨하는 가정이 늘어나고 있다. 따라서 사람들이 쉽게 경험할 수 있는 자전거, 수영, 롤러스케이트 등의 스포츠를 안전하게 즐길 수 있는 기능을 익히고 그에 필요한 규칙을 지키도록 한다.

8) 환경 및 공해 안전교육

오늘날 환경의 오염이나 훼손은 우리의 삶을 위협할 정도로 심각한 문제로 제기되고 있다.
따라서 사람들은 환경의 오염으로부터 자신의 신체를 보호하는 방법을 알고 환경을 보호하는 태도를 기르며 환경의 훼손을 막을 수 있는 여러 가지의 방법을 알고 있을 필요가 있다. 또한 태풍, 홍수 등 자연의 여러 현상으로부터 자신을 보호하고 지키는 방법도 알고 있어야 한다.
따라서 이러한 관점에서 환경 및 공해에 대한 안전교육에서는 수질오염, 대기오염, 토양오염 등의 자연재해에 대한 예방과 대처방법 등의 내용을 포함하여 교육하여야 한다.

9) 화재 및 화상 안전교육

우리 생활에 꼭 필요한 불은 잘못 다루었을 때 우리의 생명과 재산을 빼앗아 갈 수 있다. 화재는 예방하는 것이 가장 좋으나 만일의 경우 피해의 정도를 최소화할 수 있는 대처 방안을 알고 있어야 한다. 또한 교통사고 다음으로 가장 발생 빈도가 높은 화상의 원인을 알고 스스로 주의할 수 있어야 한다.

따라서 화재의 원인과 예방 방법, 화재 시의 적절한 대처방법, 화상의 원인과 예방 방법 등에 대한 지식, 기술, 태도를 형성할 수 있도록 도와주어야 한다.

10) 동물과 곤충 안전교육

사람들의 안전을 위협하는 요인으로 개나 뱀 등의 동물과 벌 등의 곤충이 있다. 사람들은 이러한 동물이나 곤충의 위험성을 잘 모르며, 오히려 상상의 세계에서 이러한 것들을 친구로 여기기 때문에 아무런 경계 없이 접근하는 경우가 많다. 그러나 실제로 이러한 동물이나 곤충에 의하여 손상을 입거나 동물이나 곤충이 가진 해충으로 인해 질병에 감염될 가능성은 의외로 많다.

따라서 해를 끼칠 수 있는 동물이나 곤충에 대해 알려주고 이들을 안전하게 대하는 방법을 가르쳐 주어야 한다.

11) 재난 안전교육

재난 사고는 현대사회 이전에는 태풍, 홍수, 지진과 같은 천재지변을 재난으로 인식하였으나 최근 물질 물명의 발달과 함께 인위적 요인에 의한 대형사고, 테러 및 전쟁으로 인한 재해까지도 재난에 포함시키고 있다. 재난 사고에 대한 안전교육을 통해 재난에 대해서 정확히 알고 그에 따른 대피요령과 피해를 줄이는 방법을 가르쳐주어야 한다.

12) 공연 및 축제 안전교육(인파 안전교육)

공연장은 극장, 음악당 따위의 공연을 하는 장소를 말하며, 축(祝)이 동반된 큰 제사(祭)로 굳이 축(祝)이나 제(祭)와 관련이 없더라도 큰 잔치면 축제라 부르며 사람이 많이 모이는 곳이다. 그리고 축제는 따라서 안전을 지키지 않으면 대형사고가 발생할 수 있는 곳이다. 공연장에서는 행사 시작 전과 후에 관람객이 한꺼번에 몰리는 무질서로 압사 사고 발생가 발생하며, 행사 중에는 폭죽, 폭음탄 등 화기 위험물 취급으로 화재 발생하거나 공연을 잘 보기 위해 높은 곳 선호하는 행동으로 인한 추락 사고 등이 발생한다.

따라서 공연 안전교육은 입퇴장 안전, 관람 안전, 비상사태 발생 시 등에 대한 안전교육을 한다. 2022년에 발생한 용산참사로 인하여 더욱 중요성이 강조되는 안전교육이다.

13) 기타 안전교육

기타 안전교육으로는 엘리베이터나 에스컬레이터에 대하여 안전교육을 하는 것이 있다.

4.

안전교육에 대한 법적 근거

1) 안전 체험교육의 법적 근거

안전 관련 법령을 크게 시설물, 광산, 승강기, 석유, 가스, 소방안전, 원자력, 환경, 화학류, 교통, 보험, 정보통신 관련으로 구분하고, 관련법 해당 조항의 성격을 재난관리, 안전관리, 안전교육으로 분류한다. 하지만 생활 안전, 시설안전, 소방안전, 식품 안전, 재난안전, 산업안전, 도로교통 등의 안전 관련 법령의 소관 부처가 상이하고 개별 법령에 따라 실시되는 안전교육의 체계는 미약하다.

국가적 차원에서 일관성 있는 법령의 정비와 재난관리, 안전관리 안전교육의 통일된 관리가 필요하다. 안전체험관을 주로 방문하는 수요층과 관련된 법규는 행정안전부, 소방청, 보건복지부, 교육부 소관의 개별 법령에서 찾아볼 수 있다.

① 「재난 및 안전관리 기본법」

행정안전부 소관인 「재난 및 안전관리 기본법」 제 4조 제1항에서 '국가와 지방자치단체는 재난이나 그밖의 각종 사고로부터 국민의 생명·신체 및 재산을 보호할 책무를 지고, 재난이나 그밖의 각종 사고를 예방하고 피해를 줄이기 위하여 노력하여야 하며, 발생한 피해를 신속히 대응·복구하기 위한 계획을 수립·시행하여야 한다'라고 규정하여 재난관리책임기관인 중앙행정기관, 지방자치단체 및 대통령이 정하는 기관의 장에게 안전의식 고취 및 재난관리를 위한 책임이 주어지고 있다.

② 「소방기본법」

소방청 소관인 「소방기본법」 제17조 제2항에는 ' 소방청장, 소방본부장 또는 소방서장은 화재를 예방하고 화재 발생 시 인명과 재산피해를 최소화하기 위하여 다음 각호에 해당하는 사람을 대상으로 행정안전부령으로 정하는 바에 따라 소방 안전에 관한 교육과 훈련을 실시할 수 있다. 이 경우 소방청장, 소방본부장 또는 소방서장은 해당 어린이집·유치원·학교의 장과 교육일정 등에 관하여 협의하여야 한다'라고 규정하고 있다.

이로 인해 소방청장, 소방본부장 또는 소방서장은 소방 안전에 관한 교육과 훈련을 실시할 수 있으며, 해당 어린이집·유치원·학교의 장과 교육 일정 등에 관하여 협의하도록 되어 있다. 안전교육의 의무가 소방관서장의 재량이고, 수요처 기관의 장의 협의를 통해서만 교육이 실시될 수 있으므로 수요 기관장의 의지에 따라 교육 실시가 결정될 수 있다.

「소방기본법」 제17조(소방교육·훈련) ②항에는 '소방청장, 소방본부장 또는 소방서장은 화재를 예방하고 화재 발생 시 인명과 재산 피해를 최소화하기 위하여 다음 각호에 해당하는 사람을 대상으로 행정안전부령으로 정하는 바에 따라 소방 안전에 관한 교육과 훈련을 실시할 수 있다. 이 경우 소방청장, 소방본부장 또는 소방서장은 해당 어린이집·유치원·학교의 장과 교육일정 등에 관하여 협의하여야 한다'고 규정하였다.

이로 인해 소방방재청장, 소방본부장 또는 소방서장은 화재를 예방하고 화재 발생 시 인명과 재산 피해를 최소화하기 위하여 어린이집의 영유아, 유치원의 유아, 학생 등을 대상으로 행정안전부령이 정하는 바에 따라 소방안전에 관한 교육과 훈련을 실시할 수 있다. 이 경우 소방방재청장, 소방본부장 또는 소방서장은 해당 어린이집·유치원 학교의 장과 교육일정 등에 관하여 협의하여야 한다.

③ 「아동복지법」

보건복지부 소관인 「아동복지법」 제31조(아동의 안전에 대한 교육)에는 '아동복지시설의 장, 「영유아보육법」에 따른 어린이집의 원장, 「유아교육법」에 따른 유치원의 원장 및 「초·중등교육법」에 따른 학교의 장은 교육대상 아동의 연령을 고려하여 대통령령으로 정하는 바에 따라 매년 다음 각호의 사항에 관한 교육계획을 수립하여 교육을 실시하여야 한다'고 하였다.

이로 인해 아동복지시설의 장, 어린이집의 원장, 유치원의 원장 및 초·중·고등학교의 장은 성폭력 및 아동학대 예방, 실종·유괴의 예방과 방지교육, 약물의 오남용 예방계획, 재난 대비 안전, 교통 안전교육 계획을 수립하여 교육을 실시하여야 한다.

어린이집의 원장은 교육계획 및 교육 실시 결과를 관할 시장·군수·구청장에게 매년 1회 보고하여야 하며, 유치원의 원장 및 학교의 장은 교육계획 및 교육 실시 결과를 대통령령으로 정하는 바에 따라 관할 교육감에게 매년 1회 보고하여야 한다.

④ 「학교보건법」

교육부 소관인 「학교보건법」 제12조(학생의 안전관리)에는 '학교의 장은 학생의 안전사고를 예방하기 위하여 학교의 시설·장비의 점검 및 개선, 학생에 대한 안전교육, 그밖에 필요한 조치를 하여야 한다'고 규정하고 있다.

⑤ 「학교 안전사고 예방 및 보상에 관한 법」

「학교 안전사고 예방 및 보상에 관한 법」 제8조(학교 안전교육의 실시)에서 '학교장은 학교 안전사고를 예방하기 위하여 교육부령이 정하는 바에 따라 학생·교직원 및 교육활동 참여자에게 학교 안전사고 예방 등에 관한 다음 각호의 교육(이하 "안전교육"이라 한다)을 실시하고 그 결과를 학기별로 교육감에게 보고하여야 한다'고 규정하였다.

그리고 ④항에서는 '교육부장관 및 교육감은 다음 각호의 사항이 포함된 안전교육에 필요한 교재와 프로그램을 개발·보급하고, 학교장의 요청이 있는 경우 교육부령으로 정하는 안전교육을 담당할 강사를 알선하는 등 안전교육에 필요한 지원을 하여야 한다' 규정하였다.

2) 안전체험관 설치 및 운영 법적 근거

안전체험관의 설치 및 운영에 관한 법적 근거는 「소방기본법」 제5조에서 그 근거를 찾을 수 있다. 현재 소방체험관의 설립과 운영에 관하여 필요한 사항은 동법 5조 2항의 규정에 의하여 정하도록 되어 있어 소방체험관이 위치한 시·도에서는 각 시·도의 조례 및 시행규칙을 제정하여 실정에 맞도록 운영하고 있다.

「소방기본법」 제5조 제1항에서는 '소방의 역사와 안전 문화를 발전시키고 국민의 안전의식을 높이기 위하여 소방청장은 소방박물관을, 시·도지사는 소방체험관(화재 현장에서의 피난 등을 체험할 수 있는 체험관을 말한다.)을 설립하여 운영할 수 있다'고 규정하고 있다. 안전교육의 중요성이 강조되면서 시·도별 소방체험관은 지속적으로 증가하고 있다.

3) 「국민 안전교육 진흥 기본법」

「국민 안전교육 진흥 기본법」이 2017년 7월 26일 시행(개정)됨에 따라 기존에 정해진 시설 외에도 다중이용시설, 사회복지시설 등 많은 사람들이 사용하는 시설은 추가적으로 필수 안전교육을 진행하게 되었다. 2018년 1월부터는 의무적으로 안전교육을 진행해야 한다.

제3장
학교 안전교육

1.

학교 안전교육의 정의

「국민 안전교육 진흥 기본법」 제2조를 보면 안전교육을 국민이 안전에 대한 중요성을 인식할 수 있도록 하며, 각종 안전사고와 재난이 발생했을 때 이에 효과적으로 대처할 수 있도록 안전에 대한 지식이나 기능을 습득하는 교육이라고 하였다.

학교 안전교육은 학교에서 학생이 일상생활과 습관에서 예상되는 안전사고가 발생할 수 있는 소지를 조기에 발견하고 미연에 방지할 수 있도록 구체적 행동요령을 이론 교육과 체험을 통해 습득하도록 하는 교육이라고 하였다.

학교 안전교육의 목적은 학교에서 발생하는 안전사고를 예방하기 위하여 학교 안에서 이루어지는 교육활동뿐만 아니라 학교 안에서 이루어지는 학교생활이나 학교 밖에서 경험하는 모든 것들에 대해서도 안전사고에 대비하고, 안전을 유지하고, 올바른 안전의식을 제대로 기르도록 하는 것이다.

2015년에 개정된 7차 교육과정 총론을 보면 학교 급별에서 이루어지는 교육과정의 편성과 운영 기준 사항에서 제시하는 범교과적인 학습 주제의 교육 내용은 인성교육, 민주 시민 교육, 진로 교육 등의 교육 내용과 함께 가장 먼저 안전과 건강 교육을 하도록 되어 있다.

또한 중학교와 고등학교에서도 범교과적으로 안전교육을 하도록 강조하고 있다. 특히 학교에서 이루어지는 실험과 실습 및 실기 지도 과정이 있는 교과목이나 수업에서는 안전사고를 예방할 수 있도록 각종 학교시설 및 학교에서 사용하는 기구나 약품 등의 사용에 대하여 안전에 만전을 기하도록 제시하였다.

이처럼 학교안전교육에 대하여 강조하는 것은 과거에 발생했던 학교 안전사고에 대한 반성과 미래에 발생할 수 있는 안전사고를 예방하겠다는 강한 사회적 요구를 수용한 것이다.

교육부(2014)에서는 인간의 생명 존중과 안전사고 없는 안전한 사회 구현을 위하여 교육 분야에서 안전에 관련된 종합대책을 다음과 같이 발표하였다.

첫째, 체험 위주의 교육 훈련을 강화한다. 이는 이전까지 진행되었던 이론 위주로 실행한 학교 안전교육에서 탈피하여 실생활에 관련한 체험 위주의 안전교육 훈련을 강화하겠다는 것을 말한다.

둘째, 교원양성기관에서 모든 교사를 대상으로 교육할 때 반드시 심폐소생술과 응급처치에 대한 수업을 2회 이상 실시하도록 한다. 이는 교사가 되고자 하는 예비 교사들에게 학교 현장에서 발생할 수 있는 응급상황에서 필요한 응급처치와 심폐소생술에 대해 교육하겠다는 것이다.

셋째, 학교 안전교육과 밀접한 관련 있는 재난이 발생할 수 있는 위험시설과 노후 시설을 안전하게 관리할 수 있도록 한다. 이는 학교에서 안전사고가 발생할 수 있는 재난위험시설과 노후 시설을 개보수하겠다는 것이다.

넷째, 학생들이 사용하는 학교 실험실과 시설 등을 지속적으로 평가하여 안전한 환경을 구축한다. 이는 학교 안에서 안전사고 발생 빈도가 높은 연구실과 실험실을 관리하겠다는 것이다.

이처럼 학교 안전교육은 학생들에게 자신의 생명 존중 의식과 안전의식을 길러주고, 학교의 각종 시설이나 활동에서 사전에 안전사고를 예방하여 안전을 강화하려고 하는 것이다.

이러한 학교 안전교육에 대한 강조는 학생들이 어릴 때부터 안전의식을 기르고, 안전교육을 체험하여 실천할 수 있도록 안전교육과 훈련을 체계적으로 실시하고, 학교 내 교사들이 안전교육에 있어 준전문가로 육성하고 동시에 안전한 교육 시설과 활동을 제공하도록 강조하고 있다.

2.

학교 안전사고의 정의

일반적으로 안전사고란 정상적인 상태에서 벗어나 비정상적 상태가 발생하고 이에 따라 신체적인 피해나 재물의 손실을 수반하는 것을 말한다. 즉, 안전사고는 비정상적으로 상태의 변화에 따라 발생하는 신체적·정신적·물질적 피해와 손실이 발생하는 것이라고 정의할 수 있다.

학교 안전사고는 학교의 교육활동 중에 발생하는 사고로 학교를 구성하는 학생, 교직원 등 교육활동에 참여하는 모든 인원의 생명과 신체에 피해를 주는 사고뿐만 아니라, 학교급식이나 학교 밖 야외활동과 같이 학교장의 관리와 감독에 속하는 업무가 직접적인 원인이 되어 발생하는 질병을 포함하여 대통령이 정하는 것을 의미한다.

학교안전공제중앙회(2016)에서 제시하는 학교에서 발생하는 안전사고의 구체적인 영역은 다음과 같다.

첫째, 생활안전 영역은 학교 시설, 학교 실내 활동, 실외 활동, 여가 활동, 체육 활동, 식생활 등이 모두 포함되며, 세부 내용으로는 학교 시설 안전은 학교의 시설을 이용한 실험이나 실습할 때의 안전 수칙, 학교 밖의 다중 이용시설과 놀이시설을 이용할 때의 안전 수칙, 그리고 실내 활동을 할 때의 안전 수칙, 실외 활동을 할 때의 실외 활동 안전 수칙, 그리고 이 밖에도 체육활동 중 안전 수칙, 캠핑·등산·물놀이 등의 스포츠 활동 등에서 이루어지는 안전 수칙이 전부 포함된다.

둘째, 교통안전 영역은 도로에서 발생하는 보행자 안전, 자전거 안전, 오토바이 안전, 자동차 안전, 대중교통 안전이 포함된다.

셋째, 폭력 및 신변안전 영역은 언어적인 폭력, 신체에 가하는 물리적인 폭력, 성폭력, 극단적 선택 및 집단 따돌림, 유아 유괴나 미아 사고, 사이버폭력 등을 포함한다.

넷째, 응급처치 요인은 위기 상황에서 행하는 심폐소생술, 골절과 인대 손상에 대한 응급처치, 화상에 따른 응급처치, 기도 폐쇄에 따른 기도 개방, 지혈과 같은 요인들이 포함된다.

다섯째, 기타 영역은 유해 물질에 의한 식중독, 약물 남용, 인터넷 중독 등이 포함된다.

이처럼 학교 안전사고의 영역은 모두 학교 안전교육을 체계적으로 하기 위함이며, 학교 안전교육을 분류하기 위해서 필요한 것이다.

학교안전공제회(2017)는 학교 안전사고의 원인에 대하여 일반적으로 학생의 과실을 가장 중요한 원인으로 인식하고 있지만, 이외에도 교사의 학교 안전교육을 제대로 하지 않았고, 학생들이 제대로 훈련하지 않아서 발생한다. 그리고 학교 안전교육 기준에서 뚜렷한 응급처치 체계의 미비, 안전 관련 자격의 미비, 사고를 일으킬 수 있는 시설이나 물적 자원 관리의 부족, 무리한 교육활동 실시, 교원의 안전사고에 대한 대처 능력 미흡, 안전사고를 대비하기 위한 안전 장비의 미착용, 안전규칙에 따르지 않는 학생들의 부족한 안전의식, 안전사고를 대비하지 않는 강요된 지시 이행으로 인한 위험으로 인한 사고 등이 발생하고 있다.

따라서 학교에서 이루어지는 학교 안전교육이 효과를 보기 위해서는 안전종합대책에서 발표한 것처럼 체험적 활동을 통해서 안전교육이 이루어져야 효과를 볼 수 있다. 그리고 교사들에게는 기본적으로 '응급처치와 심폐소생술'에 대하여 필수적으로 이수하게 해야 한다. 이러한 조치는 현장에서 근무하는 교사들이나 교사가 되기 위하여 준비하는 예비교사에게도 지속적으로 학교 안전교육이 이루어져야 한다는 것을 의미한다.

3.

학교 안전사고의 실태

안전공제회에서 발표한 2017년도부터 2021년까지 5개년 동안 학교 안전사고 발생 현황에 대해 분석한 결과 〈표 1-1〉과 같이 나타났다. 2017년에는 116,684건이 발생하였으며, 2018년에는 122,570건이 발생하였으며, 2019년에는 138,784건이 발생하였음, 2020년에는 41,940건이 발생하였으며, 2021년에는 93,147건이 발생하였다.

2017년부터 학교 안전사고는 꾸준히 증가하다가 2020년은 코로나 19의 영향으로 원격 수업으로 학교에 등교하지 않는 날이 많았기 때문에 학교 안전사고가 급격히 감소하였다. 그러나 2021년에는 코로나 19의 피해가 감소함에 따라 등교하는 날이 많아짐에 따라 자연스럽게 학교 안전사고가 증가하였다.

〈표 1-1〉 5년간 학교 안전사고 발생 현황

(단위 : 건)

구분	2017	2018	2019	2020	2021
건수	116,684	122,570	138,784	41,940	93,147

출처 : 학교안전공제회 2021년 통계

1) 유형별

〈표 1-2〉 2021년 유형별 안전사고 발생 현황을 보면 물리적 힘(물체와의 충돌, 물체에 부딪히거나 받침)에 노출된 안전사고는 38,622건으로 전체 안전사고의 41.5%로 가장 많이 나타나고 있다.

다음으로는 넘어짐이 25,149건으로 전체 안전사고의 27%가 발생하였으며, 미끄러짐은 14,863건으로 전체 안전사고의 16%가 발생하였으며, 질병, 화상, 자연재해, 교통사고 등은 8,495건으로 전체 안전사고의 9.1%가 발생하였다.

〈표 1-2〉 2021년 유형별 안전사고 발생 현황

(단위 : 건)

구분	물리적힘 노출		낙상-넘어짐		낙상-미끄러짐		기타*		낙상-떨어짐		사람과의 충돌		합계
	건수	분율	건수	분율	건수	분율	건수	분율	건수	분율	건수	분율	건수
유	3,953	43.1%	2,171	23.6%	882	9.6%	1,552	16.9%	325	3.5%	297	3.2%	9,180
초	11,521	38.2%	9,448	31.3%	4,567	15.1%	2,455	8.1%	1,216	4.0%	947	3.1%	30,154
중	15,494	46.4%	8,185	24.5%	5,332	16.0%	2,446	7.3%	875	2.6%	1,073	3.2%	33,405
고	7,387	37.7%	5,131	26.2%	3,955	20.2%	1,927	9.8%	568	2.9%	642	3.3%	19,610
특수	143	31.2%	117	25.5%	76	16.6%	89	19.4%	23	5.0%	10	2.2%	458
기타	124	36.5%	97	28.5%	71	20.9%	26	7.6%	14	4.1%	8	2.4%	340
계	38,622	41.5%	25,149	27.0%	14,883	16.0%	8,495	9.1%	3,021	3.2%	2,977	3.2%	41,940

* 기타 : 질병, 화상, 자연재해, 교통사고, 기타 등 포함 출처 : 학교안전공제회 2021년 통계

2) 발생 시간별

〈표 1-3〉 2021년 발생 시간별 안전사고 현황을 보면 체육시간에 발생한 안전사고는 37,318건으로 전체 안전사고의 40.1%로 가장 많이 나타나고 있다. 다음으로는 점심시간에 발생한 안전사고는 14,390건으로 전체 안전사고의 15.4%가 발생하였으며, 휴식 청소 시간에 발생한 안전사고는 10,201건으로 전체 안전사고의 11.0%가 발생하였다.

등하교 시간에 발생한 안전사고는 5,385건으로 전체 안전사고의 5.8%가 발생하였으며, 특별활동 시간에 발생한 안전사고는 4,057건으로 전체 안전사고의 4.4%가 발생하였으며, 기타 시간에 발생한 안전사고는 4,040건으로 전체 안전사고의 4.3%가 발생하였다.

위에 제시된 안전사고 발생 현황을 보면 초등학교가 고등학교, 중학교, 유치원의 안전사고 발생 빈도보다 높게 나타나고 있다. 이는 초등학생의 유치원생들 보다 발생 빈도가 높은 것은 유치원에서 교사들의 안전 지도가 많으나 초등학교에 입학하면 학생 개인적으로 안전을 지켜야 하기 때문에 사고가 많이 발생하는 것으로 유추할 수 있다. 따라서 초등학교에서의 학교 안전교육의 중요성은 중·고등학교에서의 학교 안전교육보다 더욱 필요하다는 것을 시사한다.

〈표 1-3〉 2021년 발생 시간별 안전사고 현황

(단위 : 건)

구분	체육 수업	점심 시간	수업 시간	휴식/ 청소	등하교	특별 활동	기타	학교 행사	기숙사 생활	석식 시간	합계
유	958	704	4,479	584	529	0	1,736	188	0	2	9,180
초	11,238	5,088	4,991	3,807	2,808	667	1,027	527	1	0	30,154
중	16,514	5,350	2,533	3,855	1,098	2,206	761	1,050	28	10	33,405
고	8,429	3,134	1,898	1,853	878	1,150	473	988	407	400	19,610
특수	75	61	167	55	47	7	35	3	7	1	458
기타	104	53	41	47	25	27	8	10	21	4	340
계	37,318	14,390	14,109	10,201	5,385	4,057	4,040	2,766	464	417	93,147

출처 : 학교안전공제회 2021년 통계

3) 발생 부위별

〈표 1-4〉 2021년 발생 부위별 안전사고 현황을 보면 발에 발생한 안전사고는 25,183건으로 전체 안전사고의 26.0%로 가장 많이 나타나고 있다. 다음으로는 손에 발생한 안전사고는 9,894건으로 전체 안전사고의 23.6%가 발생하였으며, 머리에 발생한 안전사고는 6,893건으

로 전체 안전사고의 16.4%가 발생하였다.

　　다리에 발생한 안전사고는 4,020건으로 전체 안전사고의 9.6%가 발생하였으며, 복합부위에 발생한 안전사고는 3,344건으로 전체 안전사고의 8.0%가 발생하였으며, 팔에 발생한 안전사고는 2,897건으로 전체 안전사고의 6.9%가 발생하였다.

〈표 1-4〉 2021년 발생 부위별 안전사고 현황

(단위 : 건)

구분	손	발	머리 (두부)	복합 부위*	다리	팔	치아 (구강)	기타**	흉복부	합계
유	1,198	1,035	3,577	865	208	722	920	582	73	9,180
초	7,937	7,618	4,870	3,848	1,787	1,770	1,215	728	381	30,154
중	11,225	9,155	3,352	3,252	2,803	1,837	426	794	561	33,405
고	4,670	6,900	1,709	2,182	2,121	903	321	433	371	19,610
특수	67	107	78	90	28	35	25	23	5	458
기타	86	112	33	39	34	16	4	9	7	340
계	25,183	24,927	13,619	10,276	6,981	5,283	2,911	2,569	1,398	93,147

출처 : 학교안전공제회 2021년 통계

4) 발생 장소별

　　〈표 1-5〉 2021년 발생 장소별 안전사고 현황을 보면 부속시설에서 발생한 안전사고는 33,548건으로 전체 안전사고의 26.0%로 가장 많이 나타나고 있다. 다음으로는 운동장에서 발생한 안전사고는 29,043건으로 전체 안전사고의 31.2%가 발생하였다.

교실에서 발생한 안전사고는 15,401건으로 전체 안전사고의 16.5%가 발생하였으며, 통로에서 발생한 안전사고는 12,144건으로 전체 안전사고의 13.0%가 발생하였으며, 교외활동에서 발생한 안전사고는 3,011건으로 전체 안전사고의 3.2%가 발생하였다.

〈표 1-5〉 2021년 발생 장소별 안전사고 현황

(단위 : 건)

구분	부속시설		운동장		교실		통로		교외활동		합계	
	건수	분율	건수	분율	건수	분율	건수	분율	건수	분율	건수	분율
유	1,820	19.8%	1,666	18.1%	4,545	49.5%	795	8.7%	354	3.9%	9,180	100.0%
초	11,757	39.0%	6,839	22.7%	5,289	17.5%	5,446	18.1%	823	2.7%	30,154	100.0%
중	12,152	36.4%	12,945	38.8%	3,491	10.5%	3,901	11.7%	916	2.7%	33,405	100.0%
고	7,559	38.5%	7,389	37.7%	1,872	9.5%	1,906	9.7%	884	4.5%	19,610	100.0%
특수	133	29.0%	70	15.3%	167	36.5%	62	13.5%	26	5.7%	458	100.0%
기타	127	37.4%	134	39.4%	37	10.9%	34	10.0%	8	2.4%	340	100.0%
계	33,548	36.0%	29,043	31.2%	15,401	16.5%	12,144	13.0%	3,011	3.2%	93,147	100.0%

4.

학교 안전교육의 내용

교육부에서는 학교 안전교육과 관련하여 안전종합대책의 일환으로 관련 법률에 따라 유치원부터 고등학교까지 연령별 발달 수준에 맞도록 체계적인 안전교육을 하도록 하였다. 이를 위해서 발달단계별로 학교 안전교육 7대 영역 표준안을 개발하여 학교에서 적용할 수 있도록, 교육에 필요한 학습지도안과 자료를 보급하여 맞춤형 안전교육을 실시하도록 하였다.

이를 토대로 하여 각급 학교별로 학교장은 책임을 지고 해당 학교 급별, 학교가 있는 지역별, 계절별 특성을 고려하여 학생들의 학교 안전교육의 계획을 수립하고, 학교 안전교육 대분류의 7대 영역인 생활안전, 폭력예방과 신변보호, 교통안전, 약물과 사이버중독예방, 직업안전, 응급처치교육, 재난안전 등에 대하여 학년별로 연간 최소 51시간 이상 편성하여 체계적인 교육을 실시하여야 한다고 하였다.

학교 안전교육 7대 표준안을 보면 7개의 대분류 아래에 25개로 중분류를 하였으며, 52개의 소분류로 구성되어 있다. 학교 급별로는 유치원, 초등학교 1~2학년, 초등학교 3~4학년, 초등학교 5~6학년, 중학교, 고등학교 등으로 나누며 약 100~150시간 동안의 수업내용과 수업지도안을 제공하고 있다[50]. 학교에서는 이러한 학교 안전교육 7대 표준안에 대하여 교과별로 각종 요소를 학년별로 검토하여 학생의 발달단계별에 맞게 적용하여 안전교육을 편성하여 운영해야 한다.

학교 안전교육 7대 표준안에 대한 수업은 정규교과 시간을 활용하는 것이 원칙이나 창의적 체험활동 시간을 활용해서 체계화된 안전교육을 실시하도록 되어 있다. 그리고 교직원은 3년 이내 15시간 이상의 안전교육을 연1회 이상 이수해야 한다. 이 밖에도 심폐소생술 교육에 대해서는 우선적으로 보건교사와 체육교사는 연 4시간씩 이수해야 하며, 그밖의 교직원은 3년마다 이수해야 한다. 이러한 정부의 방침이 발표되자 민간에서는 신속하게 학교 안전교육 7대 표준안에 따라 '재난안전지도사'라는 민간자격 과정을 개설하여 학교 안전교육 전문인력을 양성하고 있다. 그리고 이렇게 배출된 전문인력은 현재 학교 현장에 학교 안전교육 전문 강사로서 학생들에게 학교 안전교육을 지도하고 있다.

〈표 1-6〉 학교 안전교육 7대 표준안

구분		생활안전교육	교통안전교육	폭력예방 및 신변보호교육	약물 및 사이버 중독 예방 교육	재난안전교육	직업안전교육	응급처치교육
교육내용	유치원	1. 교실, 가정, 등하 곳길에서 안전하게 생활하기	1. 표지판및 신호등의 의미 등 교통안전 규칙 알고 지키기	1. 내 몸의 소중함과 정확한 명칭 알기	1. 올바른 약물 사용법 알기	1. 화재의 원인과 예방법 알기	1. 일터 안전의 중요성 및 안전을 위해 지켜야 할 일 알기	1. 응급상황 알기 및 도움 요청하기
		2. 안전한 장소를 알고 안전하게 놀이하기	2. 안전한도로 횡단법 알기	2. 좋은 느낌과 싫은 느낌 알기	2. 생활 주변의 해로운 약물·화 약제품 만지거나 먹지 않기	2. 화재 발생 시 유의 사항 및 대처법 알기	2. 일터 안전 시설 현장 체험하기	2. 119 신고와 주변에 알리기
		3. 놀이기구나 놀잇감, 도구의 바른 사용법을 알고 안전하게 사용하기	3. 어른과 손 잡고 걷기	3. 성폭력 예방 및 대처 방법 알기	3. T.V, 인터넷, 통신기기(스마트폰 등) 등의 중독 위해성을 알고 바르게 사용하기	3. 각종 자연 재난 및 사고 적절하게 대처하는 방법 알기		3. 손씻기와 소독하기 등 청결 유지하기
		4. 실종, 유괴, 미아 상황 알고 도움 요청하기	4. 교통수단(자전거, 통학버스 등) 안전하게 이용하기	4. 나와 내 주변 사람(가족, 친구 등)의 소중함을 알고 사이 좋게 지내기				4. 상황별 응급처치 방법 알기

구분		생활안전교육	교통안전교육	폭력예방 및 신변보호교육	약물 및 사이버 중독 예방 교육	재난안전교육	직업안전교육	응급처치교육
		5. 몸에 좋은 음식, 나쁜 음식 알기		5. 아동학대 신고 및 대처방법 알기				
초등학교		1. 안전하게 교실, 가정, 공공시설 이용하기	1. 안전한 통학로 알기	1. 학교폭력의 예방 및 대처법 알기	1. 약물 오남용의 위험성 및 올바른 약물 복용법 알기	1. 화재의 원인 및 대피요령, 신고, 전파요령 알기	1. 일터에서 발생하는 산업 재해를 알기	1. 응급처치의 상황, 의미, 중요성, 신고·조치 방법 알기
		2. 학용품·놀이 용품의 안전한 사용 및 식품 안전 알기	2. 교통수단(자전거, 대중교통 등)의 안전한 이용법 알기	2. 학교폭력의 종류를 알고, 종류별 예방법 알기	2. 중독성 물질을 알고 안전한 활용 방법	2. 화상 대처 요령 알기	2. 일터 안전 시설 현장 체험하기	2. 심폐소생술 및 자동심장충격기의 사용법 알기
		3. 실험·실습 시 안전에 유의하기	3. 교통 표지판 등 도로 교통 법규 알기	3. 성폭력 예방 및 대처 방안 알기	3. 건전한 사이버 통제 능력 배양 및 사용 습관 형성하기	3. 각종 자연 재난과 안전한 행동 알기		3. 상처의 종류와 응급처치하기
		4. 안전한 놀이활동 및 야외활동		4. 내 몸의 소중함을 알기		4. 폭발 및 붕괴, 테러 위협 유형별 대처 요령 알기		4. 일상생활 속 응급처치 알기
		5. 유괴예방 미아사고 예방과 대처		5. 아동학대의 유형 및 대처 방안 알기				
				6. 가족폭력의 개념과 대처 방안 알기				

구분		생활안전교육	교통안전교육	폭력예방 및 신변보호교육	약물 및 사이버 중독 예방 교육	재난안전교육	직업안전교육	응급처치교육
중학교		1. 공공시설 이용 시 안전과 에 티켓 알기	1. 이륜차의 안전한 이용과 점검방법 알기	1. 학교폭력의 유형과 현황 및 위험성 인식하기	1. 향정신성 물질에 대한 위험성·피해 알기	1. 화재의 원인 및 대피·대응요령, 신고, 전파요령 알기	1. 직업 안전 문화의 필요성	1. 응급처치의 상황, 의미, 중요성, 신고·조치 방법 알기
		2. 식품의 종류에 따른 안전한 보관 방법 알기	2. 자동차 사고의 원인과 예방 방법 알기	2. 학교 폭력 유형별 신고·대처 방법 알기	2. 중독성 물질에 대한 위험성·피해 알기	2. 화상 대처요령 알기	2. 산업 재해의 의미·유형과 사례별 발생 현황 이해하기	2. 심폐소생술 및 자동심장충격기의 사용법 알기
		3. 실험·실습실 및 체육·여가 활동의 안전 규칙을 이해하고 바른 사용법 알기	3. 대중교통 이용 안전 수칙 알기	3. 자살예방 및 스트레스 점검과 해소 방법 알기	3. 인터넷 게임 사용 규칙 만들기 및 실천	3. 각종 자연 재난과 안전한 행동 알기	3. 안전 장비의 올바른 사용 방법 알기	3. 상처의 종류와 응급처치하기
		4. 실종, 유괴, 미아 상황 알고 예방하기		4. 가족과 올바른 의사소통 방법과 가정폭력 피해자 지원 제도 알기 (아동학대 포함)	4. 스마트폰의 건전한 사용 방법	4. 폭발 및 붕괴, 테러 위협 유형별 대처요령 알기		4. 일생생활 속 응급처치 알기
				5. 성폭력 대처 예방 및 대처법 알기				

구분		생활안전교육	교통안전교육	폭력예방 및 신변보호교육	약물 및 사이버 중독 예방 교육	재난안전교육	직업안전교육	응급처치교육
				6. 성매매의 위험성 인식하기				
고등학교		1. 기호식품의 특성·유해성 및 전기·전자제품의 안전한 사용 방법 알기	1. 이륜차의 안전한 이용과 점검 방법 알기	1. 학교폭력의 유형과 현황 및 위험성 인식하기	1. 향정신성 물질에 대한 위험성·피해 알기	1. 화재의 원인 및 대피·대응 요령, 신고, 전파 요령 알기	1. 직업병의 진단, 예방 및 대처 방안 알기	1. 응급처치의 상황, 의미, 중요성, 신고·조치 방법 알기
		2. 실험·실습 안전 수칙 이해 및 보호장구의 바른 사용법 알기	2. 자동차사고의 원인과 예방 방법 알기	2. 학교 폭력 유형별 신고·대처 방법 알기	2. 중독성 물질에 대한 위험성·피해 알기	2. 화상 대처 요령 알기	2. 작업장의 안전 수칙 및 보호장비 알기	2. 심폐소생술 및 자동심장충격기의 사용법 알기
		3. 체육 및 여가활동의 안전한 활동 상해 시 대처방법 알기	3. 대중교통 이용 안전 수칙 알기	3. 성폭력 예방과 대처방법 알기	3. 인터넷 게임 사용 규칙 만들기 및 실천	3. 각종 자연 재난과 안전한 행동 알기	3. 산업 재해의 의미·유형과 사례별 발생 현황 이해 하기	3. 상처의 종류와 응급처치 하기
		4. 실종, 유괴, 미아 상황 알고 예방하기		4. 성매매의 위험성과 구조 및 신고 방법 알기	4. 스마트폰의 건전한 사용 방법	4. 폭발 및 붕괴, 테러 위협 유형별 대처 요령 알기		4. 일생생활 속 응급처치 알기
				5. 자신과 타인(가족 포함)의 소중함 인식하기				

구분	생활안전교육	교통안전교육	폭력예방 및 신변보호교육	약물 및 사이버 중독 예방 교육	재난안전교육	직업안전교육	응급처치교육
			6. 가정폭력 예방 지침을 알고, 보호하기 (아동학대 포함)				
교육 방법	1. 전문가 또는 담당자 강의 2. 시청각교육 3. 실습교육 또는 현장학습 4. 일상생활을 통한 반복 지도 및 부모교육	1. 전문가 또는 담당자 강의 2. 시청각교육 3. 실습교육 또는 현장학습 4. 일상생활을 통한 반복 지도 및 부모 교육	1. 전문가 또는 담당자 강의 2. 장소·상황별 역할극 실시 3. 시청각교육 4. 사례 분석	1. 전문가 또는 담당자 강의 2. 시청각교육 3. 사례 분석	1. 전문가 또는 담당자 강의 2. 시청각교육 3. 실습교육 또는 현장학습 4. 사례 분석	1. 전문가 또는 담당자 강의 2. 시청각교육 3. 실습교육 또는 현장학습(직장 견학 또는 직업 체험) 4. 사례 분석	1. 전문가 또는 담당자 강의 2. 시청각교육 3. 실습교육 또는 현장학습 4. 사례 분석

5.

학교 안전교육의 원리

학교에서의 안전교육은 안전지도와 안전관리를 포함하는 포괄적인 개념이다. 학교에서의 안전교육은 수업을 통하여 안전에 대한 지식과 기능의 습득을 꾀하여 일상생활에 실천하도록 하는 것을 목표로 한다.

학교 안전교육은 안전에 대한 지식과 기능의 습득뿐만 아니라 학생들이 일상생활에 존재하는 여러 가지 위험 요소에 대한 정확한 판단으로 사고 발생 시 적절하게 행동을 취할 수 있는 사고 대처 능력의 육성을 목표로 이루어지는 행동지도를 말한다. 안전지도의 내용은 학교 행사 시의 안전지도, 학급활동, 특별활동 (과학실험 시 안전지도), 체험학습, 현장학습 시 안전지도, 재량 시간의 지도계획 활용, 필요시 수시지도 등으로 나눌 수 있다.

학교에서 이루어지는 안전교육의 종류는 다음과 같다.

〈표 1-7〉 학교 안전교육의 종류

구분	상황	내용
교 내 안 전	수업 시간	수업 시간 중 발생할 수 있는 안전사고 예방교육을 통해 안전하면서도 즐거운 학습이 이루어지도록 한다.
	쉬는 시간	학생들이 주로 활동하는 쉬는 시간에 안전하게 공부할 수 있도록 시설물을 점검하고 확인한다.
	점심시간	점심 식사 준비와 배식, 식사 과정에서 발생할 수 있는 안전사고 유형을 파악하고 사전교육이 이루어지도록 한다.
	방과 후	방과 후에 학생들의 안전사고 예방으로 배우는 즐거움, 가르치는 즐거움이 함께 할 수 있도록 한다.

구분	상황	내용
교외안전	교통안전	생명 존중의 가치관과 남을 배려하는 인격의 형성에 초점을 두고 교통 안전교육을 실시한다.
	현장 체험학습	사전교육을 통한 학생 안전관리에 특히 유의하여 체험학습 계획을 수립한다.
	놀이안전(야외 스포츠활동)	놀이별 안전 수칙과 안전한 장소를 확인하여 사고를 미리 예방한다.
	아동학대	아동학대의 구체적인 용어와 의미를 알고 아동학대를 예방하게 한다.
	유괴예방	유괴예방 교육을 통해서 유괴를 예방하고 유괴상황 시 대처할 수 있는 능력을 신장시킨다.
보건안전	성교육	성폭력의 정확한 개념 및 유형이해를 통해 성폭력 피해로부터 스스로 자신을 보호하는 방법을 익히도록 한다.
	약물 오·남용	약물 오·남용의 의미 및 인체에 미치는 영향을 통해 약물의 위험성을 알린다.
	응급처치	응급처치 상황에 따른 행동요령과 주요 증상에 관한 대처법을 안내한다.
	생명존중교육	체계적인 생명 존중 교육활동을 통해 학생들에게 생명 존중 의식을 고취한다.
	감염병	감염병의 위협으로부터 학교의 안전을 확보한다.
재난안전	황사	황사의 정의와 황사가 인체에 미치는 영향과 대처요령과 주요 증상에 관한 대처법을 안내한다.
	지진	지진 발생에 대비한 행동요령과 대처법을 안내한다.
	태풍, 집중호우	태풍, 집중호우 시 알아두어야 할 행동요령을 확인시킨다.
	화재	화재 예방을 위한 실내·외 안전 수칙과 화재 발생 시 행동요령과 대피방법을 숙지시킨다.
	폭염	폭염의 정의와 인체에 미치는 영향과 폭염에 대비한 행동요령과 주요 증상에 관한 대처법을 안내한다.
	방사능	비상단계별 학생 행동요령을 숙지시킨다.

출처: 경기도교육청(2022). 재난대비 학교현장 행동매뉴얼. 경기도 교육청

6.

학교 안전사고 발생 시 처리 절차

학교에서 안전사고가 발생하면 다음과 같이 처리한다.

사안 발생	
⇩	
신속한 응급조치 및 구호활동	▶ 119 신고 ▶ 현장 응급처치 및 보건실 및 인근병원 후송 ▶ 담임 또는 교과교사(보건교사)는 반드시 병원까지 동행하여 진단검사 실시
⇩	
학교장 보고 및 학부모 연락	▶ 사고경위 파악 및 일지기록 6하 원칙에 따라 보고 – 사고발생 일시 및 사고 관련자 학년 성별 등 – 사고 원인 및 목격자 진술 – 교사 직무수행 및 사후조치 내용 반드시 포함 ▶ 사고 즉시 학부모에게 연락하여 사고경위를 알려주고 학생을 인계 하여야 함.
⇩	
공제회 사고통지 및 보상 청구	▶ 공제급여관리시스템:www.schoolsafe.or.kr ▶ 지체없이 사고 통지 ▶ 치료 후 공제 급여 청구 ▶ 공제회: 학부모에게 송금 및 학교에 결정 내역 통지
⇩	
행정심판·소송 등	

출처: 경기도교육청(2015). 교권보호 길라잡이 이럴 땐 어떻게?. 경기도교육청

[그림 1-1] 안전사고 발생 시 처리절차

7.

응급상황 발생 시 초기 대처요령

안전사고 중 학생 응급상황 발생 시 초기 대처요령은 다음과 같다.

〈표 1-8〉 응급상황 발생 시 초기 대처요령

단계별	대처
1단계	• 위급상황이라는 것을 인지할 것 - 심장발작, 출혈, 골절 등 몸의 손상 시에는 신속한 대응 필요 ※ 위급상황 인지 방법 1) 청각: 고통을 호소하는 소리, 유리 깨지는 소리, 건물 무너지거나 쌓아놓은 물건이 무너지는 등 원인을 알 수 없는 큰 소리 2) 시각: 처박힌 자동차, 바닥에 떨어진 기구나 약병, 흘러내린 피, 늘어진 전선 3) 후각: 역하거나 독한 냄새, 매캐한 연기 4) 증상과 징후: 의식이 없을 때, 숨쉬기 곤란할 때, 가슴과 목의 통증, 이유 없이 흘리는 땀, 창백하거나 붉고 푸르게 변한 피부 색깔
2단계	• 어떻게 행동할 것인가를 결정할 것(A or B 선택) - 위급상황을 인지하였다면, 이후에 일어날 상황을 시뮬레이션하여 탈출할 것인지, 그대로 있을 것인지, 어디로(앞, 뒤) 대피할 것인지, 어떻게 도움을 요청할 것인지, 어떻게 도울 것인지 신속하게 결정 ※ '15.10.27. 상주터널 화재 사고 시 수학여행 동행 소방관이 학생을 대피시킨 사례와, 세월호 침몰사고 사례를 비교하여 볼 때 동 단계 매우 중요
3단계	• 119(112)에 신고(필요시 신고자 지정, 신고자는 통화상태 계속 유지) - 위치, 사고 상황 등 정확한 정보를 제공
4단계	• 응급의료요원이 사고현장에 도착할 때까지 적절한 응급처치를 행할 것 - 주변에 응급처치, 심폐소생술이 가능한 사람이 있는 경우 즉각 매뉴얼에 따른 응급처치 실시(교내에서는 보건교사, 수학여행 시 안전요원 등)

출처: 부산교육청(2022). 2022 학교 안전계획. 부산교육청

8.

안전교육 체험관

　우리나라에는 안전교육을 위한 안전교육 체험관은 총 473개소로 대형 안전체험관(25개소), 중형 안전체험관(5개소), 특성화 안전체험관(9개소), 소형 안전체험관(민방위 교육장 19개소, 어린이교통공원 61개소, 소방서 안전체험교실 228개소, 교실형 안전체험관 65개소, 국토부, 고용노동부 등 기타 61개소로 총 4,354개소) 등을 이용할 수 있다. 체험관별 자세한 내용은 부록으로 제시하였다.

　안전교육 체험관은 생활안전, 사회안전, 산업안전, 교통안전, 재난안전으로 분류하여 운영하고 있으며, 기관에 따라 체험 내용은 생활안전 체험, 화재(소방) 체험, 풍수해 체험, 놀이기구 안전 체험, 교통 체험, 철도 안전 체험(지하철 포함), 선박 안전 체험, 항공기 안전 체험, 생화학전, 대테러체험, 수난 구조훈련, 유괴 및 납치, 교통 체험, 응급처치, 지진 체험, 눈 피해 체험, 승강기 안전 체험 등으로 총 16개 분야로 시행하고 있다.

제2부

안전과 사고 예방

제1장
가정 안전

1.

가정 안전의 정의와 실태

1) 가정 안전의 정의

가정 안전은 가정에서 이루어지는 안전을 말한다. 가정 안전이란 가정 내 사고의 위험으로부터 가족을 안전하게 지키는 것을 말하고 이를 위해서는 가족 구성원들의 안전의식이 중요하다. 가정은 사람이라면 누구나가 가장 많은 시간을 보내는 생활의 장이다.

2) 가정 안전의 실태

가정에서는 특히 어린이 사고가 많으며, 가정 내 안전사고는 전체 사고의 약 70%를 차지할 정도로 많이 발생하고 있다. 가정 내 안전사고 발생 장소를 보면, 주방에서의 사고가 가장 많고, 다음은 침실이나 방, 거실, 화장실 순으로 가정 내 곳곳에서 발생하고 있다.

가정 내 안전사고를 예방하기 위해서는 가족 구성원들이 가정의 환경을 점검하여 안전하게 생활할 수 있는 환경을 구성해야 한다. 따라서 가정 안전을 지키기 위해서는 부모가 가정 안전에 대해서 정확히 이해를 바탕으로 자녀들에게 가정 안전의 중요성과 가정 내에서 발생할 수 있는 각종 안전사고의 예방과 대처방법을 지도해야 한다.

2.

주방 안전사고

가정 내에서 안전사고 발생이 가장 많은 곳은 주방이다. 주방은 가정 내에서 위험 요소가 가장 많은 곳으로 위험물에 대한 교육과 사고 발생 시 대처요령이 필요하다.

1) 칼

칼은 날카로워서 손에 부상을 입을 수 있다. 따라서 칼을 아이들의 손에 닿지 않는 곳에 두어야 하며, 칼의 사용 방법과 칼로 손을 베었을 때의 대처요령에 대한 안전교육이 필요하다.

2) 불

불은 매우 위험하여 화상과 화재가 발생할 수 있다. 따라서 불로 인한 화상과 화재에 대한 안전교육이 다음과 같이 필요하다.
- 조리 시 프라이팬이나 냄비 손잡이를 안쪽으로 놓고 조리해야 한다.
- 불을 사용할 때는 화제가 생기지 않도록 주의해야 한다.
- 정기적으로 가스 배관과 호스를 정리하고, 평상시 비눗물로 가스가 누출되는지 점검 한다.
- 가스 사용 후에는 밸브 잠금을 확인한다.
- 가스가 누설되었을 때는 주의 환기 철저히 해야 한다.
- LNG가스(천연 액화가스) 공기보다 가벼워 가스가 위로 싸인다.
- LPG가스는 공기보다 무거워 가스가 밑으로 깔린다.

3.

욕실 안전사고

욕실은 물과 비누를 사용하는 곳이므로, 미끄럼 사고가 자주 발생한다. 따라서 미끄럼 사고 발생을 예방하기 위해서는 다음과 같이 해야 한다.

- 욕실 바닥과 욕조 안에는 미끄럼방지 스티커를 붙여 놓는다.
- 평상시 욕실 문을 조금 열어놓아 환기하여 바닥을 건조시키는 것이 좋다.
- 만약 미끄러져서 넘어지는 사고가 발생하면 바로 움직이지 않고 가만히 자신의 상태를 살펴본 후 부상이 클 경우는 주위의 도움을 청하는 것이 좋다.
- 세제와 약품들이 아이들 손에 닿지 않는 곳에 놓는다.
- 수도꼭지 냉수 쪽으로 돌려놓아 뜨거운 물에 의한 화상을 방지한다.

4.

전기 안전사고

　전기는 감전 사고와 화재의 위험이 있으며, 전기를 사용할 때는 특별한 주의를 해야 한다. 특히 화재나 감전 사고를 당하면 신체에 심각한 충격을 주며 심한 경우에는 사망에 이르게 된다. 따라서 전기를 사용함에 있어 화재나 감전 사고 발생을 예방하기 위해서는 다음과 같이 해야 한다.

- 콘센트에 너무 많은 가전기기를 사용하게 되면 과부하로 인한 화재가 발생하므로 주의해야 한다.
- 전선이 제대로 정리가 되어 있지 않으면 전선에 걸려 넘어질 수 있으므로 주의해야 한다.
- 유아들의 호기심으로 젓가락을 콘센트에 꽂을 수 있으므로 콘센트 덮개를 설치하는 것이 좋다.
- 욕실이나 주방에서는 헤어 드라이기와 같은 전기용품을 사용할 때는 물에 닿으면 감전 사고의 위험이 있으므로 물에 닿지 않도록 한다. 선풍기에 유아가 손을 넣어 상처를 입는 경우가 많기 때문에 선풍기에는 망을 씌우는 것이 좋다.
- 스팀청소기나 다리미를 사용할 때는 고온의 습기가 방출됨으로 화상 사고에 주의해야 한다.
- TV를 청소할 때는 젖은 수건으로 청소하게 되면 감전의 위협이 있으므로 마른걸레로 하거나 먼지털이로 해야 한다.
- 전기장판을 사용할 때는 과열에 주의하여야 한다. 특히 이불을 덮은 채 전원을 끄지 않고 방치하면 화재로 이어질 수 있다. 사용하지 않을 때는 전원과 코드를 뽑아 두어야 한다.

- 세탁기는 사용 후 습기를 제거하기 위해 열어놓는 것이 좋으나 영유아가 있는 집은 아이가 세탁기 안으로 들어갈 수 있으므로 문을 닫아 두는 것이 좋다.
- 믹서를 사용할 때는 칼날에 손을 다칠 수 있으므로 손을 넣지 않아야 한다.
- 전자레인지를 사용할 때는 전용 용기에 넣어 사용해야 한다. 특히 은박지나 금속을 넣으면 폭발할 수 있으므로 주의해야 한다.
- 압력밥솥을 이용하여 음식 조리 시를 할 때는 증기가 빠지는 노즐 막힘이 생기지 않도록 조리한다.

5.

실종과 유괴

아동들의 실종과 유괴는 아동이나 보호자의 부주의로 인한 단순 실종 사건에서 금전을 노린 아동 유괴사건, 아동 성범죄 등에 이르기까지 다양하게 이루어지고 있다.

1) 실종

실종 아동은 약취(폭행이나 협박 따위의 수단으로 타인을 자기의 실력적 지배 아래 둠), 유인 (기망 ·유혹을 수단으로 데려가는 행위) 또는 유기(내다 버리는 행위)되거나 사고를 당하거나 가출하거나 길을 잃는 등의 사유로 인하여 보호자로부터 이탈된 아동을 말한다. 아동의 실종은 학교 주변이나 버스정류장, 놀이공원, 백화점 등과 같이 사람이 많이 모이는 장소 또는 아동이 혼자 집에 남겨졌을 때 일어난다.

2) 유괴

사람을 종래의 생활환경에서 이탈시켜 자기 또는 제3자의 실력적 지배하에 두어 그 자유를 침해하는 일을 말한다. 아동을 유괴하여 부모들을 힘들게 하거나 아동이 사망하는 사고가 발생하고 있다. 아동의 유괴 목적은 육아의 목적으로 39.1 %, 청소년은 성적인 목적으로 39.1% 유괴하는 것으로 나타났다. 유괴 장소는 아동과 청소년 모두 집과 집주변에서 많이 일어남을 알 수 있다.

유괴 방법은 신체적 완력이 약 50%를 차지하고, 가해자는 30대, 40대, 50대 순이지만 10대 에서 60대까지 사실상 전 연령층이 유괴의 가해자다.

유괴는 예로부터 각국에서 범죄로 취급되어 왔으며, 우리나라에서는 사람을 체포·감금·약취·유인하여 이를 인질로 삼아 재물 또는 재산상의 이익을 취득하거나 제3자에게 이를 취득하게 한 유괴에 대하여는 인질강도죄(336조)로 처벌하고 있다.

3) 유괴 예방 정책

① 지문 사전 등록제 실시

지문 사전 등록제는 아동이 실종되었을 때를 대비하여 미리 지문과 사진, 기타 신체 특징, 보호자의 인적 사항을 등록하여 아동이 실종되었을 때 미리 지문과 사진, 기타 신체 특징, 보호자의 인적 사항을 등록하여 아동이 실종되었을 때 등록된 자료를 활용하는 제도를 말한다.

지문 사전 등록제를 원하는 부모는 아이와 함께 가족관계 증명서를 지참하여 가까운 지구대, 파출소를 방문하여 신청할 수 있으며, 경찰청' 안전 Dream' 페이지(www. Safe182.go.kr)에 직접 신청할 수 있다.

② 아동 안전지킴이집 제도

아동이 낯선 사람으로부터 범죄의 위협을 받거나 길을 잃는 등 위험한 환경에 처했을 때 구조나 도움을 요청하면 임시 보호는 물론 경찰에 연계하여 아동을 보호하자는 취지에서 도입되었다. 전국 유치원, 초등학교 근방의 문구점이나 가게, 편의점, 약국 등을 아동 안전지킴이집으로 선정했다.

4) 유괴 방지 대책

- 유괴하려는 사람의 인상은 무섭고 범죄형으로 생겼을 거라는 편견을 버리고 남녀노소 누구나 유괴범이 될 수 있다고 생각해야 한다.
- 낯선 사람이 길을 물으면 가까이 가지 않고 멀리 떨어져서 대답하거나 잘 모르겠다고 말하고 빨리 피한다.
- 차를 타고 있는 사람이 길을 물을 때는 가까이 가지 않고 차와 멀리 떨어져 대답하거나 "모른다"라고 대답해야 한다.
- 낯선 사람이 주겠다는 고가의 장난감이나 물건에 현혹되지 않아야 한다.

- 낯선 사람이 주는 음식물을 받거나 먹지 않는다.
- 외진 곳에 서 있는 차량이 있는 곳은 가까이 가지 않는다.
- 혼자 있을 때 낯선 사람이나 아는 사람이라도 절대 문을 열어주지 않는다.

5) 미아 방지 대책

- 아동의 이름과 보호자 전화번호를 새긴 팔찌나 명찰을 착용한다.
- 보호자를 잃어버렸을 때 이동하지 않고 그 자리에서 기다리거나 사전에 어디서 만날 것을 미리 약속한다.
- 백화점, 마트, 놀이공원 등 잃어버린 장소의 미아보호소나 직원에게 도움을 청하도록 한다.
- 가까이에 있는 관공서(주민센터, 경찰서, 소방서 등)와 학교 근처 편의점이나 문구점의 어린이 안전 지킴이집의 도움을 받는다.

제2장

놀이·여가 안전

1.

놀이터 안전

1) 놀이의 정의

놀이는 어린이의 최초의 작업이며, 가장 많은 시간을 사용한다. 놀이는 사람에게 즐거움, 오락, 재미를 제공하는 자연스럽고 조직화된 활동이며, 어린이에게 있어서는 즐거움을 찾는 활동이자 학습이다.

특히 놀이는 어린이가 경험과 지식을 얻는 수단으로써 이를 통해 사회성 및 가치 형성, 창의력, 안정된 정서, 신체발달 등의 경험적인 습득을 얻을 수 있는 것이다. 실제로 아동 단계에서 놀이는 신체발달, 인지발달, 사회정서발달을 위해 매우 중요하며, 다른 활동보다 놀이를 통해서 아동발달이 극대화된다.

2) 놀이터의 정의

놀이터는 자유롭고 적극적인 놀이를 위하여 별도로 마련한 고정적인 놀이 공간을 말한다. 좁은 뜻으로 어린이들이 놀 수 있도록 실외에 마련한 장소를 말하기도 한다. 넓은 뜻으로는 모든 사람들이 놀 수 있는 외부의 장소를 말한다.

어린이 놀이터는 보통 그네·시소·미끄럼틀 등의 놀이기구가 있는 어린이들의 놀이 장소를 뜻하며 어른들을 위한 공간은 스포츠 시설 등을 갖춘 장소로써 체육공원이나 운동장이라고 구분하기도 한다. 모든 학교에는 미끄럼틀·모래밭·철봉·그네 등을 설치한 놀이터가 있어 어린이들이 쉬는 시간이나 수업이 끝난 뒤에 이 시설을 이용하며 논다.

3) 놀이터 사고원인

놀이터에서 생기는 사고 원인을 보면 다음과 같다.

- 어린이는 위험한 상황을 인식하고 그에 대처할 수 있는 민첩성과 조정 능력이 부족하기 때문에 사고를 당하기 쉽다.
- 놀이터에서 기구에 오르다가 빠지거나 추락할 수 있으며 움직이는 기구에 부딪히기도 한다.
- 도시의 어린이들은 위험한 도로나 주차장에서 놀다가 사고를 당하는 경우가 많다.
- 놀이터에서 차도로 나가 차에 부딪히기도 하며 많은 어린이가 한꺼번에 기구를 사용하다가 사고가 나기도 한다.
- 놀이기구를 타다가 떨어지거나 고정된 물체와 충돌하기도 하며 특히 보호 장구를 착용하지 않아 크게 다치는 경우가 많다.

4) 놀이터 안전사고 예방

놀이터를 만들거나 유지할 때는 무엇보다 어린이가 치명적인 손상에 노출되지 않도록 고려해야 한다. 놀이터는 어린이들에게 놀이의 기회를 제공하면서 최선의 이익을 가져갈 수 있도록 고려해야 하며, 놀이터 안전사고 예방은 놀이를 통제하는 것이 아니라 보호해 주어야 한다.

① 미끄럼틀
- 미끄럼틀에 올라갈 때는 미끄럼판으로 올라가지 않고 반드시 계단을 이용하도록 한다.
- 미끄럼틀에 여럿이 올라갈 때는 차례로 올라가게 한다.
- 미끄럼틀에서 내려올 때는 엎드려 타거나 서서 타지 않도록 한다.

② 시소
- 시소를 탈 때는 반동으로 튕겨나갈 수 있으므로 손잡이를 꼭 잡고 타도록 한다.
- 시소를 탄 채 자리에서 일어나거나 뛰지 않도록 한다.

- 내릴 때는 같이 타는 친구에게 미리 말하고 조심하여 내린다.
- 시소 밑에 발을 둔 채로 내리지 않도록 한다.

③ 그네
- 그네를 탈 때는 줄을 양손으로 잡고 타도록 한다.
- 그네가 움직이는 도중에는 뛰어내리지 않도록 한다.
- 그네를 탈 때는 한 가운데 앉아서 몸의 균형을 잡으면서 타도록 한다.
- 그네 줄을 꼬지 않도록 한다.
- 그네를 다른 사람이 타고 있을 때는 앞뒤로 지나가지 않도록 한다.

④ 철봉
- 철봉은 자신의 키보다 너무 높은 철봉에 매달리면 떨어질 수 있기 때문에 자신의 키에 맞는 철봉에 매달리도록 한다.
- 철봉에 거꾸로 매달리지 않도록 한다.
- 내려올 때는 발에 충격이 올 수 있으므로 주의해서 내려오도록 한다.

⑤ 오르기 기구
- 오르기 기구에서 내려올 때는 높은 곳에서 뛰지 말도록 해야 한다.
- 오르기 기구에서 손이 미끄러지지 않게 주의한다.
- 오르기 기구를 올라갈 때는 가로대를 양손으로 잡고 올라가도록 한다.
- 위에 있는 사람의 발을 잡거나 장난하지 않도록 한다.
- 다른 사람이 내려오는 방향으로 올라가지 않도록 한다.

5) 놀이터에서의 안전한 옷차림

- 후드 티와 같이 끈이 달린 옷을 입으면 놀이기구에 걸릴 수 있으므로 입지 않아야 한다.
- 운동화도 끈 달린 신발보다는 찍찍이가 달린 신발을 신는 것이 좋다.

- 신발은 뛰기나 뛰어내릴 때 충격 흡수와 미끄럼 방지를 위해 밑창이 푹신하고 잘 미끄러지지 않는 신발이 좋다.
- 가방을 메고 놀이기구를 타면 무게중심을 잃을 수도 있기 때문에 가방을 놓고 이용하도록 한다.
- 겨울에는 벙어리 장갑이나 목도리 등도 놀이 기구에 걸릴 수 있으므로 벗는 것이 좋다.
- 머리가 긴 경우는 놀이기구에 걸리지 않도록 묶도록 한다.
- 놀이기구를 탈 때 마찰열로 인한 사고를 방지하기 위해 긴 팔, 긴 바지를 입는 것이 좋다.

2.

체육활동 안전

1) 야구

- 준비운동을 충분히 하여 근육을 풀어준다.
- 야구를 할 때는 지나가는 사람이 없는 곳에서 한다.
- 베이스는 충격을 완화하는 것이 좋다.
- 공이 날라 오는 방향으로 지나가지 않는다.
- 배트를 휘두를 때 주변에 사람이 있는지 확인하고 한다.
- 방망이를 휘두를 때나 공이 날아올 때 얼굴을 보호하는 헬멧을 착용한다.
- 포수는 공의 충격을 막아주는 가슴 보호대와 정강이 보호대를 착용한다.

2) 축구

- 축구는 오랫동안 달려야 하기 때문에 준비운동을 충분히 하여 근육을 풀어준다.
- 축구화는 발에 맞아야 하고 끈이 풀어지지 않도록 단단히 묶어준다.
- 상대편 선수와 부딪히지 않도록 한다.
- 공을 갖기 위해서 무리하게 뛰지 않도록 한다.
- 골대가 넘어져 다칠 수 있으므로 골대를 잡지 않는다.
- 네트에 기어오르지 않도록 한다.

3) 인라인 스케이트, 롤러스케이트, 스케이트보드, 킥 보드

- 기구가 몸에 맞아야 하며 너무 큰 것을 구입하지 않는다.
- 바퀴에 이상이 있는지 점검한다.
- 반드시 안전모와 보호대 등 보호 장구를 착용한다.
- 다른 사람이 발견하기 쉽게 밝은색의 옷을 입는다.
- 차가 다니지 않는 안전한 공터나 공원에서 탄다.
- 횡단보도를 건너거나 계단을 오르내릴 때는 벗어서 손으로 들고 간다.
- 손에 물건을 들지 않는다.
- 새벽이나 저녁에는 사고를 예방하기 위하여 타지 않는다.

4) 썰매, 스키, 스노우 보드 안전

- 썰매는 날카로운 면이 없고 윤활이 잘 되어 있으며 구조적으로 안정되어야 한다.
- 스키는 장비가 몸에 맞아야 한다.
- 보드는 세웠을 때 코보다 낮아야 한다.
- 방수 가능한 긴 옷과 장갑을 착용한다.
- 능력에 맞추어 슬로프의 난이도를 결정한다.
- 다른 사람과 같은 방향으로 탄다.
- 앞 사람과 적절한 거리를 유지한다.
- 경주하지 않는다.
- 썰매를 엎드려 타지 않는다.

3.

캠핑 안전

1) 캠핑의 정의

캠핑(camping)은 텐트 또는 간단한 지형지물을 이용하여 일시적으로 규칙적인 생활을 하는 야외활동을 말하며, 야영이라고도 한다. 캠핑은 인류의 역사와 함께 시작되었으며, 물과 식량을 찾아 이동하며 살던 유목시대에 와서 보편화되었다. 그 뒤 농경생활이 이루어짐에 따라 정착하게 되어 점차 멀어지게 되었다가, 근대 이후 심신수련과 자연극복 등을 위한 의도적인 목적으로 시행되어왔다.

우리나라에서는 1980년대부터 청소년들의 심신수련과 일반화된 등산 등 건전한 여가생활의 장소를 마련하기 위하여 국립공원과 도립공원 내에 야영장을 개설하였다. 또한 사회문화단체의 시도별 야영장 50여개 소를 개설하여 등산과 극기훈련 및 체력단련 등의 산교육장으로 활용하고 있다.

2) 캠핑 안전

- 텐트는 식수를 쉽게 구할 수 있는 곳에 치는 것이 좋다.
- 텐트를 치는 장소는 바닥이 평평한 곳에 설치해야 한다.
- 텐트의 주변에는 암벽이나 언덕이 없어 산사태 위험이 없는 곳에 쳐야 한다.
- 계곡에서는 집중호우가 내려 물이 갑자기 불어나면서 위험해질 수 있으므로 물 가까이

텐트를 치지 않도록 한다.

- 해먹 설치 시 땅바닥에는 만약의 추락을 대비해 두꺼운 돗자리 등을 깔아 두는 것이 좋다.
- 천막 속에서는 화재의 위험이 있기 때문에 버너를 사용하지 않는다.
- 야영장 근처에서 채취한 야생 과일이나 식물을 함부로 먹지 않는다.
- 취사 시 화상을 입지 않도록 주의한다.
- 야간 이동 시 길이 익숙하지 않고 장애물이 있을 수 있으므로 뛰지 않는다.
- 높은 언덕이나 절벽에 가까이 가지 않도록 한다.
- 불을 쓸 때는 화재의 위험성이 있으므로 주의를 해야 한다.
- 흡연은 반드시 정해진 흡연 구역 내에서만 하고 담배꽁초를 버릴 때는 확실하게 끄고 버린다.
- 긴급 상황 발생 시 캠핑장 내 대피할 수 있는 지역을 사전에 알아 둔다.
- 벌레에 물릴 것에 대비하여 비상약을 준비해 간다.
- 야영 중(특히, 장마철)에 물이 밀려들 떼에는 절대로 물건에 미련을 두지 말고 신속히 대피하도록 한다.
- 야영을 갈 때는 휴대용 랜턴, 라디오, 밧줄(로프), 구급약품 등을 준비해서 간다.
- 추위를 대비하여 침낭을 가져간다.
- 텐트 안에서는 난로를 오래 틀면 이산화탄소 중독이 될 수 있으므로 수시로 환기시킨다.
- 휴대용 소화기를 가져가는 것이 좋으며, 없을 경우 페트병에 물을 받아 비상시 사용한다.
- 휴대용 가스제품을 사용할 때는 사용 전에 연료 누출이 있는지 점검하고, 가급적 바깥에서 사용한다.
- 취침 시 부탄 가스통을 제품과 분리해서 가스누출이 되지 않도록 한다.

4.

물놀이 안전

1) 물놀이의 정의

물놀이는 수영장, 바닷가, 강물, 계곡물에서 노는 것을 말한다. 물놀이는 더운 여름철 특히 7월 8월에 많이 한다. 물놀이 사고는 사망사고가 많기 때문에 안전 수칙을 철저히 준수해야 한다.

실제로 물놀이 안전사고의 주요 원인은 안전 수칙 불이행이 가장 압도적으로 높으며, 수영 미숙, 음주 수영, 높은 파도 등도 주요 원인 중 하나이다. 장소 별 사고 현황을 보면, 하천 즉, 강에서의 물놀이 사고가 가장 많이 일어난다. 특히 강은 비가 오면 물이 금방 불어 매우 위험하다.

2) 물놀이 안전

- 물놀이는 심장마비에 걸리지 않도록 준비운동이 필수다.
- 물에 들어갈 때는 다리부터 서서히 들어가 수온에 적응시켜 물놀이를 해야 한다.
- 초보자는 수심의 얕은 곳도 안전하다고 방심해서는 안된다.
- 강이나 계곡에서는 물이 깊지 않아도 물살이 세면 휩쓸려 떠내려갈 수 있으므로 조심해야 한다.
- 강이나 계곡에서는 수심이 깊어도 머리를 다칠 수 있으므로 함부로 다이빙하지 않는다.
- 수영을 잘못하는 사람은 반드시 구명조끼를 착용한다.

- 배 혹은 떠 있는 큰 물체 밑을 헤엄쳐 나가는 것을 위험하므로 하지 않는다.
- 튜브나 구명조끼를 믿고 자신의 능력 이상 깊은 곳으로 나가지 않는다.
- 날카로운 바닥으로부터 다치지 않으려면 아쿠아 슈즈 같은 신발을 신는다.
- 위급한 상황이 생길 경우 주위의 도움을 받을 수 있게끔 안전요원이나 보호자가 있는 곳에서 물놀이를 한다.
- 햇볕이 강할 때는 물놀이 전에 자외선 차단 크림을 꼭 바르고 물에 들어간다.
- 햇볕이 심할 때에는 화상을 입거나 탈진할 수 있으니 그늘에서 쉬도록 한다.
- 수영 중에는 장난하거나 허우적거리는 흉내를 내지 않는다.
- 자신의 체력과 능력에 맞게 물놀이를 한다.

3) 사고별 대처요령

① 수영 중 경련이 일어났을 때
- 경련이 일어나면 먼저 몸의 힘을 빼서 편한 자세가 되도록 하여 물에 뜨게 한다. 오히려 당황하여 벗어나려고 하면 더 심한 경련이 일어나거나 물을 먹게 된다.
- 크게 숨을 들이마시고 물속에 얼굴을 넣은 채 쥐가 난 쪽의 엄지발가락을 힘껏 앞으로 꺾어서 잡아당긴다.
- 육지에 오른 다음에 발을 뻗고 장딴지의 근육을 충분히 마사지해 준다.
- 수건에 더운물을 적셔서 장딴지에 감아준다.
- 위경련이 생기면 위급한 상황이므로 신속히 구조를 요청한다.
- 경련이 한동안 계속하면서 격통이 가라앉기를 기다렸다가 물놀이를 한다.

② 파도가 칠 때
- 파도가 있는 곳에서 수영 할 때 머리는 언제나 수면상에 내밀고 있어야 한다.
- 큰 파도가 덮칠 때는 깊이 잠수할수록 안전하다.
- 큰 파도에 휩싸였을 때는 버둥대지 말고 숨을 멈추고 파도에 몸을 맡기면 자연히 떠오른다.
- 거센 파도가 밀려났을 때는 파도에 대항하지 말고 비스듬히 헤엄쳐 육지로 향한다.

③ 물에 빠졌을 때
- 당황하지 말고 몸에 힘을 빼고 주변 사람에게 도움을 요청한다.
- 발이 바닥에 닿으면 팔을 아래로 내리고 발바닥으로 물을 누르듯 치면서 올라와 숨을 들이마신다.
- 머리가 부분적으로 물 밖으로 나올 때, 팔을 벌리고 동시에 마치 가위질을 하듯 양다리를 젓는다.
- 옷이 물에 젖으면 무거워서 가라앉기 쉬우므로 옷을 입고 물에 빠진 경우는 침착하게 신발과 옷을 벗는다.
- 셔츠나 바지의 밑자락을 묶어 공기를 넣고 단단히 움켜잡으면 튜브 역할을 하여 물에 뜰 수 있다.

④ 다른 사람이 물에 빠졌을 때
- 큰 소리로 인명구조요원에게 알리고 119에 신고한다.
- 물에 빠진 사람을 구하려고 함부로 물에 뛰어들지 않는다.
- 인명 구조 자격이 있는 사람만 수영으로 구조한다.
- 레스큐 튜브, 구명조끼 등을 던져준다.
- 튜브가 없는 경우에는 윗도리, 바지, 넥타이 등을 묶어 하나의 줄 형태로 만든다.
- 음료수 페트병이나 물에 뜰 수 있는 슬리퍼를 끝에 묶어서 던져준다.
- 물에 빠진 사람을 구조한 뒤에는 체온이 떨어지지 않도록 젖은 옷을 벗기고 옷이나 수건 등으로 몸을 따뜻하게 감싸 준다.
- 구조 후 의식이 있는 경우에는 흡입물을 토하도록 하고 안정시킨다.
- 의식이 없는 경우에는, 119 구급대가 도착할 때까지 인공호흡과 심장마사지를 해주며 체온유지를 해준다.
- 폐 속의 물과 추위 때문에 보통보다 느린 속도로 심폐소생술을 해주어야 한다.
- 사고 현장에 구급차 진입이 곤란한 경우에는 환자를 이동시켜 준다.

5.

등산 안전

1) 등산의 정의

등산은 심신을 단련하고 즐거움을 찾고자 하는 행위 중 하나로서, 산을 오르는 것 자체가 목적이며, 숲 속의 맑은 공기를 마실 수 있다는 점에서 건강에도 긍정적 효과를 누릴 수 있는 대표적인 유산소 운동이다. 등산에 대한 인기가 높아져서 등산 인구가 증가하는 만큼 사고도 많이 일어나고 있다.

소방방재청의 자료를 보면 최근 3년간 국립공원에서 발생한 산악사고로 무려 1,300여 명의 사상자가 발생했다. 등산 안전사고가 가장 많은 월별로 보면 행락객이 늘어나는 10월이 가장 많으며, 원인별로 보면 추락에 의한 사망과 골절에 의한 부상이 가장 많은 걸로 나타났다.

2) 등산 준비

- 험한 산이 아니더라도 관절 손상을 예방하기 위해 반드시 등산화를 신는 것이 좋다.
- 등산화는 발이 붓는 오후에, 두꺼운 양말을 신고 등산화를 신어봤을 때 손가락 하나 들어갈 정도로 여유 있는 것으로 해야 한다.
- 등산을 하면 땀이 많이 나므로 방풍 방수가 잘 되는 등산복을 착용하는 것이 좋다.
- 등산할 때 입는 옷은 속옷, 보온 옷, 겉옷 등 3겹의 옷을 겹쳐 입는 것이 열효율을 높일 수 있기 때문에 좋다. 옷을 여러 겹 입으면 산에서 수시로 변하는 기온과 상황에 쉽게

대처할 수 있는 장점이 있다.

- 땀을 흘리고 나면 갑자기 체온이 떨어질 수 있으므로 소금과 열량이 높은 초콜릿, 양갱, 육포, 사탕 등 비상식량을 챙기는 것이 좋다.
- 등산 도중 마실 음료와 오이 등을 준비하는 것이 좋다.
- 만약의 사태에 대비하기 위하여 전등, 우의, 구급약품 등을 준비하는 것도 좋다.
- 자신의 체력을 고려하여 산행 계획을 수립한다.
- 스틱을 사용하면 무릎으로 가는 체중의 3분의 1을 덜 수 있어서 무릎보호 및 통증 예방에 효과적이다. 스틱은 하나가 아니라 반드시 두 개를 사용해야 효과가 좋다.
- 산행 코스에 대한 난이도나 충분한 정보를 얻는다.
- 출발하기 전에 일기예보를 확인하고 준비한다.
- 출발하기 전에 발목과 무릎을 간단하게 줄어 준다.

3) 등산 안전

- 등산은 아침 일찍 시작하여 해지기 전에 마치는 것이 좋다.
- 일행 중 가장 약한 사람을 기준으로 산행을 한다.
- 될 수 있으면 30kg 이상의 짐을 지지 않는 것이 좋다.
- 산에서는 길을 잃지 않도록 모르는 길로 가려면 충분한 정보를 구하고 한다.
- 등반로 외에 산행을 삼가한다.
- 길을 잃었을 때는 계곡을 피하여 능선으로 올라간다.
- 등산화 바닥 전체로 지면을 밟고 지팡이를 사용하여 체중을 분산하는 것이 좋다,
- 내려갈 때는 자세를 낮추고 발 디딜 곳을 살피면서 천천히 걷는다.
- 산행은 30분정도 걷고 5~10분간씩 휴식한 다음, 산행에 적응이 되면 1시간 정도 걷고 10분간씩 휴식하는 것이 좋다.
- 한여름에는 햇볕이 가장 뜨거운 낮 시간을 피해서 등산을 하고 물을 충분히 마시는 것이 좋다.
- 자기 체력과 능력 이상으로 무리하게 걷지 않도록 한다.

- 지쳤을 때는 바람이 잘 불고 그늘진 곳에서 충분히 쉬는 것이 가장 좋은 방법이다.
- 지치지 않도록 천천히 걷고 자주 쉬는 것이 좋다.
- 산행 시에는 수시로 소방서에서 설치한 위치판 고유번호를 확인하는 것이 좋다.
- 썩은 나뭇가지 풀, 불안정한 바위를 손잡이로 사용하지 않는다.
- 급경사 등 위험한 곳에서는 보조 자일을 사용하는 것이 좋다.

4) 사고별 대처요령

① 조난됐을 때

산 또는 자연환경 속에서 목숨을 유지하기 어려운 상황에 처해 오랫동안 삶과 죽음의 갈림길을 넘나드는 것을 조난이라고 한다. 조난당했을 때 대처요령은 다음과 같다.

- 산에서 길을 잃은 경우, 당황하지 말고 아는 곳까지 왔던 길을 되돌아간다.
- 침착하게 119에 신고하고 구조를 기다린다.
- 전화가 연결되지 않는 경우 큰소리로 구조를 외치거나, 등화 점멸 방법 등을 이용해 구조를 요청한다.
- 구조대가 올 때까지 체온과 체력을 유지한다.
- 지쳤거나 어두워졌거나 악천후로 등산을 계속하기 어려운 상태라면 섣불리 움직여서는 안 된다.
- 구조대에 연락하고 그곳에서 밤을 새울 준비와 각오를 하고 구조대가 오기를 기다린다.
- 배낭과 옷가지 비닐 등으로 바람을 막아 체온을 유지한다.
- 나뭇가지, 낙엽, 바위 같은 지형지물을 이용해 추위와 비바람을 피할 수 있는 잠자리를 만든다.
- 여러 사람이 함께 있을 때는 서로 부둥켜안고 계속 몸을 움직여 몸 온도가 더 떨어지지 않도록 노력하고 졸지 않도록 하고 추위를 이기기 위한 노력을 한다.

② 부상자가 생겼을 때

- 산행 중 부상을 당해서 혼자 내려가기 어려울 때는 119로 신고한다.
- 부상자에 대한 지속적인 정보가 필요하므로, 전화 거는 사람의 전화번호와 이름을 알려 준다.
- 부상자를 구조대에 인계할 때까지 부상자에게 대화를 유도하여 마음을 안정시키고, 보온 조치를 해준다.

5) 저체온증 예방

산에서는 평지와 달리 기온이 낮고 바람이 부는 까닭에 실제온도보다 체감온도가 낮아지기 때문에 저체온증이 쉽게 생긴다. 저체온증은 한여름이라도 비, 바람 등 날씨 변화에 따라서 저체온증에 걸릴 수 있다.

젖은 옷은 마른 옷을 입고 있을 때보다 무려 240배나 빠르게 우리 열을 빼앗아 가기 때문에 산행을 할 때는 될 수 있는 대로 땀이 나지 않도록 옷을 가볍게 입고 천천히 걸어야 한다. 그리고 때마다 열량이 높은 간식을 자주 먹는 것이 좋으며, 비나 눈에 옷이 젖지 않도록 주의해야 한다.

제3장
교통 안전

1.

교통사고의 의미와 실태

1) 교통사고의 의미

교통사고는 도로상 차의 교통으로 인하여 사람을 사상하거나 물건을 손괴한 사고를 말한다. 교통사고는 자동차, 철도, 선박, 항공 등의 교통기관의 운행 중에 발생하는 사고 전체를 말하며, 이중 자동차에 의한 사고가 대부분을 차지한다. 교통사고는 대부분 기본 교통 규칙을 지키지 않아서 발생하므로 보행자와 운전자 모두 교통질서를 잘 지켜야 하지만, 타인의 실수에 의해 피해를 입는 경우도 많으므로 이를 예방하기 위한 방어적인 생활 태도를 습관화하는 것도 중요하다.

「도로교통법」상 교통사고는 도로에서 발생한 사고를 말하며, 「교통사고처리특례법상」에서의 교통사고(제2조 2항)는 차의 교통으로 인하여 사람을 사상하거나 물건을 손괴하는 것을 말한다. 여기서 '차'라 함은 자동차, 건설기계, 원동기장치자전거, 자전거, 사람 또는 가축의 힘이나 그밖의 동력에 의하여 도로에서 운전되는 것을 말한다. 다만, 철길이나 가설된 선에 의하여 운전되는 것, 유모차와 행정안전부령이 정하는 보행 보조용 의자차를 제외한다.

2) 교통사고의 실태

2015년도 경찰청 통계자료를 보면 우리나라 교통사고 사망자 수는 4,621명으로 나타났다. 2017년 약 4만 7천건을 넘다가 2021년 약 3만 6천 건으로 줄었다. 이는 2020년부터 급감하는 모습을 보이고 있으며 코로나의 영향이 크다. 보행자 자체가 줄어 보행자 교통사고 건수 역시 줄어들은 것으로 나타났다.

다만 2022년 현재 조금씩 증가하고 있는 모습을 보이고 있으나 아직도 OECD(경제협력개발기구) 국가 중에서 높은 편이다. 하지만 사망자 수는 많이 줄지 않았는데요. 특히 서울과 부산, 광주의 경우 교통사고 사망자 대비 보행자 교통사고로 인한 것이 50%를 넘어 사망률이 다른 교통사고에 비해 매우 높은 것으로 나타났다.

OECD 회원국 중에 한국 1위, 폴란드 2위, 미국 3위, 그리스 4위, 일본 6위, 일본 5위, 프랑스 7위, 영국 8위로 나타났다. 이는 OECD 회원국 평균보다 무려 1.7배나 노은 수준이다. 교통사고 유형별로 보면 교통사고 사망자 중 보행 중 사망이 39.1% 넘고, 특히 무단 횡단사고가 가장 많은 것으로 나타났다. 무단횡단의 위험성과 안전한 도로 횡단 방법을 충분히 알고 일상생활 속에서 안전하게 보행하는 것을 습관화해야 한다.

2.

어린이 교통 안전

어린이 교통사고는 일반적으로 14세 이하의 연령의 교통사고를 말한다. 어린이 교통사고는 전체 사고 사망원인의 가장 많은 원인으로서, 대부분의 어린이 교통사고는 예방이 가능하다.

국내 어린이 교통 사망사고는 1992년에 1,180명으로 지속적으로 증가하다가 2007년 202명으로 감소 추세에 있으나, 아직 OECD 국가 중 사망률이 가장 높다.

사망자 중 63%는 보행 중 차에 치여 사망하였다. 주로 하교 시간대인 오후 4시에서 6시 사이에 많이 발생하였다. 이를 위하여 2022년까지 전국 모든 어린이보호구역에 무인교통단속 장비와 신호등이 설치되었다. 보호구역 내 제한속도는 시속 40㎞ 이상인 경우 단계적으로 시속 30㎞로 하향 조정되고, 신호등이 없는 횡단보도를 지나는 차량에는 일시정지 의무가 부과되었다. 보호구역 내 주·정차 범칙금·과태료는 현행 일반도로의 2배인 8만원(승용차 기준)에서 3배인 12만원으로 올리는 법 개정도 추진된다. 자녀를 둔 가정에서는 어린이 교통사고 예방법을 숙지하여, 아이에게 알려줄 수 있도록 해야 한다.

1) 도로교통 안전

- 길을 갈 때는 꼭 인도로 다닌다.
- 무단횡단은 사고의 위험이 높으니 절대 해서는 안된다.
- 길을 건널 때는 반드시 횡단보도, 육교, 지하도를 이용한다.
- 골목길에서 나올 때는 좌우로 차가 지나가는지를 확인하고 나온다.
- 차량이 다니는 골목길에서는 공놀이를 하지 않는다.

- 버스 앞·뒤로 다닐 경우 운전자에게 보이지 않아 매우 위험하니 조심해야 한다.

2) 횡단보도 보행법

- 우선 멈추어 좌우를 살피는 습관을 가져야 한다.
- 건널목(횡단보도)이 아닌 곳을 무단으로 횡단하는 일은 금해야 한다.
- 횡단보도는 오른쪽에서 걷는 것이 안전하다.
- 녹색 불이 들어와도 그냥 지나치는 차가 있으므로 꼭 차량 멈춤을 확인한다.
- 길을 건널 때 꼭 손을 들어서 운전자와 눈 맞추기를 한 후 천천히 걷는다.
- 신호등이 없거나 점멸신호가 있는 건널목(횡단보도)에서는 차량이 완전히 멈추었거나 운전자의 수신호가 있을 때 건너도록 한다.

3) 주정차 된 차량 근처 안전사고 예방

- 멈추어 있는 차 사이에서 나올 경우 사고 위험이 높으니 절대 뛰어나오지 않는다.
- 멈추어 있는 자동차가 뒤로 움직일 수 있으니 절대 차 뒤나 밑에서 놀지 않는다.
- 멈추어 있는 차 뒤에서는 놀지 않도록 한다.
- 차 밑에 물건이 들어가면 운전자나 주위 어른에게 부탁하여 물건을 꺼내도록 한다.

4) 차량 탑승 안전

- 버스를 탈 때는 찻길로 내려가서 타지 말고 인도에서 타도록 한다.
- 차량 사고 시 가장 위험한 자리는 운전수 옆 조수석이므로 가능한 앞자리에는 앉지 않는다.
- 만 6세 미만 유아는 반드시 어린이 보호 장구를 착용해야 한다.
- 어린이는 안전벨트가 헐거우므로 수건을 동여맨 후 착용한다.

3.

노약자 보행 안전

65세 이상 노인 교통 사망사고는 1974년 197명에서 1991년 2,238명, 2007년 2,128명으로 지속적으로 증가하다 2016년에는 866명으로 줄어들기는 했지만, 아직 OECD 국가 중 교통사고로 인한 노인 교통사망률은 1위다. 2017~2021년 5년간 교통사고로 사망한 보행자 수는 6575명으로, 이 중 65살 이상 노인 비율은 56.6%(3720명)로 가장 많았다. 그다음으로 51~60살 이상 사망자가 1,089명으로 가장 높았다.

2021년 행정안전부의 통계자료에 의하면, 노인 보행자 교통사고 10명 중 7명이 도로를 횡단하던 중 발생한 것으로 나타났다. 가해 운전자의 법규 위반사항을 보면, 안전 운전 불이행(68.4%), 보행자 보호의무 위반(20.6%), 신호 위반(3.2%)순으로 나타났다. 계절별로는 12월, 1월, 2월 순으로 겨울철에 교통사고가 많이 발생했다. 보행자의 교통사고 사망 사건은 주말을 앞둔 금요일에 1,048명(15.9%)으로 가장 많이 발생했다. 시간대로 보면 저녁 6~8시 사이 사망한 보행자 수가 1,032명(15.7%)으로 가장 많은 것으로 나타났다.

지난 3년간 우회전 차량에 의한 보행자의 교통사고 사건 중 사망자는 213명, 부상자는 1만 2,604명으로 횡단보도 내 횡단 중 사망한 보행자가 43.7%(93명)으로 가장 많았다. 가해 차종은 우측 사각지대가 넓은 대형차량(승합차·화물차)의 비율이 49.3%에 달했다.

다만 보행 교통사고 사망자 수는 해마다 감소세를 보였다. 최근 5년간 사망자 수는 연평균 11.7% 감소했고, 2021년 보행 교통 사망자는 1,018명으로 5년 평균(1,315명)에 비해 297명 감소했다.

노인 교통사고가 많은 이유는 노인이 되면 신체적, 정신적으로 위험한 상황에 대한 대처 능력이 떨어져 교통사고의 위험에 더 쉽게 노출되기 때문이다. 또한 보행속도 및 인지 반응시간

저하, 주의 능력 감퇴 등 신체적 특성 변화에 따른 사고 위험성 증가와 노인을 고려한 도로나 교통 안전시설 미비 등도 노인 교통사고의 주요 원인이 된다. 노인 교통사고 예방을 위해 다음과 같은 주의가 필요하다.

- 힘들다고 무단 횡단을 하지 말고, 반드시 횡단보도로 건넌다.
- 반드시 녹색 불을 확인하고 자동차가 완전히 정지한 다음에 건너기 시작한다.
- 녹색불이 깜빡일 때는 생각보다 신호가 빨리 바뀌니 꼭 다음 신호에 건너도록 한다.
- 야간 보행 중에는 흰색이나 밝은색 옷을 입어야 한다.
- 되도록 조명이 있는 밝은 곳으로 걸어가야 운전자가 잘 발견할 수 있다.
- 차도와 보도가 구분된 곳에서는 반드시 보도를 이용한다.
- 차도와 보도의 구분이 없는 곳에서는 차와 마주보며 차의 방향을 확인하며 걷는다.
- 차량 사이로 걷지 말고, 주위가 잘 보이는 쪽으로 걷는다.
- 아파트 단지 내에서도 사고가 자주 발생하므로 주의한다.
- 횡단보도에서 신호가 바뀌더라도 차량의 진행 유무를 확인 후 잠시 멈추었다가 진행한다.

4.

교통사고 발생 시 대처방법

1) 교통사고 발생 시 대처방법

- 위험물질 수송차량 사고 시 사고지점에서 빠져나와 대피한다.
- 화재가 발생하였을 때 외에는 부상자를 건드리지 맙시다.
- 사고 현장에서는 유류나 가스가 누출되어 화재가 발생할 위험성이 있으니 담배를 피우지 않는다.
- 구조대의 활동이 본격적으로 시작되면 구조에 참여하지 말고 사고 현장에서 물러나야 한다.
- 타박상같이 부상이 심하지 않은 경우에는 휴식을 충분히 취한 후, 부상 부위에 2~3일 정도 냉찜질을 하고 그 후에는 온열 치료한다.
- 머리를 다쳤을 때는 몸을 고정하여 최대한 목을 움직이지 않도록 한다.
- 방석 등으로 다친 곳을 지지하여 심장보다 높은 곳에 올려주면 부종이 줄어들어서 통증을 줄이는 데에 효과가 있다.

2) 교통사고 대처방법(운전자)

- 안전한 장소에 차를 정차시킨다.
- 위험물질 수송차량 사고 시 사고지점에서 빠져나와 대피한다.

- 부상자가 있는지 확인하고 119에 도움을 요청한다.
- 화재가 발생하였을 때 외에는 부상자를 건드리지 않는다.
- 부상이 심각한 경우에는 응급처치를 한다.
- 경찰서에 신고하여 지시를 받는다.
- 목격자를 확보한다.
- 신고 후 경찰이 현장에 도착할 때까지 사고 현장의 증거를 보존하며 대기한다.
- 보험회사에 연락한다.

3) 교통사고 대처방법(피해자)

- 가벼운 상처라도 반드시 경찰에게 알린다.
- 가벼운 상처나 외상이 없어도 두부 등 강한 충격을 받을 시 병원을 방문하여 진단받는다.

4) 목격자

- 다친 사람이 있는 경우에는 119에 신고한다.
- 화재가 발생하였을 때 외에는 부상자를 건드리지 않는다.
- 부상이 심각한 경우에는 응급처치를 한다.
- 구조대의 활동이 본격적으로 시작되면 구조에 참여하지 말고 사고 현장에서 물러나야 한다.
- 사고 현장과 본인이 안전한가를 확인한다.
- 사고 후 도주 차량 발견 시 차 번호, 차종 등을 메모하거나 기억하여 경찰에 신고한다.
- 사고 현장에는 화물 중 휘발유 등 위험물이 있을 수 있으므로 담배를 피우거나 불을 사용하는 행동은 삼간다.

5) 교통표지판

교통표지판의 종류를 보면 다음과 같다.

보행자 전용도로

자전거횡단도

어린이보호

횡단보도

자전거 통행금지

위험

자전거 전용도로

보행자 횡단금지

보행 금지

철길건널목

횡단보도

도로공사중

[그림 2-1] 교통표지판

5.

교통사고 예방

1) 운전자 사고 예방법

교통사고 예방을 위하여 다음과 같이 방어 운전을 한다.

- 차를 타면 반드시 모든 좌석에 안전띠 착용을 한다.
- 양보 운전을 생활화한다.
- 차량의 정지선을 반드시 준수한다.
- 운전 중 스마트폰 사용하지 말아야 한다.
- 음주운전을 하지 않는다.
- 전조등을 낮에도 점등하고 다녀 보행자에게 주의를 준다.
- 차선을 변경할 때는 반드시 방향등을 켜서 다른 사람들에게 예고한다.
- 횡단보도 앞에서는 일단 정지하거나 서행한다.
- 신호위반을 하지 않는다.
- 중앙선 침범하지 않는다.
- 무리한 끼어들기를 하지 않는다.
- 교통법규는 반드시 준수한다.

2) 안전운전 방법

- 운전석에 앉으면 바른 자세로 앉아서 운전한다.
- 장갑을 끼지 않고 맨손으로 운전하는 것이 좋다.
- 한 손으로 운전하지 말고 양손으로 운전한다.
- 운전석에서 시야를 넓게 확보하기 위해 장애물을 제거한다.
- 야간 운전, 악천후 시, 낯선 길의 운전을 할 때는 가급적 천천히 조심스럽게 해야 한다.
- 교통혼잡 시간을 피해서 운전한다.
- 장거리 운전을 가급적 피한다.
- 부득이 장거리 운전할 경우는 2시간마다 휴게소에서 휴식을 취한다.
- 커브 길에서는 충돌의 위험이 있으니 속도를 낮추어야 한다.
- 교차로 접근 시 속도를 줄이면서 일찍부터 차로로 진입한다.
- 신호가 바뀔 무렵 앞차를 따라 진입하지 않으며, 비보호 좌회전하는 장소는 가급적 피한다.
- 앞차와 안전거리를 확보하면서 운전한다.
- 진, 출입 부근에서는 좌, 우를 살펴 차량이 없을 때 진입한다.

6.

버스 안전

1) 버스의 정의

버스는 정원 11명 이상의 합승 자동차를 의미한다. 버스는 국민의 대표적인 대중교통으로서 출퇴근길 혹은 목적지를 가기 위해 이용하는 교통수단이다.

버스를 사용 목적에 따라 분류하면, 정기 수송용의 노선버스와 장거리 고속버스, 관광용의 관광버스로 분류되며, 여기에 회사나 관청, 학교 등의 자가용 버스가 첨가된다.

2) 버스 안전

버스로 인한 사고를 줄이기 위해서는 다음과 같이 해야 한다.

- 달리는 버스를 잡으려고 뛰지 않는다.
- 버스는 정류장에 기다렸다가 도착하면 탄다.
- 버스를 탈 때는 도로로 나가지 말고 보도에서 탄다.
- 버스를 타거나 내일 때는 차가 완전히 멈춘 다음에 이동한다.
- 버스가 출발하기 전에 좌석에 앉거나 손잡이 잡는다.
- 버스에서 내릴 때는 전 경거장에서 내릴 준비를 한다.
- 버스를 타거나 내릴 때는 뛰지 않는다.
- 버스 정류장에서 기다릴 때는 한 줄로 서야 한다.

- 버스는 앞문으로만 승차하고 뒷문으로 내린다.
- 버스의 문에 옷이나 가방이 끼지 않도록 주의해서 타고 내린다.
- 고속버스나 시외버스는 꼭 안전벨트를 매야 한다.
- 급정거 등에 대처하기 위해 반드시 한 손으로는 손잡이를 잡거나 기둥을 잡는다.
- 버스에서 스마트폰 사용은 다른 사람에게 방해되므로 되도록 자제해야 한다.
- 버스 안에서는 음식물을 먹는 것을 자제해야 한다. 특히 뜨거운 커피는 다른 사람에게 화상을 입힐 수 있으므로 자제해야 한다.

7.

지하철과 기차 안전

1) 지하철과 기차의 정의

지하철은 땅속에 굴을 파서 부설한 철도로 주로 대도시의 대중교통으로 사용된다. 세계의 많은 도시에서 채택하고 있으며 신속성·정확성·안전성·대량수송성·쾌적성·저공해성·저렴성 등 많은 장점을 지니고 있다.

기차는 침목과 철제 시설로 궤도를 구성한 후 그 위로 차량을 이용하여 사람이나 물건을 운송하는 육상 운송 기관을 말한다. 기차가 달리는 철도는 도로와 달리 철로의 부설에 막대한 비용이 투입된다. 그러나 안전하고 신속하게 대량의 물자를 저렴한 비용으로 운송할 수 있는 장점이 있다. 이러한 연유로 철도는 단거리 수송에 유리한 자동차 교통과 상호보완적 성격을 지닌다.

2) 지하철과 기차 안전

지하철과 기차를 이용할 때 안전 수칙을 보면 다음과 같다.

- 승강장 안전문이 닫히려고 할 때는 무리하게 지하철에 타려고 하지 않는다.
- 승강장 안전문에 기대지 않는다.
- 문 사이에 손을 넣는 장난을 하지 않는다.

- 승강장 안전문이 없는 역에서는 노란 선 밖에서 기다린다.
- 승강장 내 위급상황이 발생했을 때만 비상정지 버튼을 누른다.
- 지하철에 승차하기 전에, 안전한 승차를 위해 열차와 승강장 사이의 간격을 확인하고 안전하게 탄다.
- 지하철 정차한 후에는, 안전을 위해 사람들이 다 내린 후에 승차한다.
- 지하철 문에 손이나 발, 소지품 등을 끼지 않도록 주의한다.
- 지하철에서 핸드폰을 사용할 때는 주변 사람들에게 방해되지 않도록 사용한다.
- 지하철과 고속철은 고압의 전기를 이용하므로 전선에 닿지 않도록 한다.

3) 철도 건널목 횡단 시 안전

- 건널목을 통과할 때는 반드시 일시 정지 후, 좌우 방향의 열차운행 여부를 확인한다.
- 경보 종이 울리거나 차단기가 하강 중일 때는 건널목으로 진입하지 말아야 한다.
- 앞차가 건널목을 완전히 빠져나가기 전에 건널목으로 진입하지 않도록 해야 한다.
- 차량을 밀어야 할 때는 여러 사람이 도와준다.

8.

선박 안전

1) 선박의 정의

선박은 물에 떠서 사람·가축·물자를 싣고, 물 위로 이동할 수 있는 교통수단을 말한다. 선박은 비교적 안전하게 대량의 인원과 화물을 운송하는 데 유리하나 사고가 나면 대형 사고가 발생하는 단점이 있다.

2) 선박 안전

선박을 이용할 때 안전 수칙을 보면 다음과 같다.

- 선박 사고 발생 시를 대비하여 소화기와 유리창을 깨는 망치가 어디에 있는지 확인한다.
- 구명조끼가 어디에 있는지, 구명조끼의 사용 방법을 먼저 숙지한다.
- 유사시 탈출로가 어디인지 확인한다.
- 선박에서 화재가 발생하면 큰 소리로 외치거나 경보기를 눌러 주변 사람들에게 신속하게 알려야 한다.
- 유사시 승무원의 안내에 따라 침착하게 행동한다.
- 대피 시 통로나 계단에서 질서를 지켜 이동해야 한다.
- 화재가 발생하면 소화기를 이용하여 불을 끄고 유리창을 깨서 환기를 시킨다.
- 사고가 발생하면 의자 밑 또는 선실 내에 보관된 구명조끼를 입는다.

- 배가 침몰할 때는 물속에서 행동이 쉽도록 가능한 한 신발을 벗는다.
- 유사시 선장 등 승무원의 안내에 따라 질서를 유지하면서 침착하게 탈출한다.
- 구명조끼를 착용하고 물속에 뛰어든 사람은 신속하게 육지 쪽으로 이동한다.
- 육지에 도착하면 거적, 낙엽 등으로 덮거나 서로 몸을 맞대거나 체온이 떨어지지 않도록 한다.
- 모터보트 등 소형 선박은 반드시 구명조끼를 착용하고 타야 한다.
- 선내에서 장난을 치거나 한쪽으로 몰리는 것은 위험하다.

9.

항공기 안전

항공기는 비행기·글라이더·헬리콥터·비행선·기구(氣球) 등 사람이 탑승하는 모든 비행체를 말한다. 항공기는 목적지에 가장 빨리 가는 교통수단이지만, 한번 사고가 발생하면 대부분 사망사고가 발생하는 단점이 있다. 항공기를 이용할 때 안전 수칙을 보면 다음과 같다.

- 비행 전 승무원의 브리핑에 귀를 기울여서 비상시 따라 해야 한다.
- 난기류 등에 의한 기체 요동에 대비하여 비행 중 좌석에서는 항상 안전벨트를 착용한다.
- 출발 전 배정된 좌석에 착석한다. 배정된 좌석을 마음대로 변경하는 것은 항공기의 비행에 문제를 일으킬 수 있다.
- 비상 상황 발생 때 승무원의 안내에 따라야 한다.
- 비상구에 앉은 승객은 승객들의 탈출을 도와야 한다.
- 비행 중 비상용 산소마스크가 내려올 때는 보호자가 먼저 마스크를 착용하고 어린이나 노약자를 도와주어야 한다.
- 비상 탈출용 슬라이드 이용 시, 굽이 높은 구두나 모서리가 날카로운 장신구와 소지품은 기내에 남겨두고 탈출한다.
- 충돌 전 좌석 등받이를 앞으로 세우고 안전벨트를 착용한 후 부상을 최소화할 수 있는 자세를 취한다.

10.

자전거 안전

자전거는 사람의 힘으로 바퀴를 회전시켜 움직이는 2륜차를 말한다. 요즈음은 전기자전거는 근거리 교통수단으로 출퇴근 레저용도 등 청장년층의 이용이 두드러지고 있고, 특히 체력이 약한 노년층의 이용률도 증가하고 있다. 자전거 이용 인구가 증가함에 따라 자전거 사고 또한 증가하고 있다. 자전거 사고 사망자의 약 70%가 머리 손상(헬멧 미착용)이 원인이었다. 자전거를 이용할 때 안전 수칙을 보면 다음과 같다.

- 자전거를 타기 전에는 타이어의 바람 상태가 충분한지 점검한다.
- 자전거를 타기 전에는 브레이크가 잘 작동하는지 점검한다.
- 자전거를 타기 전에는 체인이 부드럽게 돌아가는지 점검한다.
- 자전거를 타기 전에 안전모, 손목 보호대, 무릎 보호대 등과 같은 안전 장비를 착용한다.
- 수신호 익혀서 유사시 활용한다.
- 자전거는 몸에 맞아야 하고 안장에 앉았을 때 발이 땅에 닿는 것이 좋다.
- 교통 안전표지의 신호를 준수한다.
- 보행자를 방해하거나 위험을 느끼게 하지 않는다.
- 거리에서 타야 할 때는 차량의 흐름과 같은 방향으로 타며 교통신호를 잘 지킨다.
- 횡단보도를 건널 때는 자전거에서 내려 걸어서 건너간다.
- 보도와 차도의 구별이 없는 도로에서는 우측통행한다.
- 내리막길에서는 가속되어 위험하므로 내려서 걷는다.
- 자전거 전용 도로에서는 우측으로 통행한다.
- 야간에 이용 시 전조등, 후미 등을 반드시 부착 후 운행한다.

- 골목길에서 큰길로 나갈 때는 반드시 정지한 후 자동차가 있는지 확인하고 나간다.
- 우측통행을 지키고 차량과 같은 방향으로 주행함을 원칙으로 한다.
- 보도나 골목길을 달릴 때 보행자가 우선임을 잊지 말고 천천히 가야 한다.
- 좌우로 왔다 갔다 하지 않는다.
- 손을 놓고 운전하지 않는다.
- 과속을 하지 않는다.
- 바지는 아랫부분이 너풀거리지 않도록 한다.
- 신발은 끈이 풀어지지 않도록 한다.
- 짐을 지나치게 싣거나, 뒷자리에 다른 사람을 태우면 핸들 조작에 중심을 잃게 되어 위험하다.
- 내리막길에서 브레이크를 작동하여 천천히 내려간다.
- 되도록 자전거 전용도로를 사용한다.

〈표 2-1〉 자전거 전용도로

구분	내용
자전거전용도로	『자전거이용활성화에 관한 법률』에 의해 정의되는 자전거만이 통행할 수 있도록 구분 설치한 자전거 도로
자전거 전용 차로	다른 차와 도로를 공유하면서 안전표지나 노면표시 등으로 자전거 통행 구간을 구분한 차로
자전거 보행자 겸용도로	자전거 위에 보행자도 통행할 수 있도록 분리대와 유사한 시설물에 의해 차도와 구분하거나 별도로 설치된 자전거도로

제4장

가정 폭력

1.

가정 폭력의 정의와 종류

1) 가정 폭력의 정의

가정 폭력이란 가족 구성원 중 한 사람이 다른 구성원에게 신체적, 정신적 또는 재산상의 피해를 가져오는 모든 행위를 말한다. 가정 폭력은 다른 식구의 고의적 행위의 결과로 재산, 건강, 생활이 위협을 받거나 해를 입는 사회문제다.

가정 폭력은 가족에게 신체적, 정신적, 경제적, 언어적, 성적 피해를 주는 모든 학대 행위를 말한다. 어떤 문화와 전통과 종교도 폭력을 정당화하지 않으며, 가정 폭력은 분명히 범죄다.

2) 가정 폭력의 유형

① 부부 폭력

부부 폭력은 남편에 의한 아내 폭력과 아내에 의한 남편 폭력을 말한다. 그리고 혼인신고 없이 몇 년간 함께 산 사실혼 남편, 이혼한 전남편의 폭력 또한 해당한다.

② 부모와 자녀 간의 폭력

부모와 자녀 간의 폭력은 부모의 자녀에 대한 폭력이나, 자녀의 노부모에 대한 폭력이 해당한다.

③ 형제 자매간의 폭력

형제자매 간의 폭력은 형제간에 폭력, 자매간의 폭력, 형제와 자매 간의 폭력이 해당한다.

3) 가정 폭력의 형태

가정 폭력의 형태는 다음과 같다.

〈표 2-2〉 가정 폭력의 형태

종류	내용
신체적 폭력	목을 조르거나 흉기를 휘두르거나 위협한다. 손으로 얼굴이나 신체를 때린다.
정신적 폭력	폭언, 무시, 모욕 등 언어폭력을 한다.
경제적 폭력	생활비를 주지 않고 동의 없이 임의로 재산을 처분하거나 생활비 지출을 일일이 보고하게 한다.
성적 폭력	원치 않는 성관계를 강요한다.
방임	무관심과 냉담으로 대하거나, 위급사항(병원을 가야 할 상황)에 방치한다.
통제	상대방을 고립시키고 의심하는 행위를 한다.

2.

가정 폭력 실태

2021년 여성가족부의 통계 자료를 보면 2020년 가정폭력 신고 건수는 22만2,046건으로, 2019년 24만 564건에 비해 감소하였다. 2021년 가정폭력 112신고는 21만 669건으로 전년 대비 1.4% 감소하였다.

부부 폭력 피해는 남성(8.6%)보다 여성(12.1%)이 더 많이 받고 있으며, 가해 역시 남성(11.6%)이 여성(9.1%)보다 많은 가해율을 보이고 있다. 부부 폭력으로 인해 '위협이나 공포'를 느낀 여성은 45.1%였고, 남성은 17.2%이며, '정신적 고통'을 느낀 여성은 43.4%였고, 남성은 18.9%이며, '신체적 상처'가 남은 여성은 20.0%였고, 남성은 6.3%였다.

남성과 여성 모두, 부부 폭력이 발생한 시기는 '결혼 후 5년 미만'이 50% 이상이었다. 여성이 부부 폭력에 노출된 시기는 '결혼 후 1년 미만'이 18.1%, '결혼 후 1년 이상 5년 미만'이 44.2%였다. '결혼 전 교제 기간'에 처음으로 폭력을 경험했던 여성도 2.0%로 나타났다.

부부 폭력의 원인으로는 '성격 차이'와 '경제적 문제'가 가장 많았고, 부부 폭력 상황에서 '그냥 있었다'가 66.6%였고, '자리를 피하거나 집으로 도망'이 24.1%로 조사됐다.

부부 폭력 이후 전문적인 상담 요청은 극히 미미한 수준이었다. 대부분 가족이나 친척, 이웃이나 친구에게 도움을 요청했다. 전문적인 상담을 신청하지 않은 이유는 폭력이 심각하지 않다고 생각해서, 집안일이 알려지는 것이 창피해서, 부부간 알아서 해결할 일이란 응답이 나왔다.

아동학대 112 신고 건수는 2017년 1만2,619건, 2018년 1만2,853건, 2019년 1만4,484건, 2020년 1만6,149건으로 매년 10% 정도씩 증가했는데, 2021년에는 2만6,048건으로 61.3% 급증했다. 2021년 아동학대가 발생한 장소도 대부분 '가정 내'(86.3%)였다.

3.

부부 폭력의 원인

부부간의 폭력행위가 발생하는 데는 다음과 같은 원인이 있다.

〈표 2-3〉 부부 폭력의 원인

구분	내 용
생물학적 요인	성격 차이, 유전적 폭력성, 알코올이나 약물중독, 혹은 그 금단 상태, 신체적 질병 등 여러 가지의 원인이 있다.
심리적 요인	화를 조절하는 능력이 부족하거나 배우자에 대한 질투와 소유욕 등의 심리적인 장애가 중요한 원인이 되며 가부장적이고 권위적인 관념도 영향을 미친다.
성장기의 폭력 경험	생활비를 주지 않고 동의 없이 임의로 재산을 처분하거나 생활비 지출을 일일이 보고하게 한다.
사회경제적 상태	소득이나 교육수준의 구별이 없이 광범위하게 발생하지만 경제 갈등이나 실직으로 인한 좌절 등 스트레스는 뚜렷한 원인이 된다.
관계적 요인	가족 간 의사소통 부족, 원만하지 않은 갈등해결방법 등 가족 내 부적절한 관계 설정이 원인이 된다.
사회적 요인	가부장적 사고방식, 폭력에 대해 허용적인 문화, 생활양식과 가치관의 차이에 의한 갈등이 원만하게 해결되지 않을 때 가정 폭력으로 발전할 수 있다.

4.

가정 폭력의 문제점

1) 개인에게 미치는 영향

- 아내 폭력은 아내에게 신체적인 영향뿐만 아니라 심리적으로나 정신적으로 부정적인 영향을 미치게 된다.
- 신체적 피해는 가벼운 상처 및 타박상에서부터 골절상, 고막 이상 및 치아 손상, 실명, 허리디스크 등 심각한 수준의 상해까지 다양하다.
- 심리적 영향으로 폭력을 당한 아내들은 무기력, 불안, 의사소통 능력의 약화 등으로 인한 심리적 불안과 외부를 통제할 수 있는 사회적 기능이 감퇴하는 등의 부정적인 심리 상태를 경험하게 된다.
- 대표적인 증상으로 학습된 무기력은 보통 사람들이 생각할 수 있는 대응책을 제대로 생각해내지 못하고 폭력 관계 속에 적용해 가는 경향을 보이는 것이다.
- 사회적 영향으로 폭력 사실이 다른 사람들에게 알려지는 것이 두려워 사람들과의 만남을 피하고, 사회적으로 고립되는 특성을 보인다.

2) 자녀에게 미치는 영향

- 아내 폭력은 신체적, 정신적 장애를 갖고 생활하면서 심한 스트레스를 받게 되는데 이는 자녀들의 행동에 상당한 영향을 준다.

- 아내가 폭력으로 인하여 우울증이 있다면 자녀에게서 적응장애가 나타나기도 한다.
- 부모의 폭력을 목격하고 자란 자녀는 정서적으로 슬픔과 불행함을 갖게 되고 판단력과 사고력의 손상, 학습장애, 대인관계의 실패 등의 포괄적인 인격적 장애를 일으킬 수 있다.

3) 가족 및 사회적 문제

- 아내 폭력은 개인뿐만 아니라 가족과 사회에도 부정적인 폐해를 가져온다.
- 가족해체의 주요 원인이 된다. 학대가 발생하면 단순히 부부간의 문제를 넘어 자녀에 대한 대로 이어지게 아내 폭력으로 인한 부부관계의 상실은 가족의 해체를 의미하는 것이다.
- 아내 폭력은 청소년 비행의 주요한 원인이 되고 있다.
- 아내 폭력은 세대 간 전승된다는 것이다. 어렸을 때 부모에게 학대를 경험하거나 목격한 경험이 있는 경우 폭력을 행사할 확률이 높기 때문에 결국 아내 폭력은 학습을 통해 다시 유발하게 만든다.

5.

가정 폭력의 특성

1) 가정 폭력의 특성

- 가정 폭력은 사적인 공간에서 발생하기 때문에 은폐되기 쉽다.
- 가정 폭력은 한 번으로 절대 그치지 않고 반복될 확률이 높다.
- 가정 폭력은 아내를 향한 폭력을 시작으로 점차 다른 대상으로까지 확대되는 경향이 있다.
- 가정 폭력은 가족 구성원이 서로 존중하고 동등한 관계에서는 일어나지 않는다.
- 폭력 가정에서 자란 아이들은 가정 내에서의 폭력이 관계를 맺는데 정상적인 행동이라고 생각할 수 있다.

2) 자녀 학대

- 여성가족부 자료에 따르면, 부모로부터 폭력을 경험하였다고 응답한 아동이 많고, 특히 정신적 폭력이 높게 나타난다.
- 자녀를 소유물로 여기는 인습이 작용하고, 대화보다는 억압과 구속을 통해 자녀를 통제하려는 경향이 강한 데에 원인이 있다.
- 성장기의 자녀가 학대를 지속적이고 반복적으로 경험하면 은연중에 폭력을 학습하고 사회적인 관계를 맺는 일에 서툴러져 대인관계에서 소극적이거나 공격적인 행동이 나타날 위험이 크다.
- 폭력 경험 자녀 스스로 폭력 행사자가 되거나 폭력에 순응할 가능성이 아주 크다. 무엇보다도 성인이 된 후, 유사한 가정 폭력의 가해자가 되는 경우가 많아 아동에 대한 가정 폭력은 심각한 사회문제로 바라보고 해결해야 한다.

3) 노인 학대

- 우리는 현재 고령화 사회에서 고령사회로 가고 있어 노인학대도 증가하고 있다.
- 노인 세대는 신체적, 경제적 능력이 저하되면서 사회경제적으로 의존해야 하는 약자의 위치에 놓임에 따라 가정 폭력에 의한 피해도 증가하고 있다

4) 데이트 폭력

- 서울 중고생 간·이성 간 폭력이 일어나는 상황을 보면, '저질스럽게 놀려서 이성 친구가 먼저 폭력을 행사해서 가족, 친구 앞에서 바보 취급해서 다른 사람을 만나서 거짓말을 해서 술에 취해 행패를 부려서 밤에 친구와 나가서 헤어지겠다고 해서'라고 응답했다. 이것은 언제든지 폭력이 일어날 수 있음을 보여준다.
- 폭력은 다른 폭력을 낳고 더 심한 폭력으로 이어져 악순환이 반복된다. 폭행을 당하던 피해자가 그대로 결혼에 이르거나 잠시 폭력성을 숨기던 가해자가 새로운 상대와 결혼한 후에 폭력성이 드러나는 셈이다.

5) 이성 간 폭력

- 이성 간의 폭력 : 남녀 간에 일어나는 폭력으로 모든 이성 간 폭력은 한쪽이 다른 한쪽을 힘으로 통제하고 지배하려는 생각에서 비롯된다. 직접적인 신체적 폭력뿐만 아니라 언어, 시선, 정서적으로도 상대가 위협을 느낀다면 폭력이라고 할 수 있는데, 이는 친밀한 관계에 대한 경험이 부족하기 때문이다. 이성 간에 평등한 관계가 성립되고 서로를 존중하고 배려하는 자세로 대화하고 소통할 때 폭력을 추방할 수 있을 것이다
- 이성 간 폭력과 가정 폭력의 유사성 : 폭력이 반복됨에 따라 점점 증폭되고, 관계가 지속될수록 폭력의 심각성은 증가하고, 관계를 끝내려고 할 때 피해자의 위험이 더 커진다는 점에서 유사함을 볼 수 있다.

6.

가정 폭력 예방

1) 가정 폭력 방지법

- 피해자 보호에 관한 「가정 폭력 방지 및 피해자 보호 등에 관한 법률」
- 행위자의 처벌에 관한 「가정 폭력 범죄의 처벌에 관한 특례법」

2) 가정 폭력 예방

- 효과적인 대화를 위한 의사소통 교육 참여한다.
- 분노 조절이나 관계의 어려운 점이 있을 시 가족 상담 신청한다.
- 서로에게 칭찬을 자주한다.
- 폭력 발생 신호가 느껴지면 자리를 피한다.
- 부부에게 맞는 규칙을 세운다.
- 어떤 상황에서도 폭력은 사용하지 않는다.
- 자녀들에게 매를 들기 전 다시 한번 생각해 본다.
- 평소 폭력적인 말과 행동을 삼가고 칭찬하려고 노력한다.
- 남이 폭력 하는 것을 보면 제지한다.
- 심각한 폭력 상황이 일어나는 상황인 경우 112에 즉시 신고한다.

제7장

성폭력

1.

성폭력의 개념과 유형

1) 성폭력의 개념

성폭력의 사전적 의미는 성희롱이나 성추행, 성폭행 등을 모두 포괄하는 개념으로 '성을 매개로 상대방의 의사에 반해 이뤄지는 모든 가해행위'를 뜻한다. 즉 성폭력은 자신의 의사에 관계없이 물리력을 동반한 강제로 이루어지는 성과 관련된 신체적 폭력으로 성희롱이나 성추행, 성폭행을 모두 합쳐 부르는 말이다. 따라서 성폭력이란 매우 복합적이며 다양한 개념이다.

2) 성폭력의 유형

성폭력의 개념을 정확히 이해하기 위해서는 성폭력에 해당되는 행위를 알아야 한다. 성폭력에 해당되는 행위를 보면 다음과 같다.

〈표 2-4〉 성폭력 유형

유형	내 용
강 간	폭행·협박으로 성기를 상대방의 성기에 강제 삽입하는 행위
유사강간	폭행·협박으로 구강·항문 등 신체(성기 제외)에 성기 삽입하는 행위나, 성기·항문에 손가락 등 신체(성기 제외) 일부 또는 도구를 넣는 행위

유형	내 용
강제추행	폭행·협박으로 가슴·엉덩이·성기 부위 접촉 행위, 키스, 음란 행위, 성기 노출 등 성적수치심을 가지게 하는 행위
준강간 준강제추행	폭행·협박 없이도 술·약물에 취하거나 깊은 잠에 빠져 이미 저항이 곤란한 상태에 있는 피해자를 간음·추행하는 행위
유사강간	폭행·협박으로 구강·항문 등 신체(성기 제외)에 성기 삽입하는 행위나, 성기·항문에 손가락 등 신체(성기 제외) 일부 또는 도구를 넣는 행위
위계, 위력에 의한 간음	미성년자·장애인·업무상 피감독자(성적 자기 결정권 행사 곤란)에게 착각·오인· 부지를 일으켜 범행(위계)하거나, 사회적·경제적·정치적인 지위나 권세를 이용하여 (위력)간음 또는 추행하는 행위
미성년자 의제강간,추행	13세 미만의 미성년자를 간음하거나 추행하는 행위 ※ 폭행, 협박, 위계, 위력 유무, 합의 불문
공중밀집 장소에서의 추행	대중교통수단, 공연·집회 장소, 그밖에 공중(公衆)이 밀집하는 장소에서 사람을 추행 하는 행위
성적 목적을 위한 공공장소 침입	성적 욕망을 만족시킬 목적으로 공중화장실·목욕장 등 공공장소에 들어가거나 퇴거 요구를 받고도 불응하는 행위
통신매체 이용 음란행위(사이버 성폭력)	성적 욕망을 유발·만족 목적으로 통신매체를 통하여 그러한 말·음향·사진·그림· 물건 등을 상대방에게 도달하게 하는 행위
카메라 등 이용 촬영	카메라 등을 이용, 성적욕망 또는 수치심 유발 가능한 타인의 신체를 그 의사(意思)에 반하여 촬영하거나 유포하는 행위
성 희 롱	업무 또는 고용, 기타 관계에서 성적 언동 등으로 성적 굴욕감, 혐오감을 느끼게 하거나 성적 언동 또는 그밖의 요구에 따르지 않았다고 불이익을 주는 행위
보호·양육하는 청소년에 대한 성적 가혹 행위	성매매 불특정인을 상대로 금품이나 그밖의 재산상의 이익을 수수하고 성행위를 하는 경우 성폭력에 해당되는 행위

출처: 서울특별시교육청(2016). 대상별 학교 성폭력 사안 처리 메뉴얼. 서울시교육청

2.

성희롱의 개념과 유형

1) 성희롱의 개념

성희롱은 직장 또는 사회조직 내에서 상대방 의사에 반하는 성과 관련된 언어나 행동으로 상대방이 성적 수치심을 느끼거나 불쾌한 감정을 갖게 하는 일체의 행위를 말한다. 「국가인권위원회법」 제2조제3호 라목을 보면 업무, 고용, 그밖의 관계에서 공공기관(국가기관, 지방자치단체, 「초·중등교육법」 제2조, 「고등교육법」 제2조와 그밖의 다른 법률에 따라 설치된 각급 학교, 「공직자윤리법」 제3조의2제1항에 따른 공직유관단체를 말한다)의 종사자, 사용자 또는 근로자가 그 직위를 이용하여 또는 업무 등과 관련하여 성적 언동 등으로 성적 굴욕감 또는 혐오감을 느끼게 하거나 성적 언동 또는 그밖의 요구 등에 따르지 아니한다는 이유로 고용상의 불이익을 주는 것을 말한다. 즉 성희롱은 직장 또는 공공기관의 상급자가 자신의 지위를 이용하거나 업무 등과 관련해 성적 언동 등으로 성적 굴욕감 또는 혐오감을 느끼게 하는 행위를 말한다. 학교에서는 관리자나 동료 교사들이 교사들을 대상으로 상대방 의사에 반하는 성적 언어나 행동 등으로 성적 굴욕감 또는 혐오감을 느끼게 하는 것을 말한다.

성희롱의 처벌은 사안에 따라 매우 다양하게 적용이 되는데, 일반적으로 성희롱은 「남녀고용평등법」이나 「양성평등기본법」에 관련되기 때문에 형사 처벌이 목적이 아니기 때문에, 민사상 손해배상청구라든지, 인권위의 조정을 통해서 조정하는 방법이 있다. 성폭력으로 처벌을 요구하려면 「형법」이나 「성폭력특별법」에 해당하는 사항과 중복되어야만, 처벌이 가능하다. 예를 들어 통신매체를 통해서 음란물을 보여주거나 음란한 대화를 하는 성희롱은 「형법」 제13조(통신매체를 이용한 음란행위)에 해당되기 때문에 형사 처벌이 가능하다.

2) 성희롱의 유형

성희롱의 유형을 보면 다음과 같다.

〈표 2-5〉 성희롱 유형

구분	내 용
강 간	• 입맞춤, 포옹 또는 뒤에서 껴안는 등의 신체적 접촉행위 • 가슴·엉덩이 등 특정 신체 부위를 만지는 행위 • 안마나 애무를 강요하는 행위
언어적 행위	• 음란한 농담을 하거나 음탕하고 상스러운 이야기를 하는 행위(전화 통화를 포함한다) • 외모에 대한 성적인 비유나 평가하는 행위 • 성적인 사실 관계를 묻거나 성적인 내용의 정보를 의도적으로 퍼뜨리는 행위 • 성적인 관계를 강요하거나 회유하는 행위 • 회식자리 등에서 무리하게 옆에 앉혀 술을 따르도록 강요하는 행위
시각적 행위	• 음란한 사진·그림·낙서·출판물 등을 게시하거나 보여주는 행위(컴퓨터 통신이나 팩시밀리 등을 이용하는 경우를 포함한다) • 성과 관련된 자신의 특정 신체 부위를 고의적으로 노출하거나 만지는 행위
기타	• 그밖에 사회 통념상 성적 굴욕감 또는 혐오감을 느끼게 하는 것으로 인정되는 언어나 행동

출처: 경기도교육청(2015). 교권보호 길라잡이 이럴 땐 어떻게?. 경기도교육청

3.

성추행·성폭행·성범죄의 차이

1) 성추행의 개념

성추행은 일방적으로 성적 만족을 얻기 위하여'폭행이나 협박'을 수단으로 신체 접촉을 가함으로써 상대방에게 성적 수치심을 불러일으키는 행위를 말한다. 성추행은 강제로 이루어지기 때문에 강제추행이라고 하며, 「성폭력범죄의 처벌 등에 관한 특례법」에서는 공중 밀집 장소에서의 추행은 폭행 혹은 협박, 항거불능 등이라는 기준 없어도 성추행에 해당된다. 성추행의 경우 거의 가해자를 남자로 염두에 두는 것이 대부분이지만 행위 객체에 있어 남녀노소 및 혼인 여부를 묻지 않는다.

성추행범은 「형법」의 적용을 받는 데 「형법」 제298조에 의하면 강제 추행한 자는 10년 이하의 징역 또는 1500만원 이하의 벌금에 처하게 되어 있다. 성희행과 성추행의 차이는 성희롱은 자신의 의사에 반하여 행해지는 것을 말하나, 성추행은 '폭행이나 협박'을 수단으로 '추행'하는 것을 말한다.

2) 성폭행의 개념

성폭행은 강간과 강간 미수를 말하며, 강간을 완곡하게 표현한 말이다. 강간은 폭행·협박에 의하여 상대방의 반항을 곤란하게 하고 상대방의 성기에 강제로 성기를 삽입하는 행위를 말한다. 강간 미수는 강간을 시도하려다 이루지 못하고 중간에 그치는 것을 의미한다. 성폭행 피해자는 여성에 한하고 아내는 보통 포함되지 않는다.

성폭행은 벌금이 없는 중형으로 「형법」 제297조에 따라 강간한 자는 3년 이상의 유기징역에 처하게 된다. 「형법」 제297조의 2(유사강간)에서는 폭행 또는 협박으로 사람에 대하여 구강, 항문 등 신체(성기는 제외한다)의 내부에 성기를 넣거나 성기, 항문에 손가락 등 신체(성기는 제외한다)의 일부 또는 도구를 넣는 행위를 한 사람은 2년 이상의 유기징역에 처하게 되어 있다. 강간 미수죄는 도중에 행위를 멈추었다고 하더라고 강간과 동일하게 처벌을 받게 되어 있다.

3) 성범죄의 개념

성범죄는 성과 관련된 범죄들을 말한다. 성범죄는 「형법」 상 강간과 추행의 죄와 성 풍속에 관한 죄로 구성하고 있다. 강간과 추행의 죄는 개인의 성적 자기결정의 자유를 보호하기 위한 것이며 이는 개인의 자유를 보장하는 개인적 법익에 속한다, 성 풍속에 관한 죄는 사회 일반의 건전한 성도덕 내지 성 풍속을 보호하기 위한 것으로써 사회 전체의 성적 풍속을 보호하기 위한 법이다. 또한 「성폭력범죄의 처벌 및 피해자보호 등에 관한 법률」, 「성매매 방지 및 피해자보호에 관한 법률」, 「풍속영업의 규제에 관한 법률」 등이 성범죄를 다루고 있다.

4.

학생 성폭력

1) 학생 성폭력의 현실

오늘날 학교 내외에서 청소년기에 있는 학생들의 성폭력이 심각한 상황이다. 자신이 관리하고 있는 학급의 학생이 성폭력에 노출되거나 학교 안에서 불미스러운 학생 성폭력이 발생하게 되면 언론에 노출이 되고, 피해학생의 심각한 고통은 물론 가해학생은 법에 의해 정상적인 학교생활이 어렵다.

또한 교사는 제대로 학생 관리를 못한 것에 대해서 도의적 책임이나 관리 책임을 지게 된다. 따라서 학생들이 성폭력에 노출되거나 학교 안에서 성폭력이 발생하지 않도록 각별한 주의를 기울여야 한다. 학생 성폭력을 줄이기 위해서는 먼저 청소년 시기의 학생들의 성폭력 상황과 실태를 정확히 인식하고 예방할 수 있는 학생 관리를 해야 한다.

2) 학생 성폭력의 실태

2017년 2월 교육부와 여성가족부가 전국의 학생 4만3,000여 명에 대한 학교 성폭력 실태조사를 보면 성폭력 피해 응답률은 초등(2.1%) > 고등(1.9%) > 중학교(1.4%) 순이었다고 한다. 적어도 학생 100명 가운데 2명 가까이가 성폭력 피해를 당한 적이 있다는 것이다. 또 같은 학교, 같은 학년 학생에게 피해를 당한 비율이 대체로 70% 정도로 나타나 또래 학생 간 성폭력이 문제가 되고 있는 상황으로 보인다.

최근 3년 동안 학생 간 성폭력 건수는 2013년 878건에서 2014년 1,429건, 2015년 1,842건으로 2.1배 급증했고, 2002년에는 50건이었던 것으로 비교한다면 15년 사이에 30배가 증가한 셈이다. 이는 전국의 학교에서 하루에 5건 정도의 학생 간 성폭력이 발생한다는 것을 알 수 있다. 그러나 이 수치는 학생 간 이루어진 성폭력 건수이기 때문에 가해자나 피해자가 학생이 아닌 것까지 포함된다면 이 보다 훨씬 상회할 것이다. 뿐만 아니라 성폭력을 당하고도 신고하지 않은 것까지 따진다면 학생 성폭력은 심각한 수준에 도달했다고 할 수 있다.

2013~2014년 인천지역 학생 대상 성폭력은 총 142건이며 이 중 45%인 64건이 중학생을 상대로 저지른 범죄였다. 고등학생 대상 범죄는 40건(28.1%), 초등학생 대상 범죄는 38건(26.7%)으로 각각 집계됐다. 성폭력 유형별로는 성추행이 84건(59.1%)으로 가장 많고 성폭행이 32건(22.5%), 성희롱이 26건(18.3%)으로 뒤를 이었다.

학생 성폭력의 특징을 보면 중학생들이 일으킨 사건이 가장 많고 다음은 고등학생, 초등학생 순으로 나타났으며, 학생 성폭력의 주요 대상은 같은 학생들이 가장 많으며, 교사나 성인을 대상으로 하기도 하지만, 반대로 성인이나 교사에 의해서 학생들이 피해를 당하기도 한다. 학생 성폭력 피해는 매년 증가하고 있으며, 유형별 피해를 보면 음란 메시지를 받아 본 경험이 27.8%, 성기 노출 1.7%, 성폭력 1.5%, 성희롱 0.9%, 스토킹 0.2% 순으로 나타났다.

이 중에서 사회적으로 물의를 일으켜 언론에 노출된 학생 성폭력 사건을 보면 다음과 같다.

- 밀양에서는 고등학생들이 일진 조직을 만들어 여중생 자매를 비롯하여 여러 명의 여학생을 1년 동안 집단 성폭행하고 피해학생들의 금품을 갈취하여 사회적 물의를 일으킨 사건. 연루자 100명 중 3명에 대해서 징역 10월 개월 형을 받았다.
- 충남 홍성에서는 고등학생들이 여학생에게 술을 먹이고 집단으로 성폭행하여 구속된 사건이 발생하였다.
- 전북 전주에서는 고등학생들이 여중생들을 감금하고 성매매시키고 돈을 갈취하여 구속된 사건이 발생하였다.
- 수원에서 여학생이 자신의 남자친구를 시켜 같은 반 친구를 성폭행하도록 하여 징역 2년 6개월을 선고한 사건이 발생하였다.
- 한 여고생이 지적 장애인을 감금하고 성적 학대를 가하여 7년형을 선고 받은 사건이 발생하였다.

- 남학생이 헤어진 여자 친구를 자신의 친구들에게 넘겨 집단 성폭행하도록 하여 징역 2년 6개월을 선고한 사건이 발생하였다.
- C경찰청 사이버수사대는 소셜 네트워크서비스(SNS)를 이용해 아동·청소년이용음란물을 전시·배포한 혐의로 10대 청소년 20명을 불구속 입건한 사건이 발생하였다.
- 서울의 한 중학교에서는 남학생 7명이 여학생의 알몸과 성추행 사진을 스마트폰으로 찍어 친구들에게 공개한다고 위협하였으며, 그중 2명은 성폭행을 하여 2명은 소년원에 수감되고, 나머지는 보호관찰 처분을 받은 사건이 발생하였다.
- 남학생들이 여학생 1명을 무인텔에서 집단으로 성폭행하여 징역형을 받은 사건이 발생하였다.
- 강원도 횡성에서 중학생 3명이 여학생을 성폭행하여 피해 여학생이 아파트에서 투신하는 사건이 발생하였다.
- K 경찰청은 지적장애 19세 여성을 고등학생 3명과 중학생 1명이 성폭행 사건으로 형사 입건되었다.
- Y초등학교의 김모군 등 9명은 지난해 6월 학생 수련활동 중 남학생 1명의 바지를 벗기는 등 성희롱을 했다가 학급교체, 사회봉사 등을 조치받았다.
- 전북 익산에서 지역 중학생 8명이 또래 여중생을 집단 성폭행하여 특수강간 혐의로 구속된 사건이 발생하였다.

3) 학생 성폭력 발생 원인

성폭력 사고가 왜 발생하는지 알기 위해서는 먼저 청소년기에 대한 이해가 있어야 한다. 청소년기는 아동과 청년의 중간 단계로 사춘기가 시작되는 12세부터 신체적 성장이 거의 끝나는 24세까지를 가리킨다. 결국 청소년기는 초등학교 고학년부터 대학생 시기까지를 말한다. 청소년기에는 신체적으로 급성장을 하고 정신적으로는 갈등과 방황·혼돈의 시기이다. 특히 청소년기를 맞은 학생들의 신체는 급성장하고 성기 발달이 현저하여 2차 성적 특징이 나타난다.

2차 성징이란 성호르몬의 분비가 증가하면서 남성 또는 여성으로서 신체적 특징이 나타나는 것을 말한다. 남성의 2차 성징은 정소와 음낭, 음경이 성장하고 음모, 겨드랑이 털, 턱수염이 생기며, 변성기가 오고 어깨가 넓어지고 근육이 발달한다. 여성의 2차 성징은 유방이 발달하고 음모, 겨드랑이털이 자란다. 초경을 시작하고, 생식 기관이 발달, 골반이 넓어지고 피하 지방이 증가한다.

개인에 따라 다르지만, 평균적으로 12세에서 13세 전후에 초경과 몽정의 생리적 변화를 경험하게 되고, 이성 접근욕, 성적 관심, 키스 욕구 등의 성적 욕구는 남자는 12세에서 14세 전후이며 여자는 13.5세에 서 16세 사이에 이뤄지며, 이성 접촉, 키스, 성교는 15세 이후인 청소년 중기부터 시작하여 나이가 많아질수록 그 체험자가 증가하는 현상을 나타낸다.

오늘날 청소년은 이전 세대들보다 성에 대해 훨씬 더 개방적이고 성을 경험하는 시기도 계속 낮아지고 있다. 청소년의 성 일탈은 음란 매체와의 접촉, 이성 희롱, 음란 전화, 음란 농담, 이성을 만지거나 포옹, 키스와 같은 신체적 접촉과 함께 이성과의 성관계, 원조교제, 매춘부와의 성관계, 매춘 행위, 강간, 윤간 등을 포함하는 개념이다. 청소년들의 성폭력의 증가 원인은 영화나 텔레비전, 인터넷 등 다양한 미디어 매체를 통하여 성관련 정보를 쉽게 접할 수 있기도 하지만, 무차별적으로 제공되는 동영상도 심각한 문제를 제공하고 있다. 이와 함께 SNS를 통한 성의 개방화와 함께 청소년들의 자제력 결핍과 도덕성 결여와도 관련이 있다.

4) 학생 성폭력 예방대책

① 성교육을 강화한다.

학생 성폭력 예방의 가장 쉬운 방법은 학교에서 성폭력 예방을 위한 성교육을 실시하는 것이다. 2017년 발표된 학교 성폭력 예방·근절을 위한 긴급실태 조사 결과를 보면 성폭력 예방 교육을 받은 학생은 88.5%였으며, 성폭력 예방 교육 내용이 도움이 되었는지에 대해서는 81.3%가 도움이 되었다고 하였다.

청소년들은 학교에서 제공하는 성교육을 통해서 성에 대한 올바른 가치관을 정립하고 무엇이 범죄인지를 인지하기 때문에 성교육은 성폭력 예방에 필수적인 방법이라 할 수 있다. 성교육을 진행할 때는 너무 일반적이고 상식적인 성교육이 아니라 성에 대하여 열려 있는 태도를 가지고 연령에 맞는 학교 성교육을 해야 한다. 또한 학부모와 지역 주민을 대상으로 성폭력 예방교육을 실시해 학생 성폭력의 심각성과 예방대책을 서로 공유하여 성폭력을 줄일 수 있다.

② 학교 성폭력 신고 센터를 설치하여 운영한다.

성폭력은 대부분 감추고 있다가 노출되어 더 큰 문제를 가져오기 때문에 피해 시 사실을 신고하고 도움을 받을 수 있는 '학교 성범죄 신고 센터' 같은 창구를 개설하여 학생들의 2차 피해를 막아야 한다.

③ 상담교사를 활용하여 성상담을 실시한다.

학교의 상담교사는 수시로 성에 대한 호기심과 궁금증이 생기는 학생들과 성에 대한 의견을 나누면서 성에 대한 올바른 가치관을 인식하고 자신을 탐색할 수 있는 기회를 제공해 주어야 한다.

④ 양성평등의 문화를 정착한다.

성폭력을 예방하는 방법 중에 시간이 걸리지만 오랫동안 효과를 보기 위한 방법은 교육 주체인 교사와 교사, 교사와 학생, 학생 상호간 서로를 존중하는 학교 문화를 만들어가는 것이다. 연구에 따르면 성폭력은 성적 욕망의 문제가 아니라 지배하고자 하는 욕구의 문제라고 한다. 따라서 교육 주체가 서로의 인격을 존중하는 문화가 확산된다면 학교에서의 성폭력은 크게 줄어들 것이다.

5.

학생 성폭력 처리 절차

교직 경력이 적은 교사일수록 자신이 가르치는 학생이 성폭력의 대상자가 되었다는 것만으로도 충격이 될 수 있다. 충격이 심할수록 어떻게 처리해야 하는지 혼란에 빠질 수 있다.

사인이 중하기 때문에 처리에 실수가 생기거나 처리를 잘못하게 되면 나중에 더 큰 문제를 가져와 학교생활에 어려움을 겪게 될 것이다. 따라서 학생 성폭력이 발생하면 냉정하게 다음과 같이 처리해 나가야 한다.

초기 대응	• 응급조치를 취한다. • 관련 기관에 신고한다. • 보호자에게 연락한다.

⇩

사안조사와 면담	• 학교폭력 전담 기구는 성폭력 사안에 대한 조사한다. • 관련 학생을 면담하여 육하원칙에 의거해서 기록으로 남겨둔다. • 관련 학생의 진술과 입증자료를 수집한다.

⇩

위원회 개최	• 사안에 대한 조사 결과를 보고한다. • 피해자 측과 가해자 측의 의견을 진술할 수 있는 기회를 주고 질의응답을 한다. • 피해학생에 대한 조치와 가해학생 선도 방안을 결정한다.

⇩

조치이행	• 조치 요청을 받은 날로부터 14일 이내 조치를 이행한다. • 심의 결과에 이의가 있는 경우 교육청에 설치된 학교폭력 대책지역위원회에 청구한다.

•학교장의 조치에 이의가 있는 경우 통보받은 날로부터 90일 이내에 행정심판이나 소송을 제기할 수 있다.
•처리가 끝나면 사안을 종결한다.

[그림 2-2] 학생 성폭력 처리 절차

1) 초기 대응

① 응급조치

성폭행이 발생하면 담임교사는 보건교사와 함께 신속하게 피해학생에 대한 응급조치를 실시한다. 상황이 심각하지 않으면 보건교사에 의해서 피해자의 심리적 안정을 찾도록 하며, 상황이 심각하거나 학교에서 응급조치가 어려운 경우에는 보건교사의 도움을 받아 신속하게 인근 병원 등으로 이송하여 치료를 받아야 한다.

② 신고

성폭력이 발생하였다는 것을 교사가 알게 되었다면, 즉시 이러한 사실을 학교장에 보고하고 학교폭력 전담 기구에 신고한다. 또한 교육청에 보고하고 경찰서 등의 수사기관에 신고하여야 한다. 이러한 신고는 법적으로 강제된 의무이기 때문에 신고 대장에 기록해 두어야 한다. 위반 시 해당 교사에게 법적 책임을 묻게 될 수 있으므로 주의하여야 한다. 「아동·청소년 성보호에 관한 법률」 제67조 제4항에 의하여 아동·청소년 대상 성범죄 발생 사실을 알고 수사기관에 신고하지 아니하거나 거짓으로 신고한 경우는 300만원 이하의 과태료를 부과받게 된다.

③ 보호자 연락

보호자에게 연락하여 성폭력이 발생하였음을 알려주어야 한다. 이때 상황을 너무 심각하게 과장되어서 알려주게 되면 보호자들이 깊은 충격에 빠지고 감정적으로 처리하려고 하기 때문에 안정된 상태에서 피해 학생을 걱정하는 입장에서 객관적으로 알려야 한다.

2) 사안 조사와 면담

① 학교폭력 전담 기구는 성폭력 사안에 대한 조사를 객관적이고 정확하게 하여 나중에 분쟁의 소지를 만들지 말아야 한다.

② 담당교사는 관련 학생을 면담하여 육하원칙에 의거해서 기록으로 남겨둔다. 의견이 엇갈리는 경우 다양한 자료 및 면담을 통해 사실관계를 분명하게 한다.

③ 성폭력이 발생할 때 인지하고 있던 주변학생이 있다면 사안에 대하여 객관적인 진술을 듣고 기록해 놓는다.

④ 성폭력과 관련된 입증자료나 증거 들을 수집한다.

⑤ 보호자와 상담을 통해 지금까지 수집된 사실을 알려주고, 당황스럽고 혼란스러운 마음을 진정할 수 있도록 하고 앞으로 사안을 어떻게 해결해 나갈 것인지에 대해 진지하게 상담한다. 학교에서 피해학생이나 학부모에게 해줄 수 있는 방안은 무엇이 있는지 설명해 주어야 하며, 학교가 어떠한 조치를 해주기를 원하는지 등을 문의한다. 이러한 협의를 통해 피해학생의 심신을 위한 조치를 학교와 학부모가 공동으로 추진할 수 있도록 한다.

⑥ 모든 상담 내용은 보건교사, 학교장 등 소수의 교사만이 알도록 비밀을 유지하여, 피해학생의 2차 피해를 줄인다.

⑦ 상담 내용은 수사기관에 전달하여 보다 빠른 시간에 사안이 해결될 수 있도록 지원하여야 한다.

3) 의원회 개최

① 학교폭력대책자치위원회를 소집하여 성폭력 사안에 대한 조사 결과를 보고한다.

② 피해자 측과 가해자 측의 의견을 진술할 수 있는 기회를 주고 질의응답을 한다.

③ 피해학생에 대한 조치를 결정한다. 피해학생에 대한 조치는 심리상담 및 조언, 일시 보호, 요양, 학급교체 등이 있다.

④ 가해학생 선도 방안을 결정한다. 가해학생 선도 방안은 서면사과, 피해학생 접촉과 협박 금지, 학교 봉사, 사회봉사, 특별교육 이수, 심리치료, 출석정지, 학급교체, 전학, 퇴학 처분(고등학생만 가능) 등이 있다.

④ 서면 결과를 통보한다.

4) 조치이행

① 학교폭력대책자치위원회의 조치 요청을 받은 날로부터 14일 이내 조치를 이행한다. 조치 거부나 회피 시 관련법에 따라 징계 또는 재조치를 받게 된다.

② 학교폭력대책자치위원회의 심의 결과에 이의가 있는 경우 조치를 받은 날로부터 15일 이내, 조치가 있음을 안 날로부터 10일 이내 교육청에 설치된 학교폭력대책지역위원회에 청구한다.

③ 가해 학생은 학교장의 조치에 이의가 있는 경우 통보받은 날로부터 90일 이내에 행정심판이나 소송을 제기할 수 있다.

④ 모든 처리가 끝나면 사안을 종결한다.

6.

교사 성폭력

학생 성폭력이 증가하는 것과 함께 증가하는 것이 교사 성폭력이다. 교사 성폭력이란 교사가 학생을 대상으로 성폭력을 행사한 것을 말한다. 교사 성폭력의 증가에 따라 2015년 이후 교육부의 '학교 내 교원 성폭력 근절을 위한 고강도 대책'에 따라 무관용을 원칙으로 하여 중징계로 처벌했는데도 불구하고 줄어들기는 커녕 계속 증가하고 있다.

서울시교육청의 발표에 따르면 서울지역 학교 교사의 성폭력 사건은 2014년 7건에서 2015년 19건, 2016년 36건으로 꾸준히 늘고 있어 성폭력 연루 교원에게 '원스트라이크 아웃제'를 도입하였다. 전북교육청에 따르면 2014년에는 1명이 성폭력와 관련해 징계를 받았으나 2015년에는 8명으로 늘었고 2016년에는 5명이었으며, 2014년 이후 성폭력 관련돼 당연 퇴직 2명. 파면 2명, 해임 8명, 정직 3명, 감봉 3명 등 18명이 징계를 받았다. 이로 인해 전북교육청은 2015년부터 성폭력 관련 교사에 대해서는 교직에서 배제하는 것을 원칙으로 징계를 강화하고 있다.

2016년 국가인권위원회가 한양대 교육대학원 연구팀에 의뢰해 발표한 '학교생활에서의 학생의 인권보장 실태조사' 자료에 따르면 고등학생 9.5%와 중학생 6.2%가 교사로부터 성희롱을 당했다거나 목격한 적이 있는 것으로 나타났다. 결과적으로 학교에서는 100명 중에서 6명이나 8명이 교사로부터 성희롱을 당하고 있는 것으로 나타나 있다.

교사에 의한 학생을 대상으로 하는 성폭력은 피해학생 대부분이 학생들이라 처음에는 피해사실을 숨기다가 일이 커지면 피해학생들이 참지 못하고 언론이나 교육청에 투서를 함으로써 심각한 사회문제로 등장하게 된다. 교사 성폭력은 사회적으로 큰 파장을 몰고 와 많은 사람에게 피해를 준다. 교사 성폭력에 의해 피해를 입은 피해학생은 감수성이 예민한 시기이기 때문에 평생의 상처를 받아 가며 살아야 한다. 그리고 자신의 사랑하는 자녀를 학교에 믿고 맡겼던 학부모는 하늘이 무너지는 충격을 받고, 세상을 살아가는 데 어려움을 겪게 되며, 학교는 물론이고 가해교사에 대해서 평생 원망할 것이다.

각종 언론기관에 학교가 노출되면서 가장 안전해야 할 학교에 대한 이미지가 실추됨은 물론이고, 그 학교에 근무하는 선량한 동료 교사들까지 신뢰할 수 없게 만든다는 데 그 심각성이 있다. 그리고 사회 전반적으로 교사에 대한 불신 현상은 더욱 증가하게 된다. 뿐만 아니라 사건이 일어난 학교의 교장은 교사 성폭력에 대한 관리 책임을 지게 되고, 사건처리를 잘못하거나 덮으려다 징계를 받게 된다.

실제로 일어난 학생을 대상으로 하는 교사 성폭력 사례를 들어 보면 다음과 같다.

- 부산의 한 고등학교 A교사는 수업 중에 학생들 앞에서 성행위를 연상시키는 음란행위를 하고, 음담패설을 하여 학생들이 성적 수치심을 느껴 학부모들에게 말했고, 학부모들은 학교에 항의를 하여 학교 측은 자체 조사를 거쳐 부산시 교육청과 경찰에 신고하여 검찰의 수사가 들어갔다.

- 경기도 모 고등학교 A교사는 학교에서 여학생들의 머리카락과 발가락 등을 만져 성고충심의위원회에 소집돼 전보 조치를 받았다. 하지만 옮긴 학교에서도 바지 교복을 입은 여학생들에게 치마 교복을 입을 것을 지시하고, 한 여학생을 쇼핑센터로 불러낸 뒤 손을 잡고 돌아다닌 것으로 확인되어 해임되었다.

- 전북 B여자고등학교 체육교사 B씨가 수년간 수십 명의 여학생들을 뽀뽀하거나, 무릎에 앉히고, 껴안는 등의 성추행을 하였다. 각 학년마다 애인을 두고, 사적으로 연락하는 일도 많았다. B씨는 자신을 조직폭력배 일원이라고 말하면서 신고를 못 하게 막았지만 피해학생들이 SNS를 통해서 진실을 알려 밝혀진 사건으로 해당교사는 구속되었다. 이로 인해 해당학교는 교육청으로부터 7개 학급에서 4개 학급으로 학습수 감축을 지시받았으며, 교장 교감에게 징계처분을 요구하였다.

이처럼 교사에 의한 학생을 대상으로 하는 성폭력은 아무리 강조해도 지나치지 않기 때문에 성폭력을 일으킨 교사에 대한 일벌백계도 중요하지만, 성폭력이 일어나지 않도록 사전에 학생들과 교사들을 대상으로 철저한 성폭력 예방 교육을 자주 해야 한다. 성폭력 예방 교육에는 교사 성폭력의 심각성과 교사 성폭력이 될 수 있는 구체적인 사례를 들어주어야 한다. 또한 교장은 교사의 성폭력이 발생했을 때 신속하게 처리하고, 피해학생의 보호와 같은 후속 처리에 만전을 기하도록 되어 있다.

제6장

학교 폭력

1.

학교폭력의 이해

학교폭력이란 「학교폭력예방 및 대책에 관한 법률」 제2조 1항에 학교 내외에서 학생 간에 발생한 상해, 폭행, 감금, 협박, 약취·유인, 명예훼손·모욕, 공갈, 강요 및 성폭력, 따돌림, 정보통신망을 이용한 음란·폭력 정보 등에 의하여 신체·정신 또는 재산상의 피해를 수반하는 행위를 말한다고 정의하고 있다. 학교폭력은 신체적 폭력 뿐 아니라 다른 사람의 눈에 쉽게 보이지 않는 것까지 포함해서 매우 그 범위가 넓다. 예를 들어 학교폭력의 개념에서 제시하는 학교폭력의 유형에 한정하지 않고, 신체·정신·재산상의 피해를 수반하는 모든 행위는 학교폭력에 해당한다.

학교폭력의 정의에서 '학교'란 「초·중등교육법」 제2조에 따른 초등학교·중학교·고등학교·특수학교 및 각종학교와 같은 법 제61조에 따라 운영하는 학교를 말하며, 외국교육기관, 국제학교, 재외 한국학교, 평생교육시설 등은 여기에 해당하지 않는다.

학교폭력의 정의에서 '학생'이란 「초·중등교육법」 제2조와 제61조의 학교의 학생을 말한다. 따라서 제적 및 퇴학 조치된 학생은 해당 학교의 학생이 아니므로, 이 경우에는 경찰에 신고하여 처리하고, 자치위원회의 조치는 불필요하게 된다. 그러나 휴학생(또는 유예생)의 경우에는 제적되거나 퇴학 조치된 학생이 아닌 이상 여전히 학생 신분을 유지하므로, 자치위원회를 열어 조치하고 학교생활기록부에 관련 내용을 기재하여야 한다. 그러나 유예생의 경우에는 학교생활기록부 기록이 불가능하고 유예 전에 기록 된 학교폭력 사안도 이듬해 복학하게 되면 기록된 학교생활기록부 기재 내용이 갱신되므로 별도의 생활기록카드를 활용하여 관리, 복교 후 '행동특성 및 종합 의견'란에 관련 사항을 기재하여야 한다.

학교폭력은 자체가 가지고 있는 문제도 심각하지만 피해학생들의 극단적 선택으로 이어지는 경우가 생겨나고 있어 우리 사회에서 꼭 해결해야 할 사회문제 중의 하나이다. 학교폭력은 꼭 가해자가 학생에 의해서만 발생하는 것이 아니기 때문에 가해자가 학생이 아닌 경우에도 피해자가 학생인 경우 학교폭력에 해당한다. 현행법상 가해자가 교원인 경우인 체벌에 해당되며, 가해자가 보호자인 경우에는 가정 폭력이지만 형식상으로는 학교폭력에 해당한다. 학교폭력의 가해자가 학생이 아닌 경우에는 필요시는 피해학생에 대한 보호조치를 실시해야 하며, 가해자에 대해서는 경찰에 신고해야 한다.

학교폭력의 정의에 대한 정확한 인식이 없는 경우 학생들은 자신이 행한 행동이 학교폭력인데도 불구하고 자신들의 행동을 '사소한 괴롭힘'이나 학생들끼리의 '장난'이라고 인식하기 쉽다. 따라서 학교폭력을 예방하기 위해서는 학교폭력의 정의에 대한 예방교육을 통해 자신이 행한 행동이 학교폭력임을 인식할 수 있도록 분명하게 가르쳐야 한다.

우리나라는 2004년 「학교폭력예방 및 대책에 관한 법률」을 제정하여 현재까지 매년 개정을 통해 매우 구체적인 내용을 포함하는 법률로 변모하고 있다. 그러나 아직까지 학교폭력을 어디까지로 볼 것인가에 대한 명확하고 상세한 기준이 부실하며, 학교폭력을 묵인하는 교사와 학교의 책임을 명확히 묻지 않고 있다. 이로 인해서 정치권에서는 학교폭력대책자치위원회의 처분, 학교폭력 재발 방지 노력, 학교 상담 지도의 문제점 등의 학교폭력 대처의 부실을 지적하며 개선을 촉구하고 있다.

학교폭력은 피해학생에게 막대한 신체적·정신적인 피해를 입혀 정상적인 학교생활을 어렵게도 하지만, 심하면 자살이라는 극단적 결정을 하게 된다. 뿐만 아니라 심각한 학교폭력 사건이 발생하게 되면 학교와 담당교사의 관리 책임을 물어 징계를 받는 경우가 증가하고 있으며, 학교폭력 대처에 불만을 가진 학부모에 의해 교사의 교권을 침해하는 일이 발생하고 있으며, 행정소송은 물론이고 민사소송을 제기하는 사례도 증가하고 있다.

따라서 교사는 학교폭력 문제의 심각성을 인식하여 학교폭력이 생기지 않도록 예방조치를 취하는 것이 가장 중요하며, 실제로 학교폭력이 발생하게 되면 신속하게 학교폭력을 해결하기 위한 절차를 신속하게 진행해야 한다.

2.

학교폭력의 실태

학교폭력을 줄이기 위한 예방 활동의 증가와 「학교폭력예방 및 대책에 관한 법률」의 제정을 통하여 강력하게 학교폭력에 대처하고 있지만 학교폭력은 매년 증가하고 있는 실정이다. 실제로 매일 하루에 30여 건 이상의 학교폭력이 발생하고 있다는 실태는 학교폭력의 심각성을 보여주는 것이라고 할 수 있다. 이처럼 학교폭력 사례가 증가하는 이유는 학교들이 경미한 사안도 학교폭력대책자치위원회로 넘기면서 심의 건수가 늘어난 것이 주원인이다. 그러나 학교에서 묵인하고 보고하지 않은 학교폭력까지 고려한다면 이 수치를 훨씬 상회할 것으로 예측된다. 더 큰 문제는 학생 수는 해마다 줄고 있는 데 비해 학교폭력 사건은 꾸준히 늘고 있다는 것이다.

교육부가 국회에 보고한 '학교폭력대책자치위원회 운영현황 및 심의 결과'에 따르면 지난 2014년부터 2016년까지 최근 3년간 전국 초·중·고등학교(특수·각종학교 포함)에서 학교폭력 사안으로 심의한 건수는 총 1만9,521건에서 2만3,673건으로 약 21% 증가했다.

〈표 2-6〉 학교폭력대책자치위원회 심의결과 건 수

구분	2014년	2015년	2016년
초등학교	2,792	3,239	4,092
중학교	11,322	10,585	11,775
고등학교	5,266	6,006	7,599
특수·각종학교	141	138	207
총계	19,521	19,968	23,673

출처 : 교육부 국회 제출 자료

학교급별로는 중학교의 심의 건수가 2014년 1만1,322건에서 2016년 1만1,775건으로 3년간 가장 많았고, 증가율에서는 초등학교가 2014년 2,792건에서 2016년 4,092건으로 46.6%,

고등학교가 2014년 5,266건에서 2016년 7,599건으로 43.3% 증가했다. 학교폭력은 하루에 특히 중학교는 초등학교에 비해서 3배, 고등학교에 비해서는 1.5배 가량 학교폭력이 더 빈번히 일어나고 있어 중학교에서 학교폭력이 가장 많이 일어난다는 것을 보여준다.

교육부는 2017년 전국의 초등학교 4학년부터 고교 3학년까지 학생 419만 명을 대상으로 학교폭력 실태조사를 하여 다음과 같이 밝혔다. 조사 결과 응답자 중 0.8%(3만7,000명)가 최근 6개월 동안 학교폭력의 피해 경험이 있다고 답했다. 그중 초등학생 응답자의 2.1%인 2만 6,400명이 학교폭력 피해 경험이 있다고 하였고, 그 뒤로 중학생 0.5%(6,300명), 고등학생 0.3%(45,00명) 순이었다.

학교폭력 피해 유형은 언어폭력이 전체 중 34.1%로 가장 많았고, 집단 따돌림(11.4%), 스토킹(12.3%), 신체폭행(11.7%), 사이버 괴롭힘(9.8%), 금품갈취(6.4%), 성추행·성폭행(5.1%), 강제 심부름(4.0%) 등이 뒤를 이었다. 피해 빈도는 일주일에 1~2회 이상이고 4개월 이상 지속된 심각한 피해도 10% 정도가 나타났다.

학교폭력 피해 장소는 교실 안(28.9%), 복도(14.1%), 운동장(9.6%), 급식실·매점 6.9%, 놀이터 6.9%, 사이버공간 5.3% 등 학생들이 주로 생활하는 학교 안(67.1%)에서 발생하였다.

〈표 2-7〉 학교폭력 피해 장소

구분	학교 안 (67.1)							학교 밖 (26.7)						기타
	교실안	복도	운동장	급식실 매점	화장실	특별실	기숙사	놀이터	사이버 공간	학원 주변	학교밖 체험	집	PC 노래방	
전체	28.9	14.1	9.6	8.4	3.5	2.0	0.6	6.9	5.3	5.1	4.5	3.9	1.0	6.2
초	26.7	13.8	11.7	7.1	3.2	2.0	0.2	8.6	3.3	6.4	5	4.8	0.8	6.6
중	33.4	15.6	4.7	10.7	4.3	2.0	0.6	2.8	10.4	2.4	3.5	2.1	2.1	5.3
고	36	13.5	4	12.8	4.6	2.4	2.6	1.6	10.5	1.1	2.9	1.4	1.3	5.3

출처: 교육부(2017). 2017년 1차 학교폭력 실태조사. 교육부

학교폭력 피해 시간은 가장 많은 피해가 '쉬는 시간'(32.8%)에 나타났고, 그 다음은 점심 시간(17.2%), 하교 이후(15.7%), 수업 시간(8.0%) 등의 순으로 나타났다.

학교폭력 피해학생이 응답한 가해학생 유형은 동학교 같은 반(44.2%)로 가장 많았고, 그 다음은 동학교 동학년(31.8%)이 다수이며 동학교 다른 학년의 학생의 비율은 9.4%, 타학교 학생의 비율은 4.1%로 나타났다.

3.

학교폭력의 유형

학교폭력을 예방하거나 올바르게 대처하기 위해서는 어디까지가 학교폭력이며, 폭력의 유형이 어디에 해당하는지를 정확히 구분할 수 있어야 한다. 실제로 학생들은 장난이라고 생각하여 쉽게 하는 욕하기, 비난하기, 꼬집기, 밀치는 행동 등도 상대학생이 폭력행위로 인식하고 있다면 이러한 행동까지도 학교폭력으로 해당될 수 있다.

따라서 학교폭력의 유형에 따라서 예방 활동과 대처하는 방법이 달라지기 때문에 학교폭력의 유형과 종류에 대한 정확한 인지가 필요하다. 학교폭력의 유형을 보면 다음과 같다.

〈표 2-8〉 학교폭력의 유형

유형	학교폭력예방 법 관련	예시 상황
신체 폭력	• 상해 • 폭행 • 감금 • 약취 · 유인	■ 일정한 장소에서 쉽게 나오지 못하도록 하는 행위(감금) ■ 신체를 손, 발로 때리는 등 고통을 가하는 행위(상해, 폭행) ■ 강제(폭행, 협박)로 일정한 장소로 데리고 가는 행위(약취) ■ 상대방을 속이거나 유혹해서 일정한 장소로 데리고 가는 행위(유인) ■ 장난을 빙자한 꼬집기, 때리기, 힘껏 밀치기 등 상대학생이 폭력으로 인식하는 행위

유형	학교폭력예방 법 관련	예시 상황
언어 폭력	● 명예훼손 ● 모욕 ● 협박	■ 여러 사람 앞에서 상대방의 명예를 훼손하는 구체적인 말(성격, 능력, 배경 등)을 하거나 그런 내용의 글을 인터넷, SNS 등으로 퍼뜨리는 행위 (명예훼손) → 내용이 진실이라고 하더라도 범죄이고, 허위인 경우는 형법상 가중 처벌 대상이 됨 ■ 여러 사람 앞에서 모욕적인 용어(생김새에 대한 놀림, 병신, 바보 등 상대방을 비하하는 내용)를 지속적으로 말하거나 그런 내용의 글을 인터넷, SNS 등으로 퍼뜨리는 행위(모욕) ■ 신체 등에 해를 끼칠 듯한 언행(죽을래 등)과 문자메시지 등으로 겁을 주는 행위 (협박)
금품 갈취	● 공갈	■ 돌려줄 생각이 없으면서 돈을 요구하는 행위 ■ 옷, 문구류 등을 빌린다며 되돌려주지 않는 행위 ■ 일부러 물품을 망가뜨리는 행위 ■ 돈을 걷어오라고 하는 행위 등
강요	● 강제적 심부름 ● 강요	■ 속칭 빵 셔틀, 와이파이 셔틀, 과제 대행, 게임 대행, 심부름 강요 등 의사에 반하는 행동을 강요하는 행위(강제적 심부름) ■ 폭행 또는 협박으로 상대방의 권리행사를 방해하거나 해야 할 의무가 없는 일을 하게 하는 행위(강요) →속칭 바바리맨을 하도록 강요하는 경우, 스스로 자해하거나 신체에 고통을 주는 경우 등이 강요죄에 해당
따돌림	● 따돌림	■ 집단적으로 상대방을 의도적이고, 반복적으로 피하는 행위 ■ 지속적으로 싫어하는 말로 바보 취급 등 놀리기, 빈정거림, 면박 주기, 겁주는 행동, 골탕 먹이기, 비웃기

유형	학교폭력예방 법 관련	예시 상황
		▪ 다른 학생들과 어울리지 못하도록 막는 행위
성폭력	• 성폭력	▪ 폭행ㆍ협박을 하여 성행위를 강제하거나 유사 성행위, 성기에 이물질을 삽입하는 등의 행위 ▪ 상대방에게 폭행과 협박을 하면서 성적 모멸감을 느끼도록 신체적 접촉을 하는 행위 ▪ 성적인 말과 행동을 함으로써 상대방이 성적 굴욕감, 수치감을 느끼도록 하는 행위 → 「아동ㆍ청소년의 성보호에 관한 법률」에 따라 성범죄에 대해서는 즉시 수사기관에 신고해야 함
사이버 폭력	• 사이버 따돌림 • 정보통신망을 이용한 음란ㆍ폭력 정보 등에 의해 신체ㆍ정신 또는 재산상 피해를 수반하는 행위	▪ 특정인에 대해 모욕적 언사나 욕설 등을 인터넷 게시판, 채팅, 카페 등에 올리는 행위, 특정인에 대한 '저격글' ▪ 특정인에 대한 허위 글이나 개인의 사생활에 관한 사실을 인터넷, SNS, 카카오톡 등을 통해 불특정 다수에 공개하는 행위 ▪ 성적 수치심을 주거나, 위협하는 내용, 조롱하는 글, 그림, 동영상 등을 정보통신망을 통해 유포하는 행위 ▪ 공포심이나 불안감을 유발하는 문자, 음향, 영상 등을 스마트폰 등 정보통신망을 통해 반복적으로 보내는 행위

출처: 경상북도교육청(2017). 학교폭력 사안 처리 길라잡이. 경상북도교육청.

4.

학교폭력의 특징

과거의 학교폭력 양상은 폭력 서클이나 비행 청소년들에 의해 조직적·집단적으로 저지르는 폭력과 금품갈취가 주를 이루었으나, 최근의 학교폭력은 일반 학생 혹은 소집단이 저지르는 괴롭힘, 집단따돌림 등 정신적 폭력이 증가하는 추세를 보이고 있다.

학교폭력을 당한 학생은 학교생활의 어려움을 겪고, 사람에 대한 신뢰감에 큰 타격을 입어 사람을 사귀는 데 어려움을 느끼고, 자존감(자기 자신을 존중하는 마음)이 낮아지고, 성적이 떨어지게 만들며, 자신을 하염없이 낮게 생각하면서 열등감, 죄책감, 우울감 등을 느끼게 된다. 그와 동시에 심각한 경우에는 외상 후 스트레스 장애를 겪게 되면서, 지속적인 자해를 하거나 자살하는 경우도 있다.

지금까지 나타난 학교폭력 실태를 분석한 결과 학교폭력의 특징을 보면 다음과 같다.

① 가해학생들이 별 죄의식 없이 한다는 것이다. 가해학생들은 별다른 죄책감 없이 괴롭히는 행동에 동조하고 개입하는 것을 그저 한 번쯤 있을 수 있는 장난으로 여기거나 특별한 이유없이 충동적으로 학교폭력을 행사한다.

② 가해학생은 공격적일 뿐 아니라 호전적이고 다른 사람을 좌지우지할 수 있는 능력을 가지고 있다.

③ 전형적인 가해학생은 학교폭력에 대해 긍정적이고 다른 사람에 대해 거의 공감을 갖지 않으며 충동적이다.

④ 가해학생은 또래들보다 더 크거나 혹은 더 힘이 세고 피해학생들보다 집단에서 높은 지위를 갖는다.

⑤ 정신적 학교폭력의 다수가 교내에서 발생하고, 그중에서도 교실에서 발생된다. 이것은 가해학생이 같은 학교 학생이거나 반 친구라는 것을 의미한다.

⑥ 학교폭력을 당하는 학생들은 그들 자신을 스스로 방어한다는 것은 매우 어려우며, 교사 등 어른들로부터 적절히 보호받지 못하고 있다. 신고하거나 알려지게 되면 더 큰 피해를 입을 수 있다고 생각하기 때문에 알려지지 않는 경우가 많다.

⑦ 학교폭력을 일으키는 연령층이 점차 어려지고 있으며, 특히 초등학교의 경우 장난과 폭력을 구별하지 못하여 학교폭력이 발생한다.

⑧ 학교폭력은 특정 학생을 대상으로 집중적으로 지속적으로 괴롭히고 소외시킴으로써 결국에는 자살에 이르도록 만들 정도로 매우 강한 집요함을 보인다.

⑨ 중학교에서 주로 발생하는 학교폭력의 유형에는 사이버폭력, 신체폭력, 성폭력(성희롱, 성추행), 금품상납 요구 등이 있었고 이 밖에도 빵셔틀, 장애인에 대한 괴롭힘 및 외모로 인한 집단 따돌림, 폭력 서클을 통한 금품 상납 및 신체폭행 등의 학교폭력이 이루어지고 있다.

⑨ 고등학교는 초등학교, 중학교와는 달리 학교폭력이 보다 조직적이고 집단화된 양상을 보이고 있었다.

⑪ 학교폭력이 주로 일어나는 시간대는 교사의 지도 감독이 없는 쉬는 시간이나 점심시간, 청소 시간에 이루어진다.

⑫ 전혀 저항할 힘이 없는 정신박약아나 지체부자유아를 대상으로도 학교폭력이 발생하기 때문에 이들에 대한 특별한 관심이 필요하다.

⑬ 학교폭력의 대부분은 교내에서 가장 많이 발생됨에도 불구하고, 이를 학교 내에서 발견하기 매우 어렵기 때문에 교사의 세밀한 관찰이 필요하다.

⑭ 학교폭력은 목격자도 없는 장소나 시간대에 일어나고, 증거를 수집하기도 어렵기 때문에 학교폭력을 당한 사실을 증명하기 매우 어렵다. 그리고 목격자가 있다고 해도 피해에 대한 두려움으로 선뜻 나서지 못하기 때문에 증명하기 어려운 경우가 많다.

⑮ 학교폭력 가해학생들은 공격하면서 단순한 지배 이상의 쾌감과 즐거움을 경험하게 되고, 습관이 되어 성인이 되어서까지 습관으로 굳어질 가능성이 높기 때문에 결코 방치해서는 안된다.

5.

학교폭력 실제 사례

실제로 일어나 학교폭력 사례를 보고 그에 따른 조치 사항을 보면 다음과 같다.

• A 고등학교 2학년 김모(17)군은 주먹밥을 사오지 않는다는 이유로 선배 4명으로부터 폭행과 성추행을 당했다고 주장해 부모가 3학년 학생 4명을 경찰서에 고소했다. A군 측에 의하면 선배들은 A군이 동작이 느리다는 등의 이유로 때리거나 코에 담배를 끼워 피우게 하는 등 괴롭히고 돈을 빼앗기도 했다고 한다. 또 일부 성추행 사실을 언급했다. 새 학기에 들어 A군이 등교를 하지 않자 부모가 이러한 사실을 확인하고 학교에 알리게 되었다.

– 경찰은 일부 사실이 확인되어 사법 처리하였고, 학교 측은 학교폭력자치위원회를 열어 가해학생 4명에 대해 출석정지 10일과 사회봉사 결정을 내렸다.

• A군은 9개월 동안 같은 반 학생 B군 등 5명에게 매점에 빵과 음료수를 사오라며 100여 차례에 걸쳐 폭행과 협박을 당했다. 그리고 B군에게 스마트폰을 빼앗겼고, 약 50만원의 요금이 나오게 사용한 뒤 장물업자에게 기기를 팔기도 했다. 또한 B군 등 2명은 A군을 주먹으로 때린 뒤 바지를 벗으라고 강요했고, 스마트폰으로 A군의 성기를 촬영하고 협박해 6,000원을 빼앗았다. A군은 학교폭력 가해학생를 고소했고, 교육청과 학교 측을 상대로 1억원대 손해배상 소송을 제기했다.

– 법원은 학교폭력 가해학생인 B씨 등 5명에게 성폭력 혐의로 소년보호처분을 내렸고 또 다른 1명은 불처분 결정을 받았다. 학교 측은 A씨에 3,000만원을 지급하라고 판결하였다.

• 서울 강남 A초등학교에서 자폐 아동이 친구들에게 학교폭력을 당하는 사건이 발생했다.

가해학생들은 학교 동급생 2명이었으며, 이들은 이틀에 걸쳐 학교에서 가해학생들에게 '체포놀이'를 하던 중 폭행을 당했다고 진술했으며, 이 사실을 부모에게 털어놨다는 이유로 정강이를 걷어차고 화장실에 고립시킨 뒤 바지 속에 손을 넣어 성기 부분을 잡아 뜯기며 보복폭행을 당했다고 주장했다.

- 학교 측에서는 몇 차례 학교폭력대책자치위원회를 연 끝에 가해학생로 지목된 학생들이 피해학생을 괴롭힌 사실은 인정하면서도 성적 학대는 증거와 증인이 없다고 하여 가해학생들에게 그 해 종업식 때까지 접촉과 보복을 금지하도록 하고 학부모와 함께 2시간씩 특별교육을 받도록 하였다. 하지만 피해학생의 부모는 징계가 너무 가볍다고 생각하여 강제전학 조치를 내려 달라는 재심을 청구하고 경찰에 고소장을 제출했다. 경찰은 형법상 처벌이 불가능한 만 14세 미만의 미성년자(촉법소년)라는 이유로 사건을 각하 의견으로 검찰에 송치했다.

- K초등학교 6학년 L군은 7개월 동안 학교 내 교실 및 화장실에서 특별한 이유 없이 같은 반 친구 3명으로부터 주먹으로 얼굴, 머리 등을 수차례 맞는 등 여러 번 폭행을 당하였고, 땅바닥에 떨어진 음식을 주워 먹도록 강요당해 집중력 장애, 우울증, 불안 증상을 겪었다. 담임교사는 위와 같은 폭행사실을 발견하여 가해학생들에게 반성문을 작성케 하고, 피해학생 학무모와 가해학생 학부모에게 위 사실을 알리고 폭행사실을 함께 협의하였다. 협의 내용은 피해학생 학부모는 가해학생들의 전학을 요청하였으나, 가해학생 학급교체 및 가해학생 측에서 피해학생 치료비를 부담하는 쪽으로 협의되었다. 그러나 가해학생들이 지속적으로 왕따를 시켜 피해학생은 학교에서 돌아와 아파트 자신의 방에서 아파트 화단으로 추락하여 사망하였다. 이에 부모들은 담임교사에 대해서 손해배상을 요구하였다.

- 대법원에서는 가해학생들의 부모들로부터 치료비에 대한 부담과 재발 방지 약속을 받는 데 그치는 등 미온적으로 대처하였고, 이후 특별한 주의를 기울였어야 함에도 불구하고, 별다른 조치를 취하지 아니함으로써 결과적으로 망인이 자살에 이르도록 원인을 제공한 과실이 있어 배상하라는 판결을 내렸다.

- M고등학교 1학년인 O학생은 현장 학습 기간 중 같은 반 급우 두 명을 자신의 숙소로

불러 폭행하고, 같은 기간 수차례 금품을 갈취하여 학교폭력대책자치위원회로부터 전학 조치를 받았으나 전학 조치에 불응하여 추가적으로 퇴학 처분을 받았다. 원고는 00 교육청 학생징계조정위원회에 재심청구를 하였으나 원고의 폭력 정도가 심하고, 개전의 정이 엿보이지 않으며 피해학생 학생과 부모에 대한 진정한 사과의 노력이 부족하다는 이유로 기각되었다. 가해학생의 부모는 학교 측의 퇴학 처분이 부당하다고 행정소송을 청구하였다.

– 법원에서는 가해학생의 행위는 비난 가능성이 크지만, 교육적 필요 및 학내 질서 유지라는 징계의 목적에 비추어보더라도 학생 신분을 유지하는 것이 현저히 부당하거나 불합리하다고 인정될 정도로 볼 수 있을지 의문인 점, 원고에게 개전의 가능성이 전혀 없었다고 단정할 수 없고, 퇴학 처분이 원고의 현재 및 장래의 삶에 미치는 불이익이 매우 큰 점 등을 들어 학교의 퇴학 처분을 취소하였다.

6.

학교폭력의 발생 원인

학교폭력 문제를 해결하기 위해서는 학교폭력의 발생 원인을 정확히 알아야 한다. 발생 원인을 제거하면 학교폭력을 예방할 수 있기 때문이다. 일반적으로 학교폭력의 발생 원인은 다음과 같이 크게 세 가지로 정리된다.

1) 개인적 성향

학교폭력이 발생하는 가장 큰 원인은 개인적 성향이라고 할 수 있다. 개인적 성향이란 개인적으로 가지고 있는 청소년기 발달단계의 특성, 도덕성 결함, 공격적, 충동적 성향, 좌절감, 자기 존중감의 저하 및 자기 비하, 욕구불만에 대한 인내심 결여, 열등감, 타인을 배려하는 마음의 결핍, 자제력의 부족, 수용 능력의 결핍, 정서불안, 폭력적인 성향과 공격성, 왜곡된 우월감 추구 등 개인적 요인에 따라 문제행동이 발생한다고 보는 시각이다. 개인적 성향은 오랜 시간 동안 형성되어 왔기 때문에 지속적이어서 한번 형성되면 쉽게 고쳐지기 어려운 특성이 있다.

2) 환경적 요인

환경적 요인이란 학교폭력이 일어나도록 만드는 상황을 말한다. 물론 개인에 따라 환경에 대한 인식은 다양하지만, 일반적으로 학교폭력을 유발하는 환경이 주어지면 누구나 순간적이고, 우연하게 학교폭력이 발생하게 된다는 것이다. 학교폭력에 영향을 주는 환경은 가정 환경,

친구 환경, 학교 환경, 사회 환경 등이 있으며, 이러한 환경에서 자란 학생은 학교에서 어떤 상황을 만나면 학교폭력으로 나타나기도 한다.

가정 환경은 결손가정, 경제적 빈곤, 부모의 과보호, 무관심, 권위적 양육 태도, 잘못된 부모 자녀 관계, 폭력적인 부모, 부부간의 갈등 등이다.

친구 환경은 폭력적인 친구, 집단의 동조압력, 친구로부터 소외되지 않기 위한 노력 등이다. 학교 환경은 학교폭력 예방 교육의 부재, 학생의 개성을 고려하지 않는 분위기, 정서적인 교육 환경 부재, 입시 위주의 지나친 경쟁, 공동체 의식 상실, 강압적인 학생 지도, 교사의 자질 부족 및 권위 실추, 학교폭력에 미온적인 대응 등이다.

사회 환경은 인권을 존중하지 않는 사회 분위기, 물질 중심의 가치관, 매스미디어의 무분별한 폭력성, 사회 병리 현상에 대한 도덕적 불감증, 왜곡된 개인주의 성향의 증가, 인터넷과 게임의 몰입 등이다.

3) 개인적 성향과 환경적 요소의 상호작용

학교폭력은 딱 한 가지 요인으로 발생하는 것은 아니라 복합적인 요인으로 발생한다. 개인적 성향이 쉽게 변하지 않고 지속적이어서 개인의 특성을 통제한다 해도, 각 개인이 처해 있는 다양한 상황이 상호작용이 결합되어 학교폭력을 유발하게 된다는 것이다. 이는 개인적 성향에 따라서 학교폭력이 발생할 수 있는 상황이라도 발생하지 않을 수도 있고, 상황이 생기지 않더라도 학교폭력이 발생할 수 있다. 예를 들면, 개인적 성향이 폭력적이고 충동성인 학생이라 해도 친구들과 잘 어울리거나 학교에서 인정받고 있는 경우에는 학교폭력으로 연결되지 않지만, 개인적 성향이 착하고 온순한 학생도 친구가 옆에서 부추기거나, 상대방이 귀찮게 하거나 화를 돋우게 되면 학교폭력으로 연결될 수 있다는 것이다.

7.

가해학생의 특징과 조치

1) 가해학생의 특징

가해학생은 학교폭력을 일으킨 학생을 말하는데, 잠재 가해학생은 학교폭력을 일으킬 소지가 있는 학생을 말한다. 학교폭력의 가해학생은 다른 학생에 비해 문제가 많은 학생처럼 보이지만, 실제로 그들 중 일부는 불우한 가정 환경과 경쟁 위주의 학교의 피해자라는 측면도 있기 때문에 나름대로 그들도 보호를 받아야 한다. 따라서 가해학생이라고 해서 무조건 나쁜 학생이라는 생각은 말아야 하고, 잠재 가해학생이라고 해도 학교폭력이 생기기 전에 예방해준다면 일반 학생과 다를 것이 없다.

다음은 기존의 연구나 상담 자료에 나타난 가해학생의 특성이다. 가해학생의 특징을 알아보는 이유는 가해학생의 특징을 갖고 있는 모든 학생을 모두 가해학생이라고 단정 짓기 위해서가 아니라, 학교폭력을 일으킬 소지가 있는 잠재 가해학생을 찾아 사전에 문제 발생을 예방하는 데 도움을 받고자 하는 것이다.

- 질투심과 적개심이 많다.
- 공감 능력이 부족하다.
- 대인관계 능력이 부족하다.
- 생각 없이 다른 친구들이 하니까 덩달아 따라 한다.
- 힘이 세거나 싸움을 잘한다.
- 남들에게 우월하게 보이는 것을 좋아한다.

- 행동에 대한 책임감이 없다.
- 남을 괴롭히는 것에 대한 죄의식이나 양심의 가책을 거의 느끼지 않는다.
- 선생님이 규칙 위반에 대해 어떻게 반응하는지를 관찰한다.
- 욕설이나 폭언을 자주한다.
- 물건이나 돈을 빌려 가도 안 돌려준다.
- 침을 아무 데서나 뱉고, 수업 시간에 잠을 잘 잔다.
- 아이들에게 자주 시비를 건다.
- 폭력을 문제해결의 정당한 수단으로 인식한다.
- 위협하거나 보복을 한다.
- 교사 앞에서 고분고분하지만, 교사가 없을 때 거친 행동을 한다.
- 교사와 눈길을 자주 마주치며 수업 분위기를 독점하려고 든다.
- 학생들에게 큰소리를 많이 치고 반 분위기를 주도한다.
- 교사가 불러도 의도적으로 피한다.
- 수업 중에 물건을 던진다.
- 화를 잘 내고 쉽게 흥분한다.
- 교실이나 벽에 낙서를 잘한다.
- 학생활동 참여에 불성실하나 가까이하는 친구는 많다.

　잠재 가해학생을 발견한다면 이들에게 관심을 가지고 사전에 예방 교육이나 상담을 통해서 학교폭력의 원인을 제거해야 한다. 과거 학교폭력으로 문제를 일으킨 학생이나, 잠재 가해학생을 마치 학교폭력을 일으킨 가해학생으로 낙인을 찍어 버리면 오히려 더 큰 학교폭력을 가져올 수 있다는 것을 알아야 한다.

2) 가해학생에 대한 조치

학교폭력 가해학생이 발견되면 다음과 같은 조치를 취해야 한다.
① 학교폭력에 대한 증거가 될 만한 자료나 증언을 수집한다.

② 가해학생과 면담 과정에서 피해학생 및 보호자, 가해학생 및 보호자, 목격자 등에게 신뢰감과 안정감을 주면서 조사한다. 강압적 조사를 하게 되면 추후에 민원 발생 및 추가 분쟁의 원인이 된다.

③ 피해학생을 한 장소에 모이게 한 후 조사하는 것은 피해학생에게 불안감을 줄 수 있기 때문에 가해학생과 피해학생은 철저히 분리하여 조사한다.

④ 다른 학생들이 학교폭력 사안을 인지하지 못할 수 있으므로 피해학생의 인권을 보호하기 위해 조용히 따로 불러서 조사한다. 조사하는 과정에 학생의 수업권이 침해받지 않도록 방과 후나 쉬는 시간을 이용해서 해야 한다. 특히, 야간 조사 시에는 학부모 동의(유선 또는 문자)를 받도록 해야 한다.

⑤ 모든 증거의 수집과 조사가 끝나면 「학교폭력 예방 및 대책에 관한 법률」 제17조에 의해 자치위원회를 열어 피해학생의 보호와 가해학생의 선도·교육을 위하여 가해학생에 대하여 '피해학생에 대한 서면사과, 피해학생에 대한 접촉, 협박 및 보복행위의 금지, 학급교체, 전학, 학교에서의 봉사, 사회봉사, 학내외 전문가에 의한 특별 교육 이수 또는 심리치료, 10일 이내의 출석정지, 퇴학 처분 등'의 조치를 취할 것을 학교장에게 요청할 수 있다. 자치위원회의 요청이 있는 때에는 학교장은 14일 이내에 해당 조치를 하여야 한다.

⑥ 사안이 심각할 때는 피해학생의 치료 등에 사용되는 비용은 가해학생의 보호자가 부담하여야 하나, 「학교폭력 예방 및 대책에 관한 법률」 제16조 제6항 및 「학교 안전사고 예방 및 보상에 관한 법률」 제36조 제4항에 따라 학교안전공제회가 비용을 부담한 경우 학교안전공제회는 구상권을 행사할 수 있다.

8.

피해학생의 특징과 조치

1) 피해학생의 특징

학교폭력은 은밀히 일어나는 경우가 많기 때문에 교사가 관심을 갖고 알아보지 않는 이상 발견하기 어렵기 때문이다. 더욱이 피해학생을 빨리 찾지 않으면 그것이 더 큰 학교폭력을 가져 오거나, 피해학생이 극단적인 선택을 할 수 있다는 것을 명심하고 학생 지도 시나 수업할 때 피해학생을 찾아 사안에 맞는 조치를 하는 것은 매우 중요한 일이다. 다음은 기존의 연구나 상담 자료에 나타난 피해학생의 특성이다.

- 교사에게 상담을 요청하고 친구들의 따돌림에 대해 자주 이야기를 한다.
- 쉬는 시간이나 점심시간에 자기 반에 있지 않고 다른 반에 가거나 운동장에 혼자 있는 경우가 많다.
- 수업 시간에 한 학생이 발표할 때 일부 학생들이 웃거나 흉내를 내며 비웃는다.
- 수업 시간에 교사와 눈을 잘 마주치지 않고, 항상 고개를 숙이고 있다.
- 친구들과 어울리지 않고 혼자 있으려고 한다.
- 주위를 잘 두리번거리고 눈치를 본다.
- 친구들이 놀리거나 괴롭혀도 가만히 있는다.
- 학교에 오는 것을 싫어한다.
- 노트나 연습장에 "죽고 싶다", "학교 가기 싫다" 등의 낙서가 되어 있다.
- 머리나 배가 자주 아프다고 호소한다.

- 전화가 자주 오거나, 호출기의 음성 확인을 자주 한다.
- 지각을 자주 한다.
- 학용품 및 소지품이 자주 없어지거나 파손되는 경우가 많다.
- 얼굴 표정이 어둡다.
- 이름을 부르면 놀라거나 반응이 느리다.
- 예전에 비해 목소리에 자신감이 없다.
- 복장이 구겨지거나 더럽혀져 있다.
- 거짓말을 하는 것처럼 느껴진다.
- 아이들과 잘 어울리지 못한다.
- 교사의 관심과 애정을 지나치게 원한다.
- 값비싼 소지품을 가지고 다니면서 자랑한다.
- 교우관계 조사에서 친한 친구가 없다.

2) 피해학생에 대한 조치

이상과 같은 단서가 발견되면 우선 학생이 학교폭력을 겪고 있는 것으로 판단하고 주의 깊게 학생을 관찰한 후 추가로 상처받지 않도록 상담을 진행하여 다음과 같이 피해학생을 보호해야 한다.

① 학생이 그동안 당했을 심리적 고통과 현재 처한 어려운 입장을 충분히 공감해 주어야 한다.

② 교사에게 말한 내용을 철저히 비밀로 지켜서 더 이상 피해를 당하지 않을 것이라고 안심시켜서 하고 싶은 말을 충분히 할 수 있는 분위기를 조성해 주어야 한다.

③ 학생과의 상담 과정에서 교사가 피해 사실이 구체적으로 어떤 것이 있었는가를 확인한다.

④ 학생과의 상담 과정에서 학생이 당한 신체적·정신적 피해 정도를 파악한다.

⑤ 교사는 피해학생과 충분히 상담 후 상담 내용에 따라 해결 방법을 선택한다.

⑥ 사실 확인을 위해서 가해학생, 목격자가 될 수 있는 친구들을 불러서 면담한다. 면담할 때는 피해학생에게 더 이상의 피해가 생기지 않도록 단단히 주의한다.

⑦ 경미한 사안에 대해서 가해학생이 사과하고 타협을 보면 마무리를 할 수 있다. 타협이 잘되어도 피해학생과 가해학생을 대상으로 학교폭력 예방교육을 실시한다.

⑧ 피해가 크면 피해학생 및 가해학생의 부모와 차례로 면담을 실시해야 한다.

⑨ 피해가 커서 학교폭력 사건이라고 판단이 되면 절차에 따라 신고하고 학교폭력대책자치위원에서 처리하게 한다. 「학교폭력 예방 및 대책에 관한 법률」 제16조 제1항은 학교폭력대책자치위원회는 피해학생의 보호를 위하여 필요하다고 인정하는 때에는 피해학생에 대하여 "심리상담 및 조언, 일시보호, 치료 및 치료를 위한 요양, 학급 교체, 그밖에 피해학생의 보호를 위한 조치"에 해당하는 조치를 할 것을 학교장에게 요청할 수 있다고 규정하고 있다.

⑩ 피해학생의 신체적 폭력 정도가 심각한 경우나 심리적 상처가 커서 우울, 불안, 공포, 피해의식 등의 증상이 지속될 경우 병원에서 전문적 진단과 상담을 받도록 의뢰한다. 학교장 조치에 따라 피해학생이 심리상담 및 조언, 일시보호, 치료 및 치료를 위한 요양 등을 받는 데에 사용되는 비용은 「학교폭력 예방 및 대책에 관한 법률」 제16조 제6항 본문에 따라 가해학생의 보호자가 부담하여야 한다. 「학교폭력 예방 및 대책에 관한 법률」 제16조 제7항은 학교의 장 또는 피해학생의 보호자는 필요한 경우 「학교 안전사고 예방 및 보상에 관한 법률」 제34조의 공제 급여를 학교 안전공제회에 직접 청구할 수 있다고 규정하고 있다.

9.

학교폭력 처리 절차

학교폭력이 발생하면 당황하지 말고 다음과 같이 처리한다.

사전 예방 활동	• 예방교육 · 예방활동 • 학교폭력 징후 파악 • 학생 상담

⇩

사안인지·신고접수	• 보호자 및 관련학교 통보 • 학교장 보고 및 교육청 보고

⇩

초기대응·긴급조치	• 즉각적 증거 수집 및 진술서 확보 • 피해학생 긴급보호 • 가해학생 우선 출석정지 • 학교폭력 유형에 따른 초기대응 • 보호자 상담

⇩

사안조사	• 전담기구 조직 · 운영 • 담임교사의 조사 협조

⇩

자치위원회 심의·처분 결정	• 개최 알림 • 자치위원회 개요 안내 • 책임교사의 사건조사 보고

	● 피해학생 측 발언 및 질의응답 ● 가해학생 측 진술 및 질의응답 ● 피해학생 보호조치, 가해학생 조치 논의

⇩

처분 통보·이행	● 학교장 결재 후 결과 통보 ● 자치위원회 결과 당사자 서면 통보 * 통보 시 재심규정 및 절차 안내

⇩

사후 관리	● 피해학생의 적응 지도 ● 가해학생의 선도 ● 재발방지를 위한 노력

⇩

관련학생 측 처분 불복	

⇩

재심	● 피해학생 : 학교폭력대책지역위원회 ● 가해학생 : 학생징계조정위원회

⇩

행정심판·소송 등	

출처: 경기도교육청(2017). 학교폭력 대처방안. 경기도교육청

[그림 2-3] 학교폭력 발생 시 처리 절차

10.

학교폭력 예방대책

학교폭력은 발견하기도 어렵고 발견되었다는 것은 이미 상당히 진행해 왔다는 것을 의미한다. 따라서 사후에 법적인 처벌 위주로 할 것이 아니라, 사건이 발생하기 전에 예방하는 것이 좋다. 문제는 학교폭력 사건의 심각성과 이에 대한 예방 전략을 알고 있음에도 불구하고, 이것을 실천하려는 학교의 의지가 부족한 경우가 많다.

또한 대부분의 학교는 폭력에 대한 예방이나 학교폭력 사건의 발생 후의 처리에 대해서 미흡하게 대처하는 편이다. 이로 인해서 학교폭력의 결과 조치에 대한 불만을 가진 학부모들이 민원을 제기하거나 학교에 찾아와 교권을 침해하는 행동을 하기도 한다.

특히 학교폭력으로 인해 학생이 다치거나 생명을 잃게 되면 학교가 언론에 노출이 되어 소란스러워지게 되고, 이에 대한 책임 소재와 사건 처리 전반에 대해 다툼이 생기고, 부모들은 서로 감정적으로 격해지면서 학교폭력을 해결하려는 본질과는 동떨어지게 되어 상황은 더욱 악화된다.

따라서 이러한 불상사를 줄이기 위해서는 학교폭력이 일어나지 않도록 예방에 신경을 써야 한다. 예방 활동으로 학교폭력이 발생하지 않으면, 상급 기관에 보고하거나 학교폭력위원회를 열지 않아도 되고, 학부모들의 불만이나 소송을 당하지 않을 수 있기 때문에 매우 효율적인 것이다. 학교폭력을 예방하기 위해서는 학교, 학급, 교사가 협동하여 예방 활동을 실천해야 한다.

1) 학교 차원

학교 차원의 예방대책을 보면 다음과 같다.

① 학교폭력을 예방하기 위해서 가장 쉽게 할 수 있는 것은 학생들을 대상으로 학교폭력을 예방하는 교육을 실시하는 것이다. 「학교폭력 예방 및 대책에 관한 법률 시행령」 17조에서는 학교폭력 예방 교육은 학기별로 1회 이상 실시하고, 교육 횟수·시간 및 강사 등 세부적인 사항은 학교 여건에 따라 학교의 장이 정하게 되어 있다.

　이때 하는 학교폭력 예방 교육이 형식적으로 어쩔 수 없이 하는 교육이 되면 아무런 의미가 없다. 의미가 있는 효과적인 교육이 되기 위해서는 예방 교육이 학교폭력의 문제성을 알려주고, 이로 인해 피해를 당한 학생들이 얼마나 힘든 삶을 사는가에 대해서 알려주어야 하며, 상대방의 입장에서 남을 배려하고, 자신의 권리만큼이나 상대방의 권리가 중요하다는 것, 그리고 학교폭력을 예방하기 위해서 어떻게 하는지를 학습시켜야 한다. 예방 교육은 1회성이 아니라 지속적으로 해야 하며, 의무적인 특별 강연의 형식이 아니라 수업과 연결시켜 이루어져야 한다.

② 학교는 학교폭력이 자주 발생되는 휴식시간과 점심시간에 교실 또는 교사 후미진 곳, 운동장에 대한 감독을 지속적으로 해야 하고, 무엇보다도 학교 차원에서 학교폭력은 절대 허용할 수 없다는 확고한 의지를 나타내는 교칙을 제시해야 한다.

③ 선후배간 연계시켜 번호가 같은 학생끼리 결연을 맺는 3형제·자매운동을 벌여 또래의 학교폭력을 예방할 수 있다.

④ 학교폭력 예방을 위한 자율지킴이를 만들어 학교 내에 집단따돌림이 발생하고 있는지 감시하고 문제를 해결하는 조직체를 구성해 활동하도록 한다.

⑤ 학교폭력 도우미를 만들어 잠재 피해학생 학생들과 점심같이 먹기, 등하교 길 동행하기, 말벗 돼주기 등의 활동을 한다.

2) 학급 차원

집단따돌림이나 괴롭힘을 제일 많이 당하는 곳이 교실이라는 것은 결국 학교폭력 문제를 해결하는 데 결정적인 역할을 할 수 있는 것이 학급 차원의 대책이다.

따라서 학급 차원의 효과적인 대책을 수립하는 것은 학교폭력을 예방하는 데 매우 의미가 있다. 학급 차원의 예방대책을 보면 다음과 같다.

① 학급에서 학생들이 회의를 통해 학교폭력을 줄이기 위한 학급 규칙을 만들어 실천하게 하거나 학급 안에서 일어나 학교폭력에 대해서 학급재판을 진행하게 한다.

예를 들어 '반 친구를 괴롭히지 말아야 한다.', '괴롭힘을 당하는 친구를 도와야 한다.'는 기본 원칙을 세우고, 각 원칙에 따르는 세부적이고 구체적인 행동 규칙을 만들어 실천하게 한다.

② 학생 간 소규모 모임을 자발적으로 구성하도록 하여 서로에 대한 이해와 협력 기회를 제공한다. 소집단을 중심으로 이루어질 수 있는 활동은 정례적인 회의나, 봉사활동, 생일잔치, 모임 야영, 문집 만들기 등이 있다.

③ 소극적인 성격이나 단점을 가진 학생의 특기나 장점을 살려주는 게임이나 학습활동을 모색하여 그 학생의 중요성과 소중함을 학급 친구들에게 인지시키도록 한다.

④ 따돌림당하는 학생이 있는 경우에는 친구들 간의 역할 바꾸기를 통해 자신의 문제점을 스스로 인지하도록 한다.

3) 교사 차원

교사 차원의 예방대책을 보면 다음과 같다.

① 가해학생과 피해학생 모두에게 개별 상담을 실시하고, 생활지도를 한다.

② 잠재 가해학생에게는 분노 조절 훈련과 같은 심성 수련의 기회를 제공한다.

③ 잠재 피해학생에게는 방어 능력을 향상시키고 대인관계에서 자신의 의사를 표현할 수 있도록 사회적응 훈련을 실시한다.

④ 조회 시간이나 수업 시간에 수시로 학교폭력은 심각한 문제이고 해결되어야 할 문제라는 것을 알려준다.

⑤ 특정인을 한 명 지칭하는 것보다 반 전체를 대상으로 따돌림이나 괴롭힘에 대한 피해를 설명하고 우리 반에서는 남을 괴롭히는 행동이 전혀 용납되지 않는다는 강력한 의지를 표명한다.

⑥ 영상물을 함께 보고 그 내용이나 주인공의 역할에 대해 토론하여 상대방을 이해할 수 있도록 한다.

제7장
중독 예방

1.

약물 중독

1) 약물의 의미

약물이란 사람이나 동물에게 발생하는 질환의 예방·진단·치료의 목적으로 이용되는 물질을 말한다. 따라서 약물은 인간의 신체, 정신, 중추신경, 행동과 감정에 변화를 초래하는 모든 물질을 의미한다.

WHO는 약물 사용량이 증가하는 경향이 있으며, 피해는 개인에 한정되지 아니하고 사회에도 해를 끼친다고 하였다.

2) 약물 중독의 의미

약물 중독이란 습관적으로 혹은 실수로 치료적 약물을 과량 복용하여 약물이 나타내는 치료적 효과 외의 독성 부작용이나 강한 의존성이 발생하는 것을 말한다.

일반적으로 약물 중독이라고 하면, 알콜 중독이나 마약 중독과 같은 약물 중독을 지칭하는 경우가 대부분이다.

약물 중독의 특징을 보면 다음과 같다.

① 약물 중독이란 어떤 습관 특히 약물에 대하여 강한 의존성을 나타내는 상태를 말한다.

② 약물 중독은 정신적 의존성 혹은 갈망뿐 아니라 육체적 의존성까지 생긴 상태를 말한다.

③ 약물 중독은 의존성, 내성 및 금단증상의 발현을 그 요건으로 한다.

④ 약물 중독은 지각장애, 각성 장애, 주의력 장애, 사고력 장애, 판단력 장애, 정신운동성 행동 장애, 대인관계의 장애 등을 유발한다.

⑤ 청소년기 이상의 연령에서 발생하는 약물 중독은 대부분 자살을 시도하는 등의 의도적인 경우가 많다.

⑥ 약물 중독은 자살 발생률이 높은 청소년기와 노년기에서 그 빈도가 높은 경향을 보인다.

3) 약물 남용

약물 남용이란 치료를 목적으로 복용하는 것이 아니라 감정 상태를 바꾸려는 목적이거나 기분 전환하기 위해서 향정신성 약물을 복용하는 것을 말한다.

결국 약물 남용은 정당한 이유나 의학적 이유로 사용하는 것은 아니라 감정을 인위적으로 변화시키고자 자의에 의한 향정신성 물질의 불법적, 비의학적 사용하는 것이다.

약물 남용의 특징은 다음과 같다.

① 약물 남용의 시작은 호기심으로 시작하다가 점차 기분전환을 위해 사용하는 단계로 진행하다가 약물 남용 단계로 넘어가고 결국은 약물 중독의 단계로 진행된다.

② 약물 중독은 개인의 문제로 끝나는 것이 아니라 가족 구성원 전체가 심한 좌절과 고통을 경험하게 되므로 가족 전체의 문제가 되기 때문에 약물 남용은 반드시 개선이 필요하다.

③ 약물 남용은 한번 끊는다고 해서 종결되는 것이 아니라 재발하기 쉬우므로 약물 중단 혹은 치료 후에도 계속적인 관리와 재활 대책이 수립되어야 한다.

④ 약물 남용은 자체도 문제이지만 직접적인 작용으로 호흡마비가 와서 사망할 수 있다.

⑤ 약물에 취한 상태에서 화상, 교통사고, 낙상, 자살, 타살 등에 의해서 사망할 가능성도
   높다.

4) 약물 오남용 사례

① 카페인 음료 남용

우리 몸에 카페인이 들어가면 대뇌 각성에 의해 깨어 있어 졸음을 줄일 수는 있지만, 집중력
이 감소하고 학습 효율이 떨어진다. 카페인 음료를 너무 많이 마시게 되면 가슴이 두근거리며,
혈압 상승하고, 어지러움, 이뇨 등의 부작용이 나타난다. 카페인을 지속적으로 마시다 끊게 되
면 금단증상으로 졸리움, 두통, 식욕 이상 등이 나타난다.

② ADHD 치료제 남용

주의력이 떨어질 때 먹는 메틸페니데이트는 암페타민류의 정신-신경 흥분제로 ADHD치료
에 사용되는 약이다. ADHD 치료제는 집중력을 높이기 위하여 수험생들이 처방받아 사용하기
도 하지만 오히려 학습 효율이 떨어지고, 의존성이 강해서 자제해야 한다.

③ 식욕 억제제 남용

식욕억제제는 다이어트를 하려는 사람들이 살 빼는 약으로 복용하는 약으로, 암페타민류에 속
하는 정신-신경 흥분제가 있다. 식욕억제제도 각성작용과 함께, 의존성이 있어서 자제해야 한다.

2.

약물 중독의 치료 방법

약물 중독에 대한 치료는 각 약물은 고유의 특성을 갖기 때문에 약물의 특성에 맞추어 치료 방법을 달리해야 한다. 그리고 약물에 따라 약물 중독을 치료하는 효과가 있는 약물이 있는 경우 약물의 투여가 남용을 억제하는 데 도움이 된다. 약물 남용에 대한 일반적인 치료 방법은 다음과 같다.

1) 동기 부여

약물 치료를 가장 효과적으로 할 수 있는 것이 약을 스스로 끊어야겠다는 동기를 부여하는 것이다. 스스로 동기를 가지고 중단하면 가장 손쉬운 중독 치료 방법이 된다. 약물 중독 치료는 외부적인 압력(가족, 직장, 사회, 법적 제제 등)에 의해 치료를 받게 되면 오히려 치료에 대한 거부감과 반항을 갖게 돼서 효과를 보지 못하는 경우가 있다.

따라서 본인이 약물을 끊어야겠다는 동기를 갖는 것이 중요하고, 스스로 끊지를 못할 경우에는 치료받아야 한다는 동기를 갖도록 하는 것이 중요하다.

2) 마음의 문제 해결

약물에 중독된 것에는 반드시 이유가 있다. 따라서 이유를 찾아서 그 원인을 해결하면 굳이 약물에 중독되지 않을 수 있다. 예를 들어서 스트레스로 인해서 약물 중독이 되었다면, 스트레스를 해소하면 자연스럽게 약물에 손을 대지 않게 할 수 있다. 또한 심적으로 힘들어하는 부분이 있으면 그 부분을 심리적으로 치료해주면 도움이 된다.

3) 대안 제시

약물 중독자들은 약물에 의존하고 있는데 약물 대신에 의존할 수 있는 것을 만들어 주면 약물에 대한 관심이 줄어들 수 있다. 예를 들어 사회적인 관계 형성을 통해 세상과의 소통하는 법을 익히게 하거나, 스포츠에 몰두하게 하는 방법 등을 통해서 약물 이외의 즐거움을 찾을 수 있는 대안을 제시해주면 된다.

4) 금단 증상 해소

약물 중단을 결심한 이후에 실패하는 주된 이유 중 하나는 금단 증상 때문이다. 금단 증상이 생기면 불안해지고, 초조해지며, 일상생활이 되지 않을 정도로 떨리기도 한다. 따라서 약물 중단을 시작하게 되면 금단 증상을 이겨낼 수 있도록 주위에서 적극적으로 도와주어야 한다.

5) 전문가의 도움

약물 중독을 스스로 끊지 못할 때는 반드시 전문가의 도움을 받아야 한다. 사람마다 중독물질에 빠지는 원인이 다르기 때문에 전문가의 평가를 받는 것이 중요하다. 약물 중독은 조기에 발견하고 조기에 치료할수록 경우 회복 가능성이 빨라지며 높아진다.

3.

마약류 중독

1) 마약류의 의미

일반적으로 느낌, 생각 또는 행태에 변화를 줄 목적으로 섭취하는 정신에 영향을 주는 물질을 말한다. 즉 약물 중에서도 사람의 정신에 변화를 일으키는 습관성 또는 중독성을 지니는 모든 물질을 의미한다. 우리나라에서는 진해제, 대마와 암페타민류의 불법 사용이 주로 문제가 되고 있다.

세계보건기구(WHO)의 마약류에 대한 정의는 다음과 같다.
① 약물 사용에 대한 욕구가 강제적일 정도로 강하고(의존성)
② 사용 약물의 양이 증가하는 경향이 있으며(내성)
③ 이를 중단할 경우 신체적으로 고통과 부작용이 따르며(금단현상)
④ 개인에 한정되지 아니하고 사회에도 해를 끼치는 약물이다.

2) 마약류범죄의 특성

① 철저한 점조직성
② 제작장소의 은밀성
③ 접선 장소의 치밀성
④ 악질·흉포성,

⑤ 재범·누범의 증가,

⑥ 범죄 루트의 광역화,

⑦ 타범죄에 대한 원인제공과 연계성,

⑧ 이욕(利慾; 사사로운 이익을 탐내는 욕심) 범죄 등이다.

3) 마약류의 종류

① 진정제(최면제)

진정제는 중추 신경계를 억제하는 약물로서 신경을 차분하게 하는 진정 효과와 수면 작용을 가져 오며, 수면제와 최면제가 포함된다. 진정제는 알코올처럼 행동에 대한 통제력을 잃게 하지는 않지만, 마음이 느긋해지면서 불안감이 감소하게 된다. 진정제에는 알코올, 흡입제, 수면제, 바르비탈류(barbitals), 벤조디아제핀(benzodiazepine) 등이 있다.

이러한 진정제와 최면제 종류의 약물을 복용하게 되면 졸음이 오고 발음이 흐려지며 동작 기능과 반응 시간이 느려지고 동공이 수축된다. 그리고 심하면 판단력과 기억력이 감퇴되며 아울러 안정과 흥분을 왔다 갔다 하는 기분 기복 현상이 나타나고, 공간의 왜곡 현상과 기억상실 등이 나타나기도 한다. 과용하게 되면 혼수상태에 빠지거나 목숨을 잃는 수도 있다.

② 마취제

마취제는 환경에 대한 인식, 특히 고통에 대한 의식을 없앨 때 사용되는 약물이다. 이런 약물은 심한 고통을 다스리는 경우에 아주 유용할 뿐만 아니라 그럴 때는 대개 중독되지 않는다. 하지만 진통을 위해서 만성적으로 사용하게 되면 중독이 될 수 있다. 또한 이러한 마취제를 쾌락용으로 사용하게 되면 중독 속도는 매우 빠르다.

마취제의 금단 증상은 아주 심해서 일단 중독이 되고 나면 금단증상에서 벗어나기 위해 아무것도 가리지 않게 된다. 마취성 약물 중에서 순전한 쾌락을 위해서 자주 사용되는 약물로는 모르핀, 헤로인, 코데인, 메사돈 등을 꼽을 수 있다.

③ 흥분제(각성제)

흥분제는 뇌의 신경을 예민하게 하며 활동과 흥분을 부추기는 약물을 말하고 복용한 후 복용자에게 강렬한 도취감을 유발하게 한다. 여기에 해당하는 주요 약물로는 암페타민과, 카페인, 코카인 등이 있다.

④ 마리화나(대마초)

대마초는 중앙아시아 원산의 삼과 식물로 한해살이 풀의 잎사귀로 만든 담배 비슷한 혼합물이다. 대마는 암수로 구분되어 있는데 대마초는 암그루의 말린 잎과 꽃이 피는 꼭대기 부위를 잘게 썰어 담배처럼 말아서 피운다.

대마의 연기는 달콤한 향기를 풍기며 대마 로프가 타는 듯한 냄새가 난다. 해시시도 대마 암그루의 꼭대기 부위로서, 대마가 성숙할 때 윗부분에 생성되는 끈적끈적한 황색 수지로 만든 것으로 대마보다 8~10배 가량 작용이 강하다.

〈표 2-9〉 마약류의 종류

구분		내 용
약리 작용에 따라	진정제(최면제)	바르비탈류, 벤조디아제핀 등
	마취제	모르핀, 헤로인, 코데인, 메사돈 등
	흥분제(각성제)	대마초, 아편류, 암페타민과, 카페인, 코카인 등
생성원에 따라	천연 마약	양귀비, 대마초, 아편, 모르핀, 헤로인, 코데인, 테바인, 옥시코돈, 하이드로모르핀, 코카인, 크랙
	합성 마약	암페타민, 바르비탈 ·메프로바메이트, 필로폰

4.

마약류 관리에 관한 법

마약류에 대한 관리를 효과적으로 하기 위하여 우리나라는 「마약류 관리에 관한 법률」을 제정하여 시행하고 있다.

1) 「마약류 관리에 관한 법률」의 개관

「마약류 관리에 관한 법률」은 마약의 취급에 적정을 기함으로써 그 해독을 방지하기 위하여 제정된 법률이다. 주요 내용은 총칙적인 규정으로서 마약의 정의와 마약취급자의 정의, 그리고 무면허 취급의 금지, 마약 취급의 제한, 마약 취급자로서의 마약 수입업자·마약 제조업자·마약 제제업자·마약 소분업자·마약 도매업자·마약 소매업자·마약 취급 의료업자·마약 관리자·마약 취급학술연구자·한외 마약 제제업자, 마약중독자의 단속·강제수용, 감독과 단속, 벌칙 등과 부칙으로 되어 있다.

2) 마약류의 정의

「마약류 관리에 관한 법률」에서 마약류란 마약·향정신성 의약품 및 대마를 말한다. 각 마약류에 대한 법률 상의 정의를 보면 다음과 같다.

① 양귀비

양귀비과(科)의 파파베르 솜니페룸 엘(Papaver somniferum L.), 파파베르 세티게룸 디시
　　(Papaver setigerum DC.) 또는 파파베르 브락테아툼(Papaver bracteatum)

② 아편

양귀비의 액즙(液汁)이 응결(凝結)된 것과 이를 가공한 것을 말한다. 다만, 의약품으로 가
　　공한 것은 제외한다.

③ 코카 잎

코카 관목의 잎을 말한다. 다만, 엑고닌·코카인 및 엑고닌 알칼로이드 성분이 모두 제거된
　　잎은 제외한다.

양귀비, 아편 또는 코카 잎에서 추출되는 모든 알카로이드 및 그와 동일한 화학적 합성품으
로서 대통령령으로 정하는 것을 말한다. 이 외에 그와 동일하게 남용되거나 해독(害毒) 작용을
일으킬 우려가 있는 화학적 합성품으로서 대통령령으로 정하는 것을 말한다.

지금까지 열거된 것을 함유하는 혼합물질 또는 혼합제제. 다만, 다른 약물이나 물질과 혼합되
어 가목부터 마목까지에 열거된 것으로 다시 제조하거나 제제(製劑)할 수 없고, 그것에 의하여
신체적 또는 정신적 의존성을 일으키지 아니하는 것으로서 총리령으로 정하는 것은 제외한다.

3) 향정신성 의약품의 정의

향정신성의 약품이란 인간의 중추 신경계에 작용하는 것으로서 이를 오용하거나 남용할 경우
인체에 심각한 위해가 있다고 인정되는 다음 각 목의 어느 하나에 해당하는 것으로서 대통령령
으로 정하는 것을 말한다.

① 오용하거나 남용할 우려가 심하고 의료용으로 쓰이지 아니하며 안전성이 결여되어 있는
　　것으로서 이를 오용하거나 남용할 경우 심한 신체적 또는 정신적 의존성을 일으키는 약

물 또는 이를 함유하는 물질을 말한다.

② 오용하거나 남용할 우려가 심하고 매우 제한된 의료용으로만 쓰이는 것으로서 이를 오용하거나 남용할 경우 심한 신체적 또는 정신적 의존성을 일으키는 약물 또는 이를 함유하는 물질을 말한다.

③ ①과 ②에 규정된 것보다 오용하거나 남용할 우려가 상대적으로 적고 의료용으로 쓰이는 것으로서 이를 오용하거나 남용할 경우 그리 심하지 아니한 신체적 의존성을 일으키거나 심한 정신적 의존성을 일으키는 약물 또는 이를 함유하는 물질을 말한다.

④ ③에 규정된 것보다 오용하거나 남용할 우려가 상대적으로 적고 의료용으로 쓰이는 것으로서 이를 오용하거나 남용할 경우 ③에 규정된 것보다 신체적 또는 정신적 의존성을 일으킬 우려가 적은 약물 또는 이를 함유하는 물질을 말한다.

⑤ ①부터 ④까지에 열거된 것을 함유하는 혼합물질 또는 혼합제제. 다만, 다른 약물 또는 물질과 혼합되어 ①부터 ④목까지에 열거된 것으로 다시 제조하거나 제제할 수 없고, 그것에 의하여 신체적 또는 정신적 의존성을 일으키지 아니하는 것으로서 총리령으로 정하는 것은 제외한다.

4) 대마의 정의

대마란 다음 각 목의 어느 하나에 해당하는 것을 말한다. 다만, 대마초를 말한다. 뿌리 및 성숙한 대마초의 줄기와 그 제품은 제외한다.

① 대마초와 그 수지
② 대마초 또는 그 수지를 원료로 하여 제조된 모든 제품
③ 가목 또는 나목에 규정된 것과 동일한 화학적 합성품으로서 대통령령으로 정하는 것

5) 마약관련 처벌

「마약류 관리에 관한 법률」을 보면 면허를 받은 마약 취급자가 아니면 마약을 소지할 수 없다. 규정을 위반하여 마약을 소지한 자는 무기 또는 7년 이상의 징역에 처해지며 영리의 목적 또는 상습으로 소지한 자는 사형 무기 또는 10년 이상의 징역에 처한다.

마약에 중독되어 자제심을 상실하거나 사회질서를 문란하게 한 자는 2년 이하의 징역 또는 300만원 이하의 벌금에 처하도록 되어 있다.

5.

흡연 중독

1) 흡연의 실태

흡연(吸煙)은 담배 등을 태워서 그 연기를 흡입하는 행위를 말한다. 우리나라 성인층의 흡연율이 최근 둔화하는 추세와는 달리 청소년층의 흡연율은 감소가 두드러지게 나타나지 않고 있으며, 여자 청소년의 흡연율은 더욱 증가하고 있다.

청소년들은 자아 주체성과 자아의식이 완전히 확립되지 않아 주변 환경의 영향에 매우 민감하게 반응한다. 그래서 청소년기에는 흡연과 같은 유혹에 빠져들기 쉬운데, 이는 건강상 유해할 뿐만 아니라 다른 약물 사용이나 비행으로의 통로 역할을 함으로써, 청소년의 건전한 발달을 저해하는 요인이 된다.

실제로 청소년들이 흡연 후 친구와의 싸움, 가족과의 마찰, 경제적 문제, 신체 건강 문제 및 각종 사고 등의 부정적인 경험의 비율이 높아진 것으로 나타났으며, 흡연은 비행 친구들과 어울리는 중요한 매개체가 되어 흡연이 비행 청소년의 암묵적 결속역할을 하는 것으로 보고되고 있다.

2) 흡연의 피해

① 암

담배가 연소하면서 발생하는 연기 속에는 최소 69가지의 발암물질과 4,000여 종의 화학물질이 포함되어 있다. 그중에서는 벤젠, 벤조피렌, 페놀 등 1급 발암 물질은 물론, 청산가스, 비소 등 독극물로 분류되는 성분도 포함된다. 이러한 발암물질은 담배를 장기간 지속적으로 피우면 암의 발생 확률이 크다.

하루에 담배를 2갑 이상 피우는 사람은 비흡연자에 비해 폐암에 걸릴 위험이 15~25배 높다. 또 15세 이하에서 흡연을 시작하는 사람은 비흡연자에 비해 폐암사망 위험비가 18.7배 높고, 15~19세에서 흡연을 시작하는 경우는 14.4배가 높다.

② 심혈관계 질환

담배 한 개비만 피워도 니코틴의 작용으로 혈압이 오르고 맥박이 빨라지게 된다. 담배연기 안에 있는 니코틴은 심장박동, 혈압 등을 높이고 혈관을 수축시키는데, 수축된 혈관과 빨라진 심장박동으로 인해 심혈관계에 부담을 주어 심장 질환의 위험이 높아진다. 흡연자는 비흡연자에 비해 심혈관 질환에 걸릴 상대적 위험이 2배 더 많은 것으로 알려져 있다

③ 호흡기 질환

담배를 피우면 기관지에 염증을 일으켜 기침과 가래를 만들며, 기관지 벽이 두꺼워지면서 기관지가 좁아져 호흡 기능을 약화시킨다. 또한 호흡기계의 자정작용인 섬모운동을 약화시켜 감기, 기관지염 등이 쉽게 발생한다. 오랫동안 담배를 계속 피우면 만성 폐쇄성 폐 질환에 걸리게 되는데, 이는 폐에 염증이 생기면서 기능이 저하되고 기도가 좁아지면서 숨쉬기가 어려워지는 병이며 만성 기관지염과 폐기종이 이에 속한다.

④ 구강 질환

흡연은 입 안 온도를 높여 세균이 잘 번식할 수 있는 환경을 조성하여 치아질환을 빠르게 악화시킨다. 지속적인 흡연으로 인한 니코틴의 흡입은 치석을 만들고 음식물 찌꺼기를 더 잘 달라붙게 하여 치주조직을 약화하여 잇몸병을 유발하게 된다. 더욱이 치아의 색깔도 누렇게 변하게 말하며 치아의 색깔 변화는 담배를 끊어도 원상으로 돌아오지 않는다. 그리고 담배 피우면 입에서 고약한 냄새가 나는 구내염이 증가한다.

⑤ 간접흡연

간접흡연은 담배 연기를 간접적 또는 수동적으로 흡입함으로써 담배를 피우는 것과 같은 효과를 나타내는 것을 말한다. 감접흡연은 직접흡연을 했을 때와 마찬가지로 각종 질병 발생과 사망 위험성도 증가한다. 특히 어린이와 태아는 세포와 조직이 성숙되지 않아 어른에 비해 그 피해가 더욱 크다. 부모가 담배를 피어 간접흡연을 한 어린이는 감기·기관지염·폐렴에 감염될 확률이 높다.

유아가 간접흡연을 하게 되면 폐렴과 기관지염에 걸릴 위험이 57% 증가하게, 임산부는 자연 유산이나 사산이 될 위험 1.53배이며, 체중아 출생 위험이 20~50% 증가한다.

3) 금연 방법

① 니코틴 대체 치료

소량의 니코틴을 신체에 지속적으로 투여하여 흡연자가 니코틴 의존증이 없어질 때까지 점차 투여량을 줄이는 방법이다. 대체물로는 니코틴 껌, 니코틴 흡입기, 니코틴 사탕, 니코틴 스프레이 등이 있다.

각각의 대체 치료 방법에는 잠재적으로 부작용이 있는데 예를 들어 메스꺼움, 두통, 불면증 등이 나타날 수 있지만 금연에 성공할 가능성이 높다.

② 심리적 개입

심리적 개입은 흡연자를 심리적으로 자기 효능감을 증가시켜 금연 효과를 높이는 방법이다. 심리적 개입은 금연할 수 있다는 자기 효능감을 증진하기 위하여 치료자가 언어적으로 설득하는 것이다. 치료자는 흡연자에게 많은 사람이 담배를 성공적으로 끊었다고 설득하면서 흡연자도 금연 성공에 필요한 행동을 할 수 있다고 격려한다.

③ 금연 프로그램

금연 캠프를 통해서 금연을 실천하도록 하는 프로그램이다. 캠프 기간 동안 흡연자는 담배와 격리시키면서 관심을 다른 곳에 돌려 금연에 성공하게 하는 프로그램을 진행한다.

6.

알코올 중독

1) 알코올 중독의 정의

알코올 중독은 부정적 정서를 감소시키고 이완을 증진시킬 것이라는 기대감을 갖고 알코올에 의존하여 술을 습관적으로 마시는 것을 말한다.

알코올 중독은 의료적, 경제적, 사화심리적 장애를 초래하는 만성적이고 진행적인 질병이다. 알코올 중독은 진행은 느리게 그리고 점차적으로 심각하게 발전하며, 음주에 따른 행동이나 마시는 술의 양은 예상할 수도 없고 제어할 수도 없게 된다.

2) 알코올 중독의 문제점

① 음주로 인한 손상이 시작되면 간이나 소화기 계통, 혹은 말초 신경에 손상이 나타난다.
② 알코올에 의한 뇌조직의 손상으로 인하여 유발된 정신과적 장애들이 나타나게 된다.
③ 사회적, 정서적, 행동상의 변화를 초래하여 직장관계나 대인관계에 지장을 초래하게 된다.
④ 알코올 중독자는 자신의 행동에 대하여 분노를 느끼고 자기 자신에 대한 연민을 갖게 된다.
⑤ 알코올 중독자는 성격장애의 정도가 심할수록 재 음주로 인한 생리적, 심리적, 사회적 기능장애가 더욱 심각하게 나타난다.
⑥ 신체 상태가 나쁘면 재 음주로 인한 기능장애가 심각해지고, 알코올성 치매에 걸릴 확

률이 높아진다.

⑦ 알코올 중독이 심해질수록 구강암, 인두암, 후두암, 식도암, 위암, 췌장암, 간암, 대장암, 유방암, 악성 피부 색소암 등이 유발할 가능성이 높다.

3) 올바른 음주법

- 술은 약과 함께 마시면 더 취할 수 있기 때문에 같이 먹지 않는다.
- 음주운전은 살인 행위와 마찬가지이므로 절대 음주운전을 해서는 안된다.
- 음주 후에는 맥박이 빨리 뛰므로 스포츠는 심장마비를 가져올 수 있다.
- 약한 술도 자주 많이 마시면 의존이 된다.
- 여자는 남자보다 알코올 분해효소가 적기 때문에 술을 더 조심해야 한다.
- 임산부가 마시면 태아에게까지 피해가 간다.
- 맥주 한 잔과 양주 한 잔의 효과는 같다.
- 마시고 싶지 않을 때는 거절해야 한다.
- 술 마시며 피우는 담배는 독이다.
- 남에게 술을 강요하지 않는다.
- 술은 정해 놓고 아무리 기분이 좋아도 그 이상 마시지 않는다.
- 술을 먹어서 정신의 통제가 안되면 술을 그만 마신다.

4) 「청소년보호법」

청소년에게 유해한 매체물과 약물 등이 유통되는 것과 청소년이 유해한 업소에 출입하는 것 등을 규제함으로써 청소년을 유해한 각종 사회 환경으로부터 보호 구제하고 나아가 이들이 건전한 인격체로 성장할 수 있도록 함을 목적으로 시행하고 있다.

- 청소년에게 술과 담배를 제외한 청소년 유해 약물 등을 판매 대여 배포한 자는 3년 이하의 징역 또는 2,000만원 이하의 벌금에 처한다.
- 술이나 담배를 판매한 자도 2년 이하의 징역 또는 1,000만원 이하의 벌금에 처한다.
- 양벌 규정이 있어 법인 단체의 대표자 법인 단체 또는 개인의 대리인 사용인 기타 종업원이 그 법인 단체 또는 개인의 업무에 관하여 청소년에게 술과 담배를 포함한 청소년 유해 약물 등을 판매대여 배포할 경우에는 행위자를 벌하는 외 그 법인 단체 또는 개인에 대하여도 각 해당 사항의 벌금형을 과한다.

7.

인터넷 중독

1) 인터넷 중독의 개념

인터넷 중독은 인터넷을 너무 과도하게 사용함으로써, 결과적으로 인터넷만을 계속해야 일시적으로나마 편안한 상태(금단), 계속 시간을 늘려가면서 인터넷게임을 하며(내성), 그 결과 정상적으로 공부나 친구 관계 형성에 있어서 장애를 많이 느끼는 상태를 말한다.

학생들에게는 내성 금단 등 정의를 어렵게 생각할 수 있는데, 위와 같은 설명에 보태어 항상 인터넷 생각에만 사로잡혀 공부를 하는 것, 부모님과 대화하는 것, 책을 보는 것 등 모든 것이 귀찮은 상태를 말하는 것으로 설명할 수 있다. 초등 고학년은 하루 2시간 이상씩 매일 한다면 중독위험에 포함된다.

2) 인터넷 중독의 유형

인터넷 중독에는 인터넷 채팅 중독, 인터넷 게임 중독, 인터넷 정보검색 중독, 인터넷 쇼핑 중독, 인터넷 음란물 중독, 인터넷 도박중독 등이 있다.

3) 인터넷 중독의 문제

① 신체질환

인터넷 게임을 중독적으로 사용하면 가장 먼저 본인의 신체에 무리가 와서 통증 등이 나타날 수 있다. 그러나 학생들은 그러한 불편이나 병적인 상황에 대해 정확하게 인식하지 못할 가능성이 있기에 위험하다. 다음과 같은 신체질환이 나타날 수 있다.

- 안구 건조증 및 시각 장애 : 모니터 화면에 시선을 집중해서 오랫동안 쳐다보면 눈물 분비에 문제가 생겨 안구가 건조하게 된다. 안구가 건조해지면 눈을 자주 깜빡거리거나 막 비비게 되어 눈에 또 다른 질환이 생기게 된다. 결국 시각 장애로 귀결될 수 있다.
- 거북목 증후군 : 모니터를 보기 위하여 목을 앞으로 과도하게 오랫동안 숙이게 되면 거북과 같이 목이 구부정하게 되어 결국은 변형되는 수가 있다. 거북목 증후군은 척추의 자세도 흐트러뜨리기 때문에 허리가 구부러지게 되고 나중에는 디스크 증상을 얻게 될 수 있다.
- 손목터널 증후군 : 키보드에 글자를 입력하기 위하여 손가락을 지나치게 많이 사용함으로써, 손목과 팔이 시리거나 저리는 마비 증상이 나타나게 된다.

② 심리적 문제

인터넷 게임을 좀 많이 하는 것과 중독으로 빠져드는 것의 차이가 심리적인 문제가 얼마나 결부되는가에 있다. 다음과 같은 문제와 관련이 있다.
- 우울, 불안, ADHD, 충동, 폭력, 과도한 스트레스
- 자존감의 하락

4) 인터넷 중독 예방 방안

- 꼭 필요할 때만 컴퓨터를 켠다.
- 인터넷 사용 시간을 정하여 잘 지킨다.
- 오락보다는 학업, 일 목적으로 사용한다.
- 공개된 장소에서 사용한다.
- 인터넷은 할 일을 다 한 후에 한다.
- 인터넷 휴일을 정한다.
- 인터넷 대신 할 수 있는 대안 활동을 찾는다.
- 인터넷 사용일지를 작성한다.
- 미래에 어떤 도움이 되는지 생각한다.
- 인터넷에 몰두하는 원인을 찾아본다.
- 관련 기관에 도움을 요청한다.

8.

스마트폰 중독

1) 스마트폰 중독의 개념

　스마트폰 중독은 스마트폰 과다 사용으로 스마트폰 때문에 일상생활 장애가 유발되거나, 스마트폰을 사용하지 않으면 불안한 상태를 말한다.

　스마트폰 중독의 문제점은 스마트폰을 과다하게 사용하기 때문에 가정, 학교, 직장 등에서 문제를 일으키거나, 직접 현실에서 만나서 관계를 맺기보다는 스마트폰을 활용해서 관계를 맺는 것을 편하게 느끼면서, 스마트폰이 없으면 불안하고 초조함을 느끼는 현상을 경험하거나, 스마트폰을 점점 더 많은 시간 동안 사용하게 되어 나중에는 많이 사용해도 만족감이 없는 상태가 된다.

2) 스마트폰 중독의 종류

- 모바일 게임중독
- 모바일 메신저 중독
- 모바일 성인 콘텐츠 중독
- 모바일 검색중독
- 앱 중독

3) 스마트폰 중독의 위험성

① 안구 건조증 및 시각 장애

작은 화면에 시선을 집중해서 계속해서 쳐다보면 눈물 분비에 문제가 생겨 안구가 건조하게 된다. 안구가 건조해지면 눈을 자주 깜빡거리거나 막 비비게 되어 눈에 또 다른 질환이 생기게 된다. 결국 시각 장애로 귀결될 수 있다.

② 거북목 증후군

작은 스마트폰 화면에 목을 앞으로 과도하게 오랫동안 숙이게 되면 거북과 같이 목이 구부정하게 되어 결국은 변형되는 수가 있다. 거북목 증후군은 척추의 자세도 흐트러뜨리기 때문에 허리가 구부러지게 되고 나중에는 디스크 증상을 얻게 될 수 있다.

③ 손목터널 증후군

자판에 글자를 입력하기 위하여 손가락을 지나치게 많이 사용함으로써, 손목과 팔이 시리거나 저리는 마비 증상이 나타나게 된다.

④ 심리적 불안

스마트폰을 가지고 있지 않을 때 정성적이지 못할 정도로 초초하고 불안한 상태를 경험한다. 그 결과 공부에 몰두할 수도 없고, 친구들과의 대화에도 집중하지 못하게 된다.

⑤ 우울해지고 산만해짐

스마트폰을 너무 많이 사용하게 되면 심리적으로 우울감이 생기고, 일상생활에 있어서도 스마트폰의 문자, 메지지 등에 신경이 가기 때문에 공부나 다른 일에 집중을 못하고 산만해진다.

⑥ 부모와 마찰

공부, 식사, 수면, 가족 간 대화를 할 때도 계속 스마트폰만을 들고 있게 되기에 스마트폰 사용 습관을 두고 부모님과 계속 마찰을 하게 된다.

⑦ 경제적인 문제

스마트폰을 오랫동안 사용함으로써 과도한 통신비 지출이 많아지게 된다.

4) 스마트폰 중독예방

- 필요할 때만 스마트폰을 사용한다.
- 스마트폰을 그만 사용하려는 마음을 갖는다.
- 공공장소에서는 스마트폰을 진동모드로 설정한다.
- 스마트폰에서 게임을 지운다.
- 스마트폰 사용 시간을 줄이고 관심을 다른 곳으로 돌린다.
- 정해진 시간을 정해 놓고 스마트폰을 사용한다.
- 부모님께 고가의 스마트폰 구입이나 잦은 교체를 요구하지 않는다.
- 절제 있고 계획적인 스마트폰 사용으로 요금을 절약한다.
- 스마트폰 사용 일지를 작성하며, 사용량을 확인한다.
- 어플은 꼭 필요한 것만 다운로드한다.
- 스마트폰을 사용하는 시간과 장소를 분명히 한다.
- 스마트폰을 내려놓고 잠시 쉬는 가치를 존중한다.

5) 스마트폰 사용 예절

- 수업 시간이나 늦은 시간에 문자메시지를 보내거나 통화하지 않는다.
- 톡의 규칙과 예절을 지키고, 올바른 언어를 사용한다.
- 시간을 정해두고 너무 오래 계속되지 않도록 한다.
- 이름, 전화번호, 집 주소 등을 함부로 밝히지 않는다.
- 상대방에 대한 지나친 기대감을 갖지 않는다.
- 음란 대화는 삼간다.

제8장

재난 안전

1.

재난의 의미

1) 재난의 정의

　「재난 및 안전관리 기본법」 제3조 제1호에서는 국민의 생명 신체 혹은 재산 그리고 국가에 피해를 입힐 수 있는 것으로 재난을 규정하고 있다. 이에 대한 구분으로 자연 재난 사회적 재난으로 구분하고 있다.

　자연 재난은 태풍, 홍수, 호우, 강풍, 풍랑, 해일, 대설, 낙뢰, 가뭄, 지진, 황사, 조류 대발생, 조수, 화산활동 그밖에 이에 준하는 자연현상으로 인하여 발생하는 재해를 말한다.

　사회 재난은 화재, 붕괴, 폭발, 교통사고, 항공사고, 해상사고, 화생방사고, 환경오염사고 등으로 인하여 발생하는 대통령령으로 정하는 규모 이상의 피해와 에너지, 통신, 교통, 금융, 의료, 수도 등 국가기반체계의 마비와 전염병의 확산 등으로 발생하는 피해를 말한다.

　현대사회 이전에는 태풍, 홍수, 지진과 같은 천재지변을 재난으로 인식하였으나 최근 물질 물명의 발달과 함께 인위적 요인에 의한 대형사고, 테러 및 전쟁으로 인한 재해까지도 재난에 포함시키고 있으며, 국가적으로 관리하고 있다.

2) 재난 안전교육

　재난이 발생할 수 있는 상황을 예측해 보고, 재난 상황에서 수행해야 할 제반 사항을 사전에 계획, 준비하여 재난 대응 능력을 제고시켜 나가는 것이다.

3) 재난관리의 단계별 활동 내용

재난관리의 단계별 활동 내용을 보면 다음과 같다.

〈표 2-10〉 재난관리의 단계별 활동 내용

단계	내용
예방 및 완화단계	위험물 분석 및 위험지도 작성, 건축법 정비 제정, 재해보험, 토지이용 관리, 안전관리법 제정, 조세 유도
준비단계	재난 대응계획, 비상경보체계 구축, 통합 대응체계 구축, 비상 통신망 구축, 대응자원 준비, 교육 훈련 및 연습
대응단계	재난 대응계획의 적용, 재해의 진압, 구조·구난, 응급체계의 운영, 대책본부의 가동, 환자 수용, 간호, 보호 및 후송
복구단계	잔해물 제거, 전염 예방, 이재민 지원, 임시 거주지 마련, 시설복구

2.

태풍 안전

1) 태풍의 정의

태풍은 발생 지역에 따라 다른 이름으로 불린다. 태평양 남서부에서 발생하여 우리나라 쪽으로 불어오는 것을 태풍, 대서양 서부에서 발생하는 것을 허리케인, 인도양에서 발생하는 것을 사이클론, 오스트레일리아 북동부에서 발생하는 윌리윌리가 있다. 또 미국 중남부에서 많이 발생하는 소용돌이 바람인 토네이도는 태풍이라고 할 수는 없지만, 태풍에 버금가는 피해를 발생시킨다.

일반적으로 태풍은 북태평양의 남서해상에서 발생하는 중심 최대풍속 17m/s 이상의 폭풍우를 동반한 열대성 저기압을 말하며, 우리나라 내습하여 직접적인 영향을 주는 시기는 7~10월이다.

2) 태풍주의보

태풍주의보는 태풍으로 인하여 강풍, 풍랑, 호우, 폭풍해일 현상 등이 주의보 기준에 도달할 것으로 예상될 때 내리는 경보를 말한다. 태풍주의보는 태풍으로 인하여 다음 중 어느 하나에 해당하는 경우에 내린다.

- 강풍 (또는 풍랑) 경보 기준에 도달할 것으로 예상될 때
- 총 강우량이 200㎜ 이상 예상 될 때
- 폭풍해일 경보 기준에 도달할 것으로 예상될 때

3) 태풍 안전

① 태풍이 오기 전에
- 미리 태풍의 진로와 도달시간을 알아 둔다.
- 하천 근처에 주차된 자동차는 안전한 곳으로 옮긴다.
- 바람에 날아갈 위험이 있는 지붕, 간판, 창문, 출입문 등은 단단히 고정한다.
- 유리창은 깨지지 않도록 X자로 테이프를 붙인다.
- 정전을 대비해 손전등을 준비한다.
- 침수가 예상되는 건물의 지하공간에는 주차하지 않는다.
- 만일의 사태를 대비하여 대피 방법을 준비한다.

② 태풍이 올 때
- 지하나 붕괴 우려가 있는 노후주택의 주민은 안전한 곳으로 대피한다.
- 집안의 창문이나 출입문을 잠근다.
- 저지대나 상습 침수지역의 주민은 대피를 준비한다.
- 공사장 근처는 위험하니 가까이 가지 않는다.
- 노약자나 어린이는 집 밖으로 나가지 않도록 한다.
- 감전의 위험이 있으니 전기선을 안전하게 고정한다.
- 대피할 때는 수도, 가스, 전기를 반드시 차단해야 한다.
- 낡은 창문은 창틀에 단단하게 고정시켜 틈이 생기지 않도록 한다.
- 건물의 간판이나 위험시설물 주변으로 가까이 가지 않도록 한다.
- 태풍이 왔을 때 물이 많은 곳은 위험하니 가까이 가지 말아야 한다.
- 산간 계곡의 야영객은 안전한 곳으로 대피한다.

- 해안도로 운전은 피해야 한다.
- 바닷가 근처나 저지대 주민은 대피 준비를 해야 한다.

③ 태풍이 지나간 후
- 파손된 상하수도나 도로가 있다면 지자체나 주민센터에 연락하여 도움을 받는다.
- 침수된 집안은 가스가 차 있을 수 있으니 환기시킨 후 들어간다.
- 누전차단기가 내려가 있는지 확인하고, 이상이 있으면 안전 점검 후 사용한다.
- 피해를 입은 사유 시설 등을 보수하거나 복구할 때는 반드시 사진을 찍어 둔다.
- 제방이 무너질 수 있으니 제방 근처에 가지 않는다.
- 감전의 위험이 있으니 바닥에 떨어진 전선 근처에 가지 않는다.

3.

호우 안전

1) 호우의 정의

호우는 많은 비가 오는 것을 말하며, 짧은 시간에 많은 양의 비가 내리는 국지성 집중호우와 여러 지역에 동시다발적으로 내리는 게릴라성 집중호우로 구분한다. 12시간 강수량이 80mm 이상 예상될 때 호우에 따른 기상특보를 내리고, 12시간 강수량이 150mm 이상 예상될 때는 호우경보를 내린다.

2) 호우 안전

① 호우가 예상될 때
- 물에 떠내려갈 위험이 있는 물건은 안전한 장소로 사전에 옮긴다.
- 산간 계곡의 야영객은 미리 대피한다.
- 침수가 예상되는 건물의 지하공간에는 주차하지 않는다.
- 지하에 살고 있는 주민은 대피해야 한다.
- 미리 기상예보 및 호우 상황을 잘 알아둔다.

② 호우 특보 시 행동요령
- 주택의 하수구와 집 주변의 배수구를 점검한다.

- 침수나 산사태 위험지역 주민은 대피장소를 미리 알아둔다.
- 저지대나 상습 침수지역의 주민은 대피를 준비한다.
- 침수 시 피난 가능한 장소를 지자체나 주민센터에 연락해 알아둔다.
- 대형공사장, 비탈면 등의 안전 상태를 미리 확인한다.
- 노약자나 어린이는 집 밖으로 나가지 않는다.
- 물에 잠긴 도로로 지나가지 않는다.
- 응급 약품, 손전등, 식수, 비상식량 등은 미리 준비해 둔다.
- 침수가 예상되는 건물의 지하공간에는 주차하지 않는다.
- 물에 떠내려갈 위험이 있는 물건은 안전한 장소로 옮긴다.
- 집 안팎의 전기 수리는 하지 않는다.
- 공사장 근처에는 가까이 가지 않는다.
- 집 주변에서 산사태 위험이 있는지 살피고 대피 준비를 한다.
- 물이 많은 곳 나가는 것은 위험하다.
- 산사태가 일어날 수 있는 비탈면에 가까이 가지 않는다.
- 해안가의 위험한 비탈면에 가까이 가지 않는다.
- 가로등과 고압전선 근처에 가까이 가지 않는다.
- 해안도로로 운전하지 않는다.
- 교량은 안전한지 확인한 후에 이용한다.
- 바닷가의 저지대 주민은 안전한 곳으로 대피한다.
- 해수욕장은 이용하지 않는다.

③ 산사태 대처요령
- 건물 안에 있을 때는 책상이나 테이블 밑으로 피신한다.
- 산사태 방향과 멀어지는 쪽으로 뛰어 대피한다.
- 바위나 다른 잔해물이 접근해 오면 가까운 나무나 건물이 밀집한 곳으로 대피한다.
- 탈출이 불가능하면 몸을 움츠려 머리를 보호한다.
- 산사태가 발생한 후에는 부상자나 갇힌 사람이 있는지 점검한다.

④ 호우가 지나간 후에

- 파손된 상하수도나 도로가 있을 때 지자체나 주민센터에 연락한다.
- 침수된 음식이나 재료는 식중독의 위험이 있으니 요리 재료로 사용하지 않는다.
- 수돗물이나 저장 식수도 오염 여부를 반드시 확인한 후에 사용한다.
- 집에 돌아올 때는, 붕괴 가능성을 반드시 점검한다.
- 가스나 전기에 대해 안전 점검 후 사용한다.

4.

폭설 안전

1) 폭설의 정의

폭설(대설)이란 많은 눈이 시간적, 공간적으로 집중되어 내리는 현상을 말한다. 일반적으로 찬 대륙성 고기압의 세력이 남부지방으로 확장할 때 서해상에 있는 저기압으로부터 남서기류에 의해 따뜻하고 다습한 공기가 계속 다량으로 유입되어 주로 발생한다. 시기상으로는 주로 12~2월 사이에 발생한다.

기상청의 대설 특보기준을 보면 주의보는 24시간 신적설(새로 쌓인 눈)이 5cm 이상 예상될 때 발령된다. 대설경보는 24시간 신적설이 20cm 이상 예상될 때다. 다만, 산지는 24시간 신적설이 30cm 이상 예상될 때 발령된다.

2) 폭설 안전

- 라디오, TV, 스마트폰 등으로 교통상황을 수시로 파악한다.
- 스노우 체인, 모래주머니, 삽 등 눈 피해 예방용 안전 장비를 휴대한다.
- 자가용 대신 도시철도, 버스 등 대중교통을 이용한다.
- 붕괴가 우려되는 비닐하우스 등 농작물 재배시설은 미리 점검하고 받침대를 보강하여 피해를 예방한다.
- 가급적 외출을 자제한다.

- 미끄러운 눈길을 걸을 때는 주머니에 손을 넣지 말고 장갑을 낀다.
- 걸어 다닐 때 스마트폰 통화는 피한다.
- 집 주변 빙판길에는 모래나 염화칼슘을 뿌려 미끄럼 사고를 방지한다.
- 눈이 오면 고속도로 진입을 자제하고, 국도 등을 이용한다.
- 눈이 오면 스노우 체인을 설치하고 운행한다.
- 커브길, 고갯길, 고가도로, 교량, 결빙구간 등에서는 천천히 운전한다.
- 라디오, TV, 스마트폰 등으로 교통상황을 수시로 파악해 운행한다.
- 간선도로변의 주차는 제설작업에 지장을 주니 하지 않는다.
- 차간 안전거리를 넉넉히 두고 엔진브레이크를 사용한다.
- 눈길에서는 제동거리가 길어지기 때문에 교차로나 건널목(횡단보도) 앞에서는 감속 운전한다.
- 눈이 많이 오면 될 수 있는 대로 외출을 자제한다.
- 외출 시에는 미끄러지지 않도록 바닥 면이 넓은 운동화나 등산화를 착용한다.
- 미끄러운 눈길을 걸을 때는 주머니에 손을 넣지 말고 보온 장갑을 착용한다.
- 걸어가는 중에는 스마트폰을 사용하지 않는다.
- 계단을 오르내릴 때는 난간을 잡고 다닌다.
- 야간 눈길 보행은 매우 위험하므로 일찍 귀가한다.
- 내 집앞 눈은 내가 치운다.
- 빙판길에는 염화칼슘이나 모래 등을 뿌려서 미끄럼 사고를 예방한다.
- 낡은 가옥은 안전 점검을 하여 붕괴 사고를 예방한다.

3) 폭설이 와서 차량이 고립된 경우

- 고립 시에는 될 수 있으면 차량 안에서 대기하면서 라디오 및 스마트폰, 재난 문자방송, 스마트폰 등을 통하여 교통상황과 행동요령을 파악하고 대처한다.
- 인근에 가옥이나 휴게소 등이 있으면 도움을 요청한다.
- 담요나 두꺼운 옷 등을 걸쳐 체온을 유지한다.

- 차량 히터를 작동할 때는 환기를 위하여 창문을 자주 열거나 조금 열어둔다.
- 수시로 차량 주변의 눈을 치워 배기관(머플러)이 막히지 않도록 한다.
- 제설작업 차량이나 구급차의 진입을 위하여 갓길에 주정차하지 않도록 한다.

5.

황사 안전

1) 황사의 정의

황사란 바람에 의하여 하늘 높이 불어 올라간 미세한 모래 먼지가 대기 중에 퍼져서 하늘을 덮었다가 서서히 떨어지는 현상 또는 떨어지는 모래흙을 말한다. 황사의 원인은 주로 북부나 몽골의 건조, 황토지대에서 바람에 날려 올라간 미세한 먼지 모래가 대기 중에 퍼져서 하늘을 덮었다가 서서히 내려온다.

황사주의보는 1시간 평균 미세 먼지 농도가 500㎍/m2 이상이 2시간 이상 지속될 때 내린다. 황사경보는 1시간 평균 미세 먼지 농도가 1,000㎍/m2 이상이 2시간 이상 지속될 때 내린다.

2) 황사 안전

- 기상정보를 확인하고 대비한다.
- 황사가 오기 전에 미리 창문을 열어 환기를 한다.
- 실내 청소를 미리 한다.
- 가급적 외출을 자제한다.
- 특히 호흡기가 약한 노인, 어린이는 실외 활동을 자제한다.
- 외출 시 마스크, 긴소매 옷을 준비한다.
- 외출 후 손발을 깨끗이 씻는다.
- 황사가 실내로 들어오지 못하도록 창문 등을 닫는다.
- 음식은 포장 용기에 담아 공기 중에 두지 않는다.

6.

한파 안전

1) 한파의 정의

차가운 기단이 저위도지방으로 몰아닥쳐 급격한 기온의 하강을 일으키는 현상을 말한다. 한파주의보는 10월~4월 사이에 다음과 같은 상황이 오는 것을 대비하여 내린다. 첫째는 아침 최저기온이 전날보다 10℃ 이상 하강하여 3℃ 이하이고 평년값보다 3℃가 낮을 것으로 예상될 때. 둘째, 아침 최저기온이 -12℃ 이하가 2일 이상 지속될 것으로 예상될 때. 셋째, 급격한 저온현상으로 중대한 피해가 예상될 때 내린다.

한파 경보는 첫째, 아침 최저기온이 전날보다 15℃ 이상 하강하여 3℃ 이하이고 평년값보다 3℃가 낮을 것으로 예상될 때. 둘째, 아침 최저기온이 -15℃ 이하가 2일 이상 지속될 것으로 예상될 때. 셋째, 급격한 저온현상으로 광범위한 지역에서 중대한 피해가 예상될 때 내린다.

2) 한파 안전

- 갑자기 기온이 떨어지면 심장과 혈관 계통, 호흡기 계통, 신경 계통, 피부병 등은 급격히 악화될 우려가 있으므로 대비한다.
- 유아, 노인 또는 환자가 있는 가정에서는 난방에 신경 써야 한다.
- 혈압이 높거나 심장이 약한 사람은 노출 부위를 따뜻하게 한다.
- 외부로 나갈 때는 머리 부분이 따뜻하도록 모자나 귀마개, 목도리 등을 착용해야 한다.

- 외출 후 손발을 씻고 과도한 음주나 무리한 일로 피로가 누적되지 않도록 한다.
- 당뇨환자, 만성 폐질환자 등은 반드시 독감 예방접종을 하여야 한다.
- 외출할 때는 동상을 조심해야 한다.
- 동상에 걸렸을 때는 따뜻하게 보온을 유지한 상태로 즉시 병원으로 가야 한다.
- 수도계량기 보호함 내부는 헌 옷으로 채우고, 외부는 테이프로 빈틈없이 막아 찬 공기가 스며들지 않도록 한다.
- 복도식 아파트는 수도 계량기 동파가 많이 발생하므로 수도계량기 보온에 유의하여야 한다.
- 장기간 집을 비우게 될 때는 수도꼭지를 조금 열어 물이 흐르도록 하여 동파사고를 막아야 한다.
- 마당과 화장실 등의 노출된 수도관은 보온재로 감싸서 보온해야 한다.
- 수도관이 얼었을 때는 갑자기 뜨거운 열을 가하지 말고, 헤어드라이기 등 온열기를 이용하여 녹이거나, 미지근한 물로 녹여야 한다.
- 보일러 밑의 노출된 배관은 헌 옷 등으로 감싸서 보온해야 한다.
- 장기간 외출 시에는 보일러를 약하게 틀어 동파 사고를 막아야 한다.

7.

폭염 안전

1) 폭염의 의미

폭염은 매우 심한 더위를 말하며, 통상 30℃ 이상의 불볕더위가 계속되는 현상을 말한다. 폭서, 불볕더위라고도 한다. 폭염의 원인은 지구온난화라고 보는 쪽과 대기 흐름으로 인한 자연스러운 일반적인 현상이라고 보는 쪽 두 가지가 있다.

폭염주의보는 6월~9월에 일 최고기온이 33℃ 이상인 상태가 2일 이상 지속될 것으로 예상될 때 내린다. 폭염경보는 6월~9월에 일 최고기온이 35℃ 이상인 상태가 2일 이상 지속될 것으로 예상될 때 내린다.

2) 폭염 안전

- 정전에 대비해 손전등, 비상 식음료, 부채, 휴대용 라디오 등을 미리 확인한다.
- 집에서 가까운 병원의 연락처를 확인하고 본인과 가족의 열사병 등 증상을 체크한다.
- 냉방기기 사용 시는 실내외 온도 차를 5℃ 내외로 유지하여 냉방병을 예방한다.
- 창문에 커튼이나 천 등을 이용, 집 안으로 들어오는 직사광선을 최대한 차단한다.
- 야외 활동을 자제한다.
- 물을 많이 마시되 나무 달거나 카페인이 들어간 음료, 주류 등은 마시지 마세요.
- 냉방이 되지 않은 실내는 햇볕이 실내에 들어오지 않도록 하고 맞바람이 불도록 환기한다.

- 거동이 불편한 고령, 독거노인, 신체 허약자, 환자 등은 외출을 삼간다.
- 너무 더워 현기증, 메스꺼움, 두통, 근육경련 등 열사병 초기증세가 보일 경우는 시원한 장소로 이동하여 휴식을 취한다.
- 외출할 때는 넉넉하고 가벼운 옷을 입어 자외선을 방지하고 노출 부위는 썬크림 등 자외선 차단제를 바른다.
- 휴식 시간은 장시간보다는 짧게 자주 갖는다.
- 실내 작업장에서는 자연환기가 될 수 있도록 창문이나 출입문을 열어두고 밀폐지역은 피하세요.
- 식중독, 장티푸스, 뇌염 등의 질병 예방을 위해 청결 관리 및 소독을 한다.
- 폭염 상태에서 일할 때는 매 15~20분 간격으로 1컵 정도의 시원한 물을 섭취한다.
- 알코올, 카페인이 있는 음료는 마시지 않는다.
- 발한작용을 저해하는 밀착된 의복의 착용은 피한다.

8.

지진 안전

1) 지진의 정의

지진이란 지각의 변동에 의하여 땅속의 거대한 암반이 갑자기 갈라지면서 그 충격으로 땅이 흔들리는 현상을 말한다. 우리나라는 예전에 비해 연간 발생 지진 횟수가 점점 증가하고 있으며, 최근에는 강도가 높아지고 있어 우리나라는 더 이상 지진 안전지대가 아니다. 공공시설물의 내진설계 기준은 1988년 도입되었다.

2) 지진의 규모

지진은 규모에 따라 다음과 같이 나눈다.

〈표 2-11〉 지진의 규모

규모	진도	구조물, 자연계 등에 대한 영향	인체 영향
1.0 ~ 2.9	I	특별히 좋은 상태에서 극소수의 사람만이 느낌	극소수의 민감한 사람만이 느낌
3.0 ~ 3.9	II	건물 위에 있는 소수의 사람만이 느낌	민감한 사람만이 느낌
	III	정지하고 있는 차가 약간 흔들리며 트럭이 지나가는 듯한 진동	실내에서 특히 건물 위에 있는 사람들이 뚜렷하게 느낌

	IV	그릇, 창문 등이 흔들리며 벽이 갈라지는 듯한 소리를 냄	여러 사람이 느낌
4.0 ~ 4.9	V	그릇과 창문이 깨지기도 하며, 고정 안 된 물체는 넘어지기도 함	거의 모든 사람이 느낌
5.0 ~ 5.9	VI	무거운 가구가 움직이기도 하며, 건물 벽에 균열이 생기기도 함	모든 사람이 느낌
	VII	설계와 건축이 잘 된 건축물에서는 피해를 무시할 수 있으나 보통 건축물은 약간의 피해 발생	모든 사람이 놀라 뛰쳐나옴
6.0 ~ 6.9	VIII	특수 설계된 건축물에 약간의 피해 발생 상품, 굴뚝, 기둥 기념비, 벽돌이 무너짐	서 있기 곤란하고 심한 공포를 느낌
	IX	특수 설계된 건축물에도 상당한 피해 발생, 지하송수관 파손	도움 없이는 걸을 수 없음
7.0 이상	X	대부분의 건축물이 기초와 함께 부서짐	거의 모든 사람이 이성 상실
	XI	남아있는 건축물이 거의 없으며 지표면에 광범위한 균열 생김	모든 사람이 이성 상실
	XII	전면적 파괴 상황. 지표면에 파동이 보임	대공항

3) 지진 안전

- 지진이 나면 방석이나 손으로 머리를 감싸고 탁자 밑으로 피신한다.
- 가스 밸브와 전원, 수도 밸브를 신속히 잠가 화재 등 다른 피해가 발생하지 않도록 해야 한다.
- 간판이나 유리창 등이 떨어질 염려가 있으므로 빌딩이나 나무, 유리창, 전신주, 가로등이 없는 곳으로 피하도록 한다.
- 화재가 발생했을 때는 침착하고 빠르게 불을 꺼야 한다.
- 지진이나 화재가 발생할 때는 엘리베이터를 사용하지 말아야 하고 타고 있을 때는 모든 버튼을 눌러 신속하게 내린 후 대피하고, 갇혔을 때는 인터폰으로 구조요청을 한다.
- 큰 진동이 멈춘 후 공터나 공원 등 넓은 공간으로 대피한다.

- 블록 담, 자동판매기 등 고정되지 않은 물건 등은 넘어질 우려가 있으므로 가까이 가서는 안 된다.
- 여진은 지진보다 진동은 작지만, 지진에 의하여 취약해진 건물에 치명적인 손상을 줄 수 있으므로 여진에 대비하여야 한다.
- 주변에 부상자가 있으면 즉시 구조를 요청한다. 만약 부상자를 옮겨야 한다면 먼저 기도를 확보하고 머리와 부상 부위를 고정한 후 안전한 곳으로 옮긴다.
- 만약 정전이 되었다면 손전등을 사용하고 불(양초, 성냥, 라이터)은 누출된 가스가 폭발할 위험이 있으므로 안전을 확인하고 사용한다.
- 유리 파편에 대비하여 견고한 신발을 신는다.
- 주택 안전이 의심된다면 집 안으로 들어가기 전 전문가 확인을 받도록 한다.
- 가스 새는 소리가 나거나 냄새가 나면 창문을 열어놓고 대피한다.
- 가스가 누출되면 가스 밸브를 잠근 후, 관계기관에 신속히 신고하고 전문가의 조치를 받은 다음 재사용한다.
- 전기에 이상이 있다면 전기차단기를 내린다.
- 수도관에 피해를 보았다면 집으로 들어오는 밸브를 잠근다.
- 하수관로의 피해 여부를 확인하기 전까지 수세식 화장실을 사용하지 않는다.

4) 붕괴, 매몰된 경우

- 불필요한 활동이나 고함으로 체력을 소모하지 않는다.
- 입과 코를 옷이나 천으로 가려서 먼지 흡입을 최소화한다.
- 규칙적으로 벽·파이프 등을 두드린다.
- 스마트폰의 전파는 매몰자 탐색에 도움이 될 수 있기 때문에 전원은 규칙적으로 일정 시간만 켜서 배터리를 절약한다.
- 구조될 수 있다는 희망을 가지고 물과 음식을 찾아 먹으면서 체온 유지에 힘쓴다.
- 2차 붕괴나 낙하물에 대비하여 단단한 테이블 밑이나 창문이 없는 단단한 벽체 옆에서 기다린다.

9.

정전 안전

1) 정전의 의미

정전은 오던 전기가 끊어지는 것을 말한다.

2) 정전 안전

- 불시 정전에 대비 가정 내 손전등, 비상식 음료 등을 사전에 준비해 둔다.
- 전기기기(전열기, 난방기, 에어컨 등)의 과부하 사용은 정전과 화재의 원인이 될 수 있으니 동시 사용을 자제한다.
- 컴퓨터 등 정밀기기를 사용하는 곳에서는 무정전 전원공급장치(UPS)를 설치하면 피해를 예방할 수 있다.
- 경보기 등 정전을 감지할 수 있는 시설을 갖추는 것이 좋다.
- 전기가 재공급 되면 가전제품 하나하나마다 플러그를 순서대로 꽂는다.
- 냉동식품을 점검한다. 식품이 얼어있는 상태라면 재 냉동이 가능하지만 고기 등의 빛깔이 변했거나 냄새가 난다고 판단되면 바로 버린다.
- 전기가 들어와도 이상이 있으면 전기공사업체에 의뢰 수리한다.
- 옥내 전기설비에 특별한 이상이 없는데도 전기가 들어오지 않을 때는 한전에 연락한다.
- 아파트에 정전이 되면 관리사무소에 연락한다.

10.

테러 안전

1) 테러의 정의

테러는 특정 목적을 가진 개인 또는 단체가 살인, 납치, 유괴, 저격, 약탈 등 다양한 방법의 폭력을 행사하여 사회적 공포상태를 일으키는 행위를 말한다. 테러의 유형으로는 사상적, 정치적 목적 달성을 위한 테러와 뚜렷한 목적 없이 불특정 다수와 무고한 시민까지 공격하는 맹목적인 테러로 구분할 수 있다.

2) 테러 안전

- 폭탄으로 추정되는 물건은 절대 손대지 말고 멀리 떨어진 후 119에 신고한다.
- 폭발음이 바로 옆에서 들리면 즉시 바닥에 엎드린 후 몇 분 정도 시간이 지나면 되도록 멀리 또는 개활지 쪽으로 피한다.
- 총기를 난사한 때 일단 엎드린 후 동정을 살핀다.
- 테러가 발생하면 낮은 자세(포복 자세)를 유지하고 상황이 허락하는 대로 즉시 119에 신고한다.
- 화학물질에 노출된 경우, 즉시 119에 신고하도록 한다.
- 화학물질에 의한 테러가 발생하면 손수건 등으로 입과 코를 가리고, 옷으로 피부를 감싸 노출을 방지한다.
- 화학물질에 의한 테러가 실외에서는 바람을 안고 이동하되 높은 곳으로 대피하도록 한다.
- 화학물질에 의해서 실내가 오염되면 신속히 밖으로 대피한다.

제9장

식품 안전

1.

식중독의 정의와 종류

1) 식중독의 정의

자연유독물, 유해화학물질 및 미생물 등이 음식물에 첨가되거나 오염되어 경구적으로 섭취하였을 때 발생하는 건강장해를 말한다.

2) 식중독의 종류

식중독의 종류는 다음과 같다.

〈표 2-12〉 식중독의 종류

구분		종류
세균성 식중독	감염형	살모넬라균, 장염비브리오균, 병원성 대장균, 웰치균
	독소형	포도상구균 (독소 : 엔테로톡신) 보툴리누스균 (독소 : 뉴로톡신)
	부패산물형	부패산물에 의한 것(알레르기성 식중독)
화학적 식중독 (유독, 유해화학물질)		메탄올, 유기염소화합물, 유기불소화합물, 유해금속류(수은, 비소, 납 등)
자연독 식중독	식물성	독버섯, 감자, 유독 식물 등
	동물성	복어, 조개류 등
	곰팡이 (mycotoxin 중독)	아폴라톡신(두류, 땅콩, 맥각중독(보리, 밀, 호밀), 황변미 중독(페니실리움속)

3) 식중독 예방 요령

- 손을 씻고 요리하거나 식사한다.
- 육류, 가금류, 해산물 등은 가열하여 먹는다.
- 모든 요리는 끓여 먹는다.
- 손, 도마, 행주 등 조리도구는 청결을 유지한다.
- 오염 조리기구는 10분간 세척하고 소독하여 2차 오염을 방지한다.
- 칼과 도마는 생선용과 야채용으로 구분하여 사용한다.
- 미생물 예방을 위하여 5℃ 이하 60℃ 이상으로 보관한다.
- 유통기간 경과 식품은 폐기

4) 식중독 발생 시 대처요령

- 환자 발견 시 관할보건소에 전화하거나 홈페이지를 통해 신고한다.
- 병, 의원을 방문할 때는 의사의 지시에 따른다.
- 영, 유아, 노약자는 기도 유지 및 옆으로 눕힌 상태로 보살핀다.
- 충분한 물을 섭취한다,
- 함부로 지사제 등을 복용하지 않는다.

5) 바른 손 씻기 요령

- 손바닥으로 거품을 낸다.
- 손바닥, 손등을 문지른다.
- 깍지 끼고 비빈다.
- 엄지손가락부터 돌린다.
- 손톱으로 문지른다.
- 흐르는 물에 헹군다.

2.

식중독 증상

1) 세균성 식중독 증상

세균성 식중독의 증상은 심한 위장 증상, 급격한 발열(38~40℃), 구토, 설사, 두통, 오한 등을 일으킨다.

① 감염형 식중독

감염형 식중독은 다음과 같다.

〈표 2-13〉 감염형 식중독

구분	특징	오염원	예방
살모넬라 식중독	그람음성 간균, 호기성 또는 통성혐기성균	쥐, 파리, 바퀴벌레, 가축, 가금(닭, 오리)	열에 약하므로 60℃에서 30분간 먹기 직전에 가열 처리한다.
장염비브리오 식중독	호염성 세균(해수세균)으로, 통성혐기성	어패류에 오염	60℃에서 5분간 가열처리하고 조리기구와 행주 등 소독, 저온 보존
병원성대장균 식중독	그람음성 간균, 음지에서 발육	동물의 배설물, 우유가 주원인	용변 후 손 세척, 분뇨의 위생적 처리 등
웰치균 식중독	그람양성 간균, 편성혐기성균	식육류 및 그 가공품, 어패류 및 그 가공품, 튀김두부	분변의 오염을 막고 저장에 유의(10℃ 이하, 60℃ 이상 보존).

② 독소형 식중독

- 포도상구균 식중독 : 우유, 크림, 버터, 치즈 등 단백질이 풍부한 식품이 많다.
  - 원인균 : 그람양성 구균으로 혐기성이고, 화농성질환의 대표적인 원인균으로 황색포도상구균이다.
  - 증상 : 급성위장염으로 급격히 발병하며 타액 분비, 메스꺼움, 구토, 복통, 설사 등
  - 예방대책 : 화농성 질환자의 식품 조리, 취급 금지, 식품의 저온저장 등

- 보툴리누스 식중독 : 살균이 불충분한 통조림, 햄, 소시지 등에서 발생
  - 원인균 : 편성혐기성 세균으로 식중독의 원인이 되는 신경독소인 뉴로톡신(neurotoxin)을 생성한다. 독소는 열에 약하나(80℃에서 30분 가열하면 파괴됨.)
  - 증상 : 신경 마비 증상으로 시력장애(동공확대), 복통, 두통, 실성, 복부팽만, 언어장애, 호흡곤란, 마비 증상이 일어나 사망할 수 있다(치사율 30~70%로 가장 높다).
  - 예방대책 : 음식물의 가열처리, 통조림 및 소시지 등의 위생적 저온저장과 가공

2) 부패산물형 식중독 증상

- 알래르기(Allergy)성 식중독(히스타민 중독) : 붉은 살 생선(꽁치, 정어리, 전갱이, 고등어 등)에서 발생
  - 원인균 : 부패세균이 번식하여 생산되는 단백질의 부패생성물인 히스타민이 주원인이 되어서 발생하는 식중독으로, 식품 100g당 70~100mg 이상의 히스타민이 생성되면 식중독이 발생한다.
  - 증상 : 식후 30~60분에 상반신 또는 전신의 홍조, 두드러기 비슷한 발진, 두통, 발열 등

3) 화학적 식중독 증상

① 식품첨가물에 의한 식중독

- 유해 감미료 : 둘신(설탕의 250배), 사이크라메이트(설탕의 40~50배), 파라니트로오르토톨루이딘(설탕의 200배), 에틸렌글리콜, 페릴라틴(설탕의 2,000배)
- 유해 착색료 : 아우라민(황색색소), 로다민 B(핑크색 색소), 파라니트로아닐린(황색색소), 실크스카렛(등적색색소)
- 유해 보존제(살균제) : 붕산, 포름알데히드, 불소화합물, 승홍
- 유해성 표백제 : 롱가리트, 형광표백제, 니트로겐트리클로라이드, 과산화수소, 아황산납 등
- 증량제 : 산성백토, 카오린

② 메틸 알코올
- 주류의 메탄올 함유 허용량은 0.5mg/ml 이하, 과실주 1.0mg/ml,
- 중독량은 5~10ml, 치사량은 30~100ml
- 증상 : 두통, 현기증, 복통, 설사, 실명, 중증일 때는 정신이상이나 사망 유발.

③ 유해성 금속에 의한 식중독
- 비소(As) : 살충제, 농약제 등에 사용되며 독성이 있어 구기, 구토, 연하곤란, 설사 등을 일으키고 심하면 심장마비가 된다.
- 납(Pb) : 시력 장해로 급성중독과 만성중독을 일으킨다.
- 카드뮴(Cd) : 골연화증으로 이따이이따이병을 유발한다.
- 구리(Cu) : 첨가물, 조리용 기구의 녹청 등이 원인이며 구토, 메스꺼움의 증상이 있다.
- 수은(Hg) : 전신경련
- 기타 : 아연(Zn), 수은(Hg), 안티몬(Sb), 주석(Sn)등

4) 자연독 식중독 증상

① 식물성 식중독
- 독버섯 : 무스카린(맹독성 열에 강함), 무스카리딘, 팔린, 아미니타톡신, 뉴린, 콜린, 필지오 등

〈표 2-14〉 독버섯의 종류

증상	내용
위장형 중독	무당버섯, 큰붉은버섯, 화경버섯 등
콜레라형 중독	알광대버섯, 독우산버섯 등
신경계 장애형 중독	파리버섯, 광대버섯, 미치광이버섯 등
혈액형 중독	콜레라형 위장장애가 계속되다가 용혈작용을 일으킨다.

• 감자중독 : 솔라닌(solanin)으로 감자의 싹튼 부분, 껍질의 녹색 부분에 있다.
• 중독증상 : 중추신경장애, 용혈 작용, 구토, 복통, 두통, 위장장애, 현기증, 발열, 언어장애, 의식장애 등을 일으킨다.
• 예방대책 : 조리에 의해 파괴되지 않으므로 싹튼 부분, 껍질의 녹색부분을 제거. 그늘진 서늘한 곳에 보존하여야 한다.

• 기타 유독 물질
  – 목화씨 : 고시폴(gossypol)
  – 피자마 : 리신(ricin)
  – 청매 : 아미그달린(amygdalin)
  – 대두 : 사포닌(saponin)
  – 미치광이풀 : 아트로핀(atropine)
  – 오디 : 아코니틴(aconitine)
  – 맥각 : 에르고톡신(ergotoxin)
  – 벌꿀 : 안드로메도톡신(andromedotoxin)
  – 독보리 : 테무린(temuline)
  – 독미나리 : 시큐톡신(cicutoxin)
  – 오색콩 : 파세오루나틴(phaseolunatin)
  – 수수 : 휴린(hurrin)

② 동물성 식중독

- 복어중독 : 테트로도톡신(tetrodotoxin)으로 물에 녹지 않는 약염기성 물질
  - 열에 대한 저항성이 강해 100℃에서 4시간 가열에도 파괴되지 않는다.
  - 난소·간·내장·표피의 순으로 다량 함유
  - 증상 : 치사량은 약 2㎎으로 구토, 촉각·미각둔화, 근육마비, 호흡곤란, 의식불명 등이며 치사율이 50~60%에 이른다.
  - 예방대책 : 전문 조리사만이 조리를 하도록 하고 유독부의 폐기 처리를 철저히 한다.

- 조개류 중독 : 식후 30분~3시간에 발병하며 치사율은 10% 정도이다.
  - 모시조개·바지락·굴 : 베네루핀(venerupin), 100℃에서 1시간 가열해도 파괴되지 않으며 출혈 반점 토혈, 혼수 초래
  - 검은조개·섭조개 : 삭시톡신(saxitoxin), 말초 신경의 마비 증상, 호흡곤란
  - 소라 : 시규아톡신(ciguatoxin), 구토, 설사, 복통 및 혀 · 구진 · 전신마비

③ 유독 곰팡이 식중독

- 미코톡신(mycotoxin) : 곰팡이 독의 총칭
- 아플라톡신(aflatoxin) : 땅콩, 쌀, 밀, 옥수수, 된장, 고추장 등에 존재한다.
- 맥각중독 : 보리, 밀, 호밀에 잘 번식하는 곰팡이인 맥각균
- 황변미중독 : 페니실리움(penicillium) 곰팡이에 의한다.

④ 알레르기성 식중독

어류가공품 등의 부패산물의 하나인 히스타민(histamine)에 의한 것으로, 항히스타민제로 치료

3.

식품첨가물

1) 식품첨가물의 정의

현재 우리나라에서 허용된 식품첨가물은 천연첨가물과 화학적인 첨가물을 합쳐 614종에 이른다. 그중 화학적 합성첨가물이 419개 품목, 천연첨가물이 195개 품목이다. 지난 2004년까지 보통 10여개씩 신규 지정됐다.

식품첨가물은 식품을 제조·가공 또는 보존함에 있어 식품에 첨가되는 물질로 방부제, 착색제, 첨가제, 보존제, 살균제, 조미료, 향신료가 있다. 식품첨가물은 안전 검사를 거쳐 매우 적은 양만 사용하도록 되어 있다.

식품첨가물은 한 가지만을 단독으로 사용해도 문제가 되나, 여러 가지를 동시에 오랫동안 다량으로 섭취할 때는 건강에 매우 나쁜 영향을 미칠 수 있다는 연구 결과가 다수 나왔다. 일반적으로 식사나 기타 음식물들을 통해 섭취되는 식품첨가물은 하루에 80여 종에 이르며, 양으로 치면 티스푼 하나 정도로, 일 년에 약 4kg 정도의 첨가물을 섭취하는 것으로 알려져 있다.

식품첨가물의 종류에는 다음과 같다. 아래의 표를 보고 자주 쓰이는 식품 및 부작용에 대하여 알고 있다가 구매 시에 확인해 본다면 식품첨가물이 주는 유해성에서 벗어날 수 있다.

2) 식품첨가물의 종류

식품첨가물의 종류는 다음과 같다.

〈표 2-15〉 식품첨가물의 종류

명칭	용도	첨가물	식품	부작용
보존료	식품의 변질을 방지하여 보존성을 향상시킬 목적으로 사용하는 물질	데히드로초산(DHA), 데히드로초산나트륨(DHA-S),소르빈산, 소르빈산칼륨, 안식향산, 안식향산나트륨, 프로피온산 나트륨, 프로피오산 칼륨, 파라옥	탄산 비타민 음료, 박카스, 쨈, 마가린	눈, 점막 등의 자극 및 기형아 유발 가능성
살균료	미생물을 단시간 내에 사멸시키기 위한 목적으로 사용하는 첨가물	차아염소산나트륨, 표백분, 고도표백분, 이염화이소시아늄산나트륨	두부, 어육제품, 햄, 소시지	피부염, 고환 위축, 발암성
산화방지제(항산화제)	유지의 산패에 의한 이미, 이취, 식품의 변색 및 퇴색 등의 방지를 위해 사용되는 첨가물	디부틸 히드록시 톨루엔, 부틸 히드록시 아니졸, 터셔리부틸 히드로퀴논, 에리소르빈산, 에리소르빈산 나트륨, L-아스코르빈산(비타민 C), 토코페롤, EDTA 2	크래커, 수프, 쇼트닝, 쥬스 등	콜레스테롤 상승, 호르몬제에서 발암성 유발, 유전자 손상, 염색체 이동,
표백제	식품을 가공, 제조할 때 색소퇴색, 착색으로 인한 품질 저하를 막기 위하여 미리 색소를 파괴시킴으로써 완성된 식품의 색을 아름답게 하기 위하여 사용	과산화 벤졸, 과산화 질소(nitrogen peroxide), 염소(chlorine), 삼염화질소, 이산화염소	과자, 빵, 빙과류	순환기 장애, 위점막자극, 천식유발, 호흡기 점막, 눈 자극,
밀가루 개량제	표백과 숙성시간을 단축시키고, 제빵 효과의 저해물질을 파괴시켜 분질을 개량하기 위해 사용되는 물질	과산화벤조일(희석), 과황산암모늄, 아조디카르본아미드, 염소, 이산화염소, 스테아릴 젖산칼슘, 나트륨)	밀가루	
호료(증점제)	식품에 점착성을 증가시키고 유화안정성을 좋게 하며 식품가공에서 가열이나 보존 중에 선도를 유지하고 형체를 보존하는데 도움을 주며 미각적인 면에서도 점활성을 주어 촉감을 좋게 하기 위하여 사용되는 첨가물	폴리아크릴산나트륨, 알긴산 프로필렌글리콜, 메티셀룰로오스, 카르복시 메칠셀룰로오스나트륨 등	유산균음료, 아이스크림, 마요네즈, 햄소시지, 김	

착향료	상온에서 휘발성이 있고 식품에 향을 부여하기 위하여 첨가하는 화합물로서 냄새를 없애거나 강화 또는 변화시키기 위해 사용되는 첨가물	계피알데히드, 멘톨, 바닐린, 벤질알코올, 시트랄, 낙산부틸		
발색제	식품 중의 색소단백질과 반응하여 안정한 화합물을 형성함으로써 식품의 색을 안정화하고 선명하게 하거나 발색시키는데 사용되는 첨가물	아질산나트륨, 질산나트륨, 황산제일철(건조), 황산제일철(결정)	햄, 소시지, 어류 제품	빈혈증, 호흡기는 악화, 급성구토, 발한, 의식불명
착색료	식품의 가공공정에서 변색, 퇴색되는 색을 인공적으로 착색시켜 기호면에서 식욕을 촉진시키고 품질면에서 그 가치를 높이기 위하여 첨가되는 물질	Tar 색소(수용성, 산성) : 식용 색소 녹색 3호, 식용 색소 적색 2·3호, 식용 색소 청색 1호, 식용 색소 황색 4호	치즈, 버터, 캔디, 소시지, 통조림, 푸딩	간, 혈액, 콩팥장애, 발암성
산미료	식품에 신맛을 부여하기 위하여 사용되는 첨가물로서, 짜릿하고 상쾌한 자극을 주어 소화액의 분비를 촉진하고 식욕을 돋우어 주는 역할을 한다.	초산 및 빙초산, 구연산, 주석산, 푸말산, 푸말산나트륨, 젖산, 사과산, 글루코노델타락톤, 아디핀산, 이산화탄소, 인산		
팽창제	빵이나 과자 등을 제조할 때 제품을 부풀게 하여 연하고 맛이 좋고 소화가 잘되도록하기 위해 첨가되는 물질	명반, 암모늄명반, 염화암모늄, 주석산수소칼륨, 탄산수소나트륨, 탄산수소암모늄, 탄산암모늄, 탄산마그네슘, 산성피로인산나트륨	식품, 빵, 비스켓, 초콜릿	카드뮴, 납 등의 중금속 함량이 높다.
인공감미료	식품에 감미(단맛)를 부여하기 위하여 사용되는 첨가물	구연산(결정), D-주석산, DL-주석산, 젖산, 후발산, DL-사과산, 이산화탄소, 이디핀산, 인산(콜라)	각종 탄산음료	칼슘 철분 아연 등이 제거, 공격적으로 되고 집중력 감소
강화제	식품의 영양을 강화하는 데 사용되는 첨가물로서 비타민, 아미노산류, 무기 염류(칼슘, 철)등이 미량 사용된다.	비타민류, 아미노산류, 칼슘제		

계면활성제	두 종류의 액체를 혼합·분산시켜 분리되지 않도록 유화시키기 위해 사용되는 첨가물	레시틴(대두인지질), 지방산에스테르 4종류, 폴리소르베이트류	
품질개량제(결착제)	식육이나 어육을 원료로 연제품을 제조할 때 결착성을 높여 씹을 때의 식감을 향상시키고 식품의 탄력성, 보수성, 팽창성을 증대시켜 조직을 개량하여 맛의 조화와 풍미의 향상을 가져오며 변질·변색을 방지하기 위하여 사용되는 첨가물	제1, 2, 3인산나트륨, 제3인산칼륨, 피로인산나트륨, 피로인산칼륨, 메타인산나트륨, 메타인산칼륨, 폴리인산나트륨, 폴리인산칼륨	식육이나 어육
피막제	채소 등의 저장 중에 외관을 좋게 하고 신선도를 유지시킬 목적으로 사용되는 피막제는 표면에 피막을 형성시킴으로써 호흡작용을 억제하여 수분 증발을 막는 역할을 한다.	몰포린지방산염, 초산비닐수지	채소
소포제	거품을 없애기 위하여 사용되는 첨가물로, 규소수지(0.05g/kg 이하)만이 허용되어 있다.	실리콘수지	두부
용제	식품에 천연물의 첨가물을 균일하게 혼합되도록 하기 위해서는 용제에 녹여 첨가하는 것이 효과적인데 이러한 목적으로 사용되는 첨가물	글리세린, 프로필렌글리콜	
이형제	반죽된 것이 용기나 모형 틀 등에 붙거나 빵, 과자 제품을 오븐에서 굽기를 할 때 달라붙어서 적당하게 굽히지 않거나 발효에 의한 가스 형성이 불균일한 경우를 방지하기 위해 첨가하는 물질을 말한다.	대두유, 미강유 등의 액상유지에 유화제, 증점제(호료)를 첨가하여 부착성을 향상시킨 것이며, 왁스, 파라핀, 식물성 유지, 동물성 유지	빵, 과자

4.

색소

색소는 원래 음식물에 넣어 음식의 색깔을 보기 좋고 먹기 좋은 색으로 만드는 식품첨가물이다. 우리 주변에서 보기 좋은 색깔을 가진 음식치고 색소가 들어가지 않은 식품이 없다고 보아도 과언이 아니다. 문제는 사람이 먹는 색소는 천연 색소를 사용하여 색깔을 낸다면 문제가 안 되지만, 사람이 먹지 못하는 색소를 사용한 경우는 심각한 문제로 등장하고 있다.

색소를 첨가하는 음식을 보면 우리가 자주 먹는 치즈, 버터, 아이스크림, 과자류, 캔디, 소시지, 통조림, 푸딩 등이 여기에 해당한다. 착색제는 인체에 치명적이지 않을 정도의 양으로 사용한다고는 하지만 가랑비에 옷이 젖듯이 우리의 몸에 쌓여 간다는 것을 명심해야 한다.

현재 가장 많이 사용하는 색소는 타르색소이다. 타르색소는 석탄을 원료로 하며, 이 원료들은 원래 옷감에 물들일 때 사용하는 염료이다. 우리나라에서는 현재 적색 2호 등 9종의 식용 타르색소가 허용되어 있다. 화학 구조상으로 아조계 색소(적색 2호, 황색 4호, 황색 5호, 적색 40호, 적색 102호), 키산테계 색소(적색 3호), 트리페닐 메탄계 색소(녹색 3호, 청색 1호), 인디고이드계 색소(청색 2호) 등이 포함되어 있다.

우리나라에서는 음식을 붉게 만드는 색소로서 흰 빛깔의 케이크를 더욱 희게, 초콜렛을 더 갈색으로 보이게 하기 때문에 많은 식품에 사용되고 있다. 타르색소는 면류, 겨자, 단무지, 과일주스, 젓갈류, 천연식품, 고춧가루, 소스, 잼, 케첩, 식육제품, 버터, 마가린 등에는 사용이 금지되어 있다. 그러나 과자류, 젤라틴, 코코아, 캔디, 푸딩, 쨈, 젤리, 요구르트, 스프, 시리얼, 아이스크림, 과일주스류, 소다음료수, 비타민정제, 화장품, 기침약 등에 사용한다. 대한약사회에서 발표한 자료에 의하면 영·유아용으로 약국에서 판매되는 '시럽형 일반감기약' 10개 중 7개에서 소아들에게 약으로서의 거부감을 줄이는 의미로 타르색소가 사용하는 것으로 나타났다. 또한 선진국과는 달리 색소 사용 여부를 제품에 전혀 표시하지 않아 문제점으로 지적되고 있다. 타르색소의 부작용은 인체 내의 소화효소 작용을 저해하고 간이나 위 등에 장해를 일으키며 최근에는 타르색소에 의한 발암성이 보고되고 있다.

1) 적색 2호와 적색 102호

적색 2호와 적색 102호의 경우 미국 등 일부 국가는 안전성이 확보되지 않았다는 이유로 사용하지 않고 있으며, 이를 근거로 소비자단체, 언론 및 국회 등에서 지속적으로 안전성 문제를 제기하고 있는 실정이다.

2) 황색 4호와 황색 5호

황색 4호와 황색 5호는 알레르기와 천식, 체중감소, 설사 등을 유발하는 인공색소로 미국식품의약국(FDA)은 이들 색소를 첨가할 경우 제품에 사용상의 주의를 표기토록 하고 있으나 우리나라에서는 과자와 껌에 첨가하나 황색 4호와 5호에 대한 주의나 권고의 규정이 전혀 없다.

3) 녹색 3호

녹색 3호는 EU에서 사용이 금지되어 있지만 우리나라에서는 과자, 청량음료 등에 5~10ppm을 사용한다. 멜론색은 황색 4호 87%에 녹색 3호 12%를 혼합한다.

5.

방부제

방부제란 미생물의 발육을 억제하는 정균 작용과 미생물을 살균시키는 살균작용, 식품 또는 세균이 생성하는 효소작용을 억제하여 식품의 신선도를 보존하는 물질을 말한다. 장기간 보관이 필요한 식품들이나 수입되는 식품의 경우 방부제에서 벗어나기는 불가능하다. 밀가루가 영양 만점의 좋은 식품인 것은 부정할 수 없는 사실이지만 우리가 사용하는 밀가루가 대부분 미국에서 수입하기 때문에 방부제를 넣을 수밖에 없다. 빵집에서 산 빵이 5일이 지나도 곰팡이가 잘 안 피는 이유가 바로 이것이다.

우리 밀로 만든 빵은 하루만 지나면 곰팡이가 핀다. 실제로 곡류를 오래 보관하면 벌레가 생기기 마련이지만 수입산 밀가루에 벌레를 집어넣으면 벌레가 바로 죽어 버린다. 생산지에서 우리나라 소비자들의 손에 들어오기까지 길게는 2년씩이나 걸리는 기나긴 기간 동안 습하고 더운 기후를 견디면서, 더구나 통곡류도 아닌 밀가루가 부패하지 않고 버틸 수 있는 비결은 오로지 방부제에 의지하는 것이다.

방부제 문제는 이웃 중국에서 더욱 심각하다. 중국은 유통과정 중 부패되어 손실되는 채소, 과일이 8천만 톤에 달하며, 곡물류도 역시 유통과정 중 손실률이 10%를 상회하는 것으로 알려지고 있다. 따라서 방부제의 사용이 절실히 필요한 상태이기 때문에 중국에서 들어오는 각종 음식 재료에는 방부재가 많이 들어 있을 거란 예측이 가능하다. 2006년에는 중국에서 수입되는 장어에 방부제인 말라카이트 그린이 검출되어서 장어를 좋아하던 식도락가들에게 충격을 주기도 하였다.

방부제로는 소르빈산 칼륨, 벤조산나트륨, 살리실산, 데히드로초산나트륨, 디하이드로 아세트산(DHA), 프로피온산 칼슘, 프로피온산 나트륨, 소르브산염, 안식향산나트륨(안식향산염, 벤조산) 등이 있다.

방부제가 좋지 않다는 것은 널리 알려져 있다. 방부제가 우리 몸에 주는 영향은 아소산과 반응하여 중추신경 마비, 출혈성 위염, 간에 악영향, 발암성, 염색체 이상, 눈, 피부 점막을 자극한다.

방부제를 넣은 음식에는 치즈, 버터, 마가린, 빵류, 과자류 어육 제품, 된장, 고추장, 간장, 청량음료, 어육, 단무지, 케첩, 발효유, 유산균, 오이지, 생선, 햄 등이 있다.

방부제가 들어 있는 식품을 조리할 때는 끓는 물에 살짝 데치면 방부제가 일부 제거되고 염분과 기름기도 상당량 제거돼 맛도 담백해진다. 두꺼운 것들은 물에 데치기 전에 칼집을 내서 유해 물질이 잘 빠져나오도록 한다.

1) 소르빈산 칼륨

소르빈산 칼륨은 음식물이 썩지 않고 오랫동안 둘 수 있도록 하는 방부제이다. 이것 역시 오랫동안 많이 먹으면 암을 일으킬 수 있다. 이것은 고기류의 가공식품에 많이 쓰이며, 음식에서 세균이 크는 것을 줄이거나 없앰으로써 보존 기간을 늘리기 위하여 모든 가공식품에 거의 예외 없이 사용되는 식품첨가물이다.

2) 안식향산나트륨

안식향산나트륨은 미생물의 생육을 억제하여 가공식품의 보존료로 사용되는 식품첨가물이다. 탄산 및 비 탄산음료, 각종 비타민 음료, 박카스, 쩸, 마가린 등에 사용된다. 백색의 결정성 분말로서 냄새가 없으며 단맛과 떫은맛을 낸다.

또한 안식향산나트륨은 눈, 점막 등의 자극 및 기형아 유발 가능성이 경고된 보존료로 일본의 식품첨가물 위험도 사전에는 안식향산나트륨을 가능한 피해야 하며 기형 유발이 의심되는 독성이 강한 것이라 밝혔다. 다른 보존료에 비해 1일 섭취 허용량(ADI)이 낮으므로 과량 섭취하지 않도록 주의해야 한다.

피로회복제로 쓰이는 드링크류의 경우 카페인 못지않게 안식향산나트륨이 많이 들어 있다.

6.

식품관련 사고 대비 안전

1) 이물 피해 예방

- 포장지가 찢어지거나 구멍이 없는지, 용기의 찌그러진 부분 등을 확인하여 이상이 없는 것을 구매한다.
- 포장지에 표시된 보관 방법에 따라 보관한다.
- 식품 보관 장소는 정기적으로 청소, 청결히 관리한다.
- 여러 번 나눠 먹는 제품은 밀봉하여 보관한다.

2) 이물질 발견 시

- 먼저 이물이 무엇인지 살펴본다.
- 보관 또는 조리 과정에서 이물이 들어간 것인지 살핀다.
- 포장지 및 구매 영수증을 함께 보관, 이물과 남은 식품 사진을 촬영한다.
- 이물과 이물이 발견된 제품을 잘 밀봉하고 신고한다.

3) 음식 섭취 사고 예방

- 음식물은 먹기 쉬운 크기로 잘라 먹인다.
- 땅콩 등 견과류는 기관지에 들어가기 쉬우므로 3세까지는 먹이지 않는 것이 좋다.
- 급정차 가능성이 있는 차 안, 흔들리는 비행기 안에서는 먹지 않는다.
- 누워서 먹으면 체할 수 있으므로 삼간다.

7.

불량식품

1) 불량식품 정의

불량식품은 비위생적이고 품질이 낮은 식품을 의미하나, 통상 국민에게 불안감을 조장하는 모든 식품을 의미한다.

2) 불량식품의 종류

- 부패 변질되거나 발암물질 등이 함유되어 인체에 유해한 식품
- 허위 과대광고, 가짜식품 등 소비자를 속이는 모든 식품

3) 대표적인 불량식품 판매유형

- 사용이 금지된 원료나 물질을 식품에 사용하는 악덕 행위
- 제품의 품질이나 가격 등을 속여 판매하는 기만행위
- 정식으로 인허가나 신고 되지 않은 식품을 판매하는 불법 행위
- 저가 저품질 제품으로 어린이를 현혹하는 소비자 심리 악용 행위
- 비위생적으로 음식을 만들어 팔거나 재사용하는 비양심적 행위

4) 불량식품 식별방법

① 무허가 제품
- 상품에 제조 업소명, 소재지 등 아무런 표시가 없음
- 등록 또는 특허 출원 중이라는 등 애매한 표시
- 허가관청 이외로부터 허가받았다는 내용의 표시
- 가격이 동종의 타제품보다 현저히 저렴하거나 고가임

② 허가제품의 변조 및 위조품
- 겉모양은 비슷하나 자세히 살펴보면 내용물이 다름
- 맛, 냄새, 색깔 등이 원품과 다름
- 주성분의 함량이 지나치게 적음
- 표시된 기호나 도안, 문자 등이 원품과 차이가 남
- 제품의 명칭 및 제조 회사명이 비슷함
- 포장지의 원 제조 일자 위에 스티커 등으로 제조 일자 또는 유통시한을 다시 부착

③ 유해 물질 사용제품
- 색깔이 유난히 짙거나 고움
- 이상한 맛이나 냄새가 남
- 유난히 부풀어 있음

④ 기타
- 제조 업소명, 소재지, 허가번호 및 유통기한이 표시되지 않았거나 허위 표시된 제품
- 불결하거나 광물성 등의 이물질이 유입된 제품
- 다른 회사의 표시가 있는 용기 사용 제품
- 원료명 미표시 제품
- 식품 허가 기관 이외의 관청명, 단체명, 외국명 등을 강조하는 내용과 특정 질병의 효과 등 허위 과대광고 표시
- 유통기한 경과 제품

제10장
화재 안전

1.

화재의 정의와 원인

1) 화재의 정의

화재는 불이 나는 것을 말하며 발생하는 대상에 따라서 건축물에 발생하는 건물화재, 산림 또는 들에 발생하는 임야화재, 자동차에 발생하는 차량화재, 선박에 발생하는 선박화재, 비행기 등에 발생하는 항공기화재 등이 있다.

2) 화재 발생 원인

화재 발생 원인을 보면 다음과 같다.

〈표 2-16〉 화재 발생 원인

단계	내용
실화	과실에 의해 화재를 발생시키고 물질을 훼손시키는 것으로 부주의한 행위에 의해 화재에 이른 것을 의미한다.
방화	고의적으로 불을 지르거나 또는 그로 인한 것이라고 의심되는 화재를 말한다.
자연발화	물질이 외부로부터 에너지를 공급받지 않는 가운데 자체적으로 온도가 상승하여 발화하는 현상을 말한다.

단계	내용
재연	화재진압 후 같은 장소에서 다시 발생한 화재를 말한다.
천재발화	지진, 낙뢰, 분화 등에 의해 발생된 것을 말한다.
복사열	물질에 따라서 비교적 야간 복사열도 장시간 방사로 발화될 수 있다. 예를 들어 햇빛이 유리나 거울에 반사되어 가연성 물질에 장시간 노출 시 열이 축적되어 발화될 수 있다.
불명	위의 원인 이외로 발생한 화재를 말한다.

3) 화재의 발달단계

① 초기 단계

화재의 초기 단계는 실내의 온도가 아직 크게 상승하지 않은 상태로 화원, 착화 물질의 종류에 따라 다르게 나타난다.

② 성장기

내장재 등에 착화된 시점으로, 실내 온도는 급격히 상승한다. 이후에는 천장 부근에 축적된 가연성가스가 착화되면 실내 전체가 화염에 휩싸이는 상태가 된다.

③ 최성기

실내는 불길에 휩싸여 모든 가연물이 계속 연소하게 되며 최고의 온도와 지속 간을 유지한다. 내화구조의 경우는 20~30분이 되면 최성기에 이르며 실내 온도는 통상 800~1,000℃에 달한다. 목조건물은 타기 쉬운 가연물로 되어 있기 때문에 최성기까지 약 10분이 소요되며 이때의 실내 온도는 1,100~1,200℃에 달한다.

④ 감쇠기

최성기 이후 가연물은 대부분 타버리고 불의 크기가 감쇠하면서 온도는 점차 내려가기 시작한다.

2.

화재의 종류

1) 일반화재(A급 화재)

- 생활 주변에 존재하는 면화류, 고무, 석탄, 목재, 종이, 천 등 보통 가연물에 화재가 발생하는 것을 말한다.
- 일반화재는 물로 소화가 가능하고 다른 화재보다 발생 건수가 월등히 많으며 연소 후 재를 남긴다.
- 일반화재는 소화할 때는 냉각 효과가 가장 효율적이므로 다량의 물 또는 수용액으로 소화를 할 수 있다.

2) 유류화재(B급 화재)

- 유류화재는 상온에서 액체 상태로 존재하는 유류에 발생하는 화재를 말한다.
- 유류화재는 연소 후 재를 남지 않는다.
- 연소열이 크고 연소성이 좋기 때문에 일반화재보다 위험하다.
- 유류화재의 소화를 위해서는 포 등을 이용한 질식소화를 해야 한다.

3) 전기화재(C급 화재)

- 전기화재는 변압기, 배전반, 전열기, 전기장판 등 전기를 취급하고 있는 장소에서의 발생하는 화재를 말한다.
- 전기화재 소화 시에는 물을 뿌리면 감전의 위험이 있다.
- 전기화재는 전체 화재 건수 중 많은 비율을 차지한다.

4) 금속화재(D급 화재)

- 금속화재는 가연성 금속류가 가연물이 되어 발생하는 화재를 말한다.
- 금속류 중 특히 가연성이 강한 것으로서 칼륨, 나트륨, 마그네슘, 알루미늄 등이 있다.
- 금속화재는 덩어리 상태보다는 분말 상으로 존재할 때 가연성이 현저히 증가한다.
- 물과 반응하여 강한 수소를 발생시키는 것이 대부분이므로 화재 시 수계소화약제(물, 포, 강화액 등)를 사용해서는 안 된다.

3.

화재 안전과 대피요령

1) 화재 안전

- 불을 처음 발견한 사람이 "불이야!"하고 큰소리로 주위 사람들에게 알린 후 화재경보설비가 있으면 비상벨을 누른다.
- 화재 발생 시 침착하게 전화로 119에 신고한다.
- 주위에 있는 소화기, 옥내소화전 등을 이용하여 불을 끈다.
- 화재 시 신속하고 침착한 행동으로 비상구, 피난시설을 이용하여 안전한 곳으로 대피 및 안내한다.
- 문을 닫으면서 대피하여 화재와 연기의 확산을 지연시킨다.
- 대피할 때는 엘리베이터 사용을 자제하고 비상계단으로 대피한다.
- 자세는 낮게 하고 물에 적신 손수건 등으로 입과 코를 막고 숨을 짧게 쉬고 낮은 자세로 대피한다.
- 전기기구는 반드시 규격제품을 사용하고 하나의 콘센트에는 여러 개의 전열 기구를 사용하지 말아야 한다.
- 가스렌지 밸브와 중간밸브는 사용 후 항상 잠그고, 월 1회 이상 누설 여부를 확인한다.
- 베란다에 설치된 비상탈출구 앞에는 평상시 피난에 장애가 되는 물건 등을 적재해 놓지 말아야 한다.
- 소화기는 눈에 잘 띄는 곳에 두고, 평소에 사용법을 알아둔다.

2) 화재 시 대피 방법

- 현관을 통해 대피할 수 없을 시에는 베란다로 피신하고 구조를 요청하거나 완강기나 로프를 이용하여 아래층으로 피신한다.
- 방 안에 있는데 외부에서 화재가 발생해서 밖으로 피난할 수 없을 때는 문틈으로 들어오는 연기를 옷가지나 수건을 이용하여 막아야 한다.
- 대피 시 문을 열어야 한다면 손을 손잡이나 문에 갖다 대어 뜨거운지 확인한다. 문이 뜨겁다면 외부에 열기가 있다는 것으로 열지 말고 다른 곳을 찾아야 한다.
- 대피할 때는 옷가지나 수건, 휴지로 코와 입을 막고 이동하여 유독가스를 방어해야 한다.

4.

소화

1) 소화의 정의

소화란 연소 중인 물질에 대해 인위적인 수단으로 연소를 종식시키는 일을 말한다. 소화는 연소의 반대개념으로 화재가 진행되고 있는 연소의 3요소인 가연물, 산소공급원, 점화원 중 어느 하나 이상 또는 전부를 제거하거나, 차단하는 것을 말한다.

2) 소화 방법

소화 방법을 보면 다음과 같다.

〈표 12-17〉 소화 방법

구분	내용
제거소화	제거소화는 연소반응에 관계된 가연물이나 그 주위의 가연물을 제거함으로써 연소반응을 중지시켜 소화하는 방법을 말한다.
질식소화	산소공급원을 차단하여 소화하는 방법으로 일반적인 화재에서 산소공급원은 산소를 21% 함유하고 있는데 공기 중의 산소 농도를 15% 이하로 억제함으로써 화재를 소화하는 방법을 말한다.
냉각소화	연소하고 있는 가연물로부터 열을 뺏어 연소물을 착화온도 이하로 내리는 것, 즉 냉각함으로써 소화하는 방법으로 가장 일반적인 소화방법을 말한다.

구분	내용
억제소화	연소의 4요소 중 연속적인 산화반응, 즉 연쇄반응을 약화시켜 연소가 계속되는 것을 불가능하게 하여 소화하는 것으로 화학적 작용에 의한 소화 방법을 말한다.

3) 소화약제 종류

- 물 소화약제 : 냉각, 질식 효과
- 포 소화약제 : 질식, 냉각 효과
- 분말 소화약제 : 질식, 부촉매(억제)
- 이산화탄소(CO_2) 소화약제 : 질식, 냉각 효과
- 할로겐화합물 소화약제 : 질식, 부촉매, 냉각 효과

4) 소화 시설의 종류

- 소화 설비 : 물 그밖의 소화 약제를 사용하여 소화하는 기계•기구 또는 설비를 말한다.
- 소화 기구 : 소화기로 자동 소화 장치와 투척용 소화 용구와 같은 간이 소화 용구를 말한다.
- 옥내 소화전 설비
- 스프링쿨러 설비

5) 비상 경보설비

비상경보 설비는 화재 발생 시 음향·음성에 의해 건물 안의 사람들에게 정확한 통보유도를 하기 위한 설비로, 비상경보 기구, 비상벨, 비상 방송 설비, 자동 사이렌 등이 있다.

6) 피난설비

피난설비는 화재가 발생할 경우 피난하기 위하여 사용하는 기구 또는 설비를 말한다. 피난설비에는 피난사다리, 완강기, 피난유도선 유도등 및 유도 표지, 비상조명등 등이 있다.

5.

소화기

1) 소화기의 정의

소화기는 화재 초기 단계에서 소화제가 갖는 냉각 또는 공기 차단 등의 효과를 이용해서 불을 끄는, 운반할 수 있는 기구를 가리킨다.

2) 소화기의 종류

• 소화기는 분말 소화기와 이산화탄소 소화기가 있다.
• 분말 소화기 : 가압식 소화기와 축압식 소화기가 있다.

〈표 2-18〉 소화기의 종류

구분		내용
분말 소화기	가압식 소화기	규정량의 소화약제가 충전되어 있으며, 가압용 가스로는 소형의 경우 이산화탄소, 대형의 경우 이산화탄소 또는 질소가스가 사용된다.
	축압식 소화기	본체 용기 내에는 규정량의 소화약제와 함께 압력원인 질소가스가 충전되어 있다. 용기 내 압력을 확인할 수 있도록 지시 압력계가 부착되어 사용 가능한 범위가 0.7~0.98MPa로 녹색으로 되어 있다.
이산화탄소 소화기		소화기의 주성분은 이산화탄소로 질식과 냉각 효과를 이용하여 소화한다.

3) 소화기 사용법

소화기 사용법은 다음과 같다.

〈표 2-19〉 소화기 사용법

구분	내용
분말 소화기	· 안전핀을 뽑는다. · 바람을 등지고 서서 노즐을 빼서 잡고 불쪽으로 향한다. · 손잡이를 움켜쥔다. · 빗자루로 쓸 듯이 분말(소화약제)을 골고루 쏜다.
투척용 소화기	· 커버를 벗긴다. · 약재를 꺼낸다. · 불을 향해 던진다.
소화전	· 소화전의 문을 열고 호스가 꼬이지 않도록 빼낸 후 노즐을 잡는다. · 개폐 밸브를 돌려 물이 나오게 한다. · 물이 나오는 것이 확인되면 노즐의 끝부분을 돌려서 분무(안개) 또는 직선으로 불을 향해 쏜다.

6.

화재 상황별 대피요령

- 연기 속을 지나 피난할 때

수건 등에 물을 적셔 입에 대고 숨을 짧게 쉬면서 최대한 낮은 자세로 대피한다.

- 뜨거운 불길 옆을 지나야 할 때

온몸에 물을 뿌리거나 두꺼운 천이나 담요로 다리나 손과 같이 노출된 부분을 잘 감싼다.

- 방밖에서 불이 난 경우 문을 열 때 위험을 감지하는 방법

손잡이를 살짝 만져보고 뜨겁지 않으면 비켜서서 천천히 열고 나간다.

- 고층에서 내려올 때 엘리베이터 이용 유무

정전으로 엘리베이터가 정지되면 대단히 위험하므로 계단을 이용하여 대피한다.

- 아래층으로 대피하지 못하는 경우

옥상으로 대피하고, 피난이 불가능하다고 판단되면 현 위치에서 수건 등을 흔들어 구조요청을 한다.

- 방안에 고립된 경우 연기가 들어오지 못하게 하려면

젖은 수건 등으로 문틈을 막는다.

제11장
산업재해 안전

1.

산업재해의 의미와 원인

1) 산업재해의 의미

산업재해란 노동 과정에서 업무상 일어난 사고 또는 직업병으로 말미암아 근로자가 받는 신체적·정신적 장애를 말한다. 산업은 사람들이 경제적으로 풍요롭게 살기 위하여 재화나 서비스를 생산하는 활동으로, 산업 활동을 수행하는데 각각의 특성에 따라 안전이 요구된다.

산업재해는 주로 당사자의 과로나 기기 상태의 불안정 등으로 인해 발생하지만, 부수적으로 완벽한 환경에서도 노동자의 부주의로 인해 발생하기도 한다. 우리나라에서는 산업현장에서 일하는 근로자의 안전과 보건을 유지·증진하는 것을 목적으로 「산업안전보건법」을 제정하여 시행하고 있다.

2) 산업재해의 원인

산업재해의 원인에는 여러 가지가 있는데 재해는 한 가지 원인으로 발생하는 것이 아니라 여러 가지 원인이 복합적으로 발생한다.

산업재해의 발생 원인은 사고 요인에 직접적으로 관련되는 직접 원인과 간접적으로 관련되는 간접 원인으로 구분할 수 있다.

① 직접 원인

산업재해의 직접적인 원인을 제공하는 요인을 직접 원인이라고 한다. 여기에는 물적 요인과 인적 요인이 있다.

〈표 2-20〉 산업재해의 직접 원인

구분	내용
물적 요인	· 근로자가 사용하는 설비, 기계의 이상 작동 · 안전 보호구, 조명 등의 결함 · 작업 장소의 결함 · 생산 공정의 결함
인적 요인	· 근로자의 체력약화, 피로, 스트레스, 졸음 등의 생리적 요인 · 근로자의 지능, 지식, 성격 등의 정신적 요인 · 근로자의 작업상의 부주의나 실수 · 근로자의 직업 상 숙련 미숙

② 간접원인

산업재해의 간접적인 원인을 제공하는 요인을 간접원인이라고 한다. 여기에는 교육적 원인, 직업 관리적 원인, 환경적 원인 등이 있다.

〈표 2-21〉 산업재해의 간접원인

구분	내용
교육적 원인	· 안전교육의 부족이나 미실시로 인하여 안전의식 부족 · 안전에 관한 지식 부족 · 경험과 훈련 부족 · 안전의식의 부족
작업 관리적 원인	· 사업주의 안전에 대한 관리 소홀 · 안전관리 지침 결함 · 작업 준비 불충분 · 인원 배치 부적당 · 무리한 작업 지시
환경적 원인	· 작업장 내의 유해 물질 · 작업 환경의 부적설성

2.

산업재해의 유형과 안전 수칙

1) 산업재해 유형

산업재해의 유형은 다음과 같다.

〈표 2-22〉 산업재해의 유형

구분	내용
추락	사람이 건축물, 비계, 기계, 사다리, 계단, 경사면, 나무 등에서 떨어지는 것
충돌	사람이 정지물에 부딪친 경우
낙하 및 비래	물건이 떨어지거나 날아와서 맞은 경우
붕괴 및 도괴	적재물, 비계, 건축물 등이 무너진 경우
넘어짐	사람이 미끄러지거나 넘어지는 것
협착	기계설비에 끼이거나 감김
감전	전기접촉이나 방전에 의해 사람이 충격을 받는 경우
폭발	압력이 갑자기 발생하거나 개방되어 폭음을 일으키면서 팽창하여 일어나는 경우
뒤집힘	물체의 쓰러짐이나 뒤집힘
파열	용기 또는 장치가 물리적인 압력에 의해 파열한 경우
화재	뜻하지 않는 불에 의한 재해
무리한 동작	무거운 물건을 들다가 허리를 삐거나, 무리한 자세 또는 동작의 반동으로 상해를 입은 경우

2) 산업재해 예방 안전 수칙

안전관리는 개인의 생명과 직결되기 때문에 예방이 무엇보다도 중요하다. 발생 후에는 사고의 원인을 반드시 파악하여 똑같은 사고가 발생하지 않도록 올바른 대책을 세워야 한다. 안전관리는 모든 사람에게 책임이 있으며, 꼭 지켜야 할 의무다. 산업재해 예방 안전 수칙을 보면 다음과 같다.

〈표 2-23〉 산업재해 예방 안전 수칙

구분	내용
위험요인 발굴	① 작업장 위험요인 찾아내기 ② 위험요인 목록 작성하기 ③ 작업장 위험요인 알려주기 ④ 확인된 위험요인 표시(겉으로 드러냄) 및 표지(다른 것과 구별) 하기
사고위험 제거	⑤ 작업자가 위험요인 개선 요청하기 ⑥ 위험요인에 대한 근원적으로 안전 조치하기 ⑦ 안전조치 이상유무 감시(담당자 지정하기)
잠재위험 통제	⑧ 사고 위험성(발생 가능성 및 예상 피해) 최소화하기 ⑨ 작업별 위험요인 관리책임자 지정하기 ⑩ 작업 전 안전교육 및 개인별 위험요인 숙지하기 ⑪ 개인보호구 지급 및 착용하기 ⑫ 안전작업절차 표시 및 준수하기 ⑬ 작업시작 전(前)·중(中)·후(後) 안전 점검하기 ⑭ 하청업체 안전작업 책임자 지정 및 작업 관리하기
사고발생시 신속대응	⑮ 개인별 대피요령 및 역할 숙지하기 ⑯ 중대사고 발생 시 긴급대피 및 관계기관에 신고하기 ⑰ 사고원인·비상대응 적절성 조사 및 재발방지 조치하기

출처 : 안전보건공단(2022). 산업재해예방 안전 수칙 가이드북. 안전보건공단.

3.

산업재해 처리 과정

1) 재해자 응급처치와 119 연락

- 가장 먼저 재해자를 구출한다.
- 환자에 대한 응급처치를 시행한다.
- 동시에 119 구급대나 병원 등에 연락하여 긴급 후송한다.

2) 산업재해 발생보고

- 중대한 재해는 지체 없이 관할 지방고용노동관서에 보고한다.
- 보고사항은 발생 개요 및 피해 상황, 조치 및 전망, 그밖의 중요 사항 등이다.
- 4일 이상 요양이 필요한 산업재해가 발생한 날부터 1개월 이내에 요양신청서를 작성하여 공단, 병원에 신청하여야 한다.
- 공단은 업무상 재해를 확인 후 7일 이내에 요양 승인 여부를 통지해 주어야 한다.
- 만약 불승인되면 관할 법원에 이의신청을 할 수 있다.

3) 산업재해 기록·보존

- 현장은 사고원인 등 조사가 끝날 때까지 보존한다.
- 사고가 발생하면 사업장의 개요 및 근로자의 인적 사항, 재해 발생 일시 및 장소, 재해 발생 원인 및 과정, 재발 방지 계획을 기록으로 남겨둔다.
- 기록은 3년간 보존하여야 한다.

4.

산업재해 보상

산업재해 보상은 근로자의 업무상의 재해를 보상하는 것을 말하는 것이다. 업무상의 재해란 업무상의 사유에 의한 근로자의 부상·질병·신체 장해 또는 사망 등을 말한다.

1) 「산업재해보상보험법」 제37조(업무상 재해의 인정 기준)

① 근로자가 다음 각호의 어느 하나에 해당하는 사유로 부상·질병 또는 장해가 발생하거나 사망하면 업무상의 재해로 본다. 다만, 업무와 재해 사이에 상당인과관계(相當因果關係)가 없는 경우에는 그러하지 아니하다. 〈개정 2010.1.27〉

〈표 2-24〉 산업재해보상보험법

구분	내용
업무상 사고	가. 근로자가 근로계약에 따른 업무나 그에 따르는 행위를 하던 중 발생한 사고 나. 사업주가 제공한 시설물 등을 이용하던 중 그 시설물 등의 결함이나 관리 소홀로 발생한 사고 다. 사업주가 제공한 교통수단이나 그에 준하는 교통수단을 이용하는 등 사업주의 지배관리 하에서 출퇴근 중 발생한 사고 라. 사업주가 주관하거나 사업주의 지시에 따라 참여한 행사나 행사

구분	내용
	준비 중에 발생한 사고 마. 휴게시간 중 사업주의 지배 관리 하에 있다고 볼 수 있는 행위로 발생한 사고 바. 그밖에 업무와 관련하여 발생한 사고
업무상 질병	가. 업무수행 과정에서 물리적 인자(因子), 화학물질, 분진, 병원체, 신체에 부담을 주는 업무 등 근로자의 건강에 장해를 일으킬 수 있는 요인을 취급하거나 그에 노출되어 발생한 질병 나. 업무상 부상이 원인이 되어 발생한 질병 다. 그밖에 업무와 관련하여 발생한 질병
출퇴근 재해	가. 사업주가 제공한 교통수단이나 그에 준하는 교통수단을 이용하는 등 사업주의 지배관리하에서 출퇴근하는 중 발생한 사고 나. 그밖에 통상적인 경로와 방법으로 출퇴근하는 중 발생한 사고

② 근로자의 고의·자해행위나 범죄행위 또는 그것이 원인이 되어 발생한 부상·질병·장해 또는 사망은 업무상의 재해로 보지 아니한다. 다만, 그 부상·질병·장해 또는 사망이 정상적인 인식능력 등이 뚜렷하게 저하된 상태에서 한 행위로 발생한 경우로서 대통령령으로 정하는 사유가 있으면 업무상의 재해로 본다.

③ 업무상의 재해의 구체적인 인정 기준은 대통령령으로 정한다.

2) 「산업재해보상보험법」에 의한 보험급여의 종류

「산업재해보상보험법」에 의한 보험급여의 종류를 보면 다음과 같다.

〈표 2-25〉 「산업재해보상보험법」에 의한 보험급여의 종류

종류	지급 사유	급여 수준
요양 급여	업무상 재해로 인한 부상, 질병	요양비 전액 - 단 요양 기간 4일 이상 시 적용
간병 급여	요양급여를 받지 않는 자 중 치료 후 의학적으로 상시 또는 수시 간병이 필요시	간병 받은 기간의 간병료에 준함
휴업 급여	업무상 재해로 요양하여 휴업한 기간	1일당 평균 급여의 70% - 단 4일 이상 휴업 시 적용
장해 급여	업무상 재해로 인한 부상, 질병 치유 후에도 장해가 남은 경우	장애등급에 따라 평균임금의 90.1%의 연금(1급) ~ 55일분의 일시금(14급)까지 지급
직업 재활 급여	장해급여를 받은 자 중 취업을 원하여 직업훈련이 필요한 자	장해등급이 1~12급인 자를 대상으로 직업훈련에 드는 비용 및 직업훈련수당 지급
유족 급여	업무상 재해로 사망하였을 때 유족이 청구하는 비용	수급 자격의 수에 따라 연금의 67%(4인)~52%(1인)까지 지급
장의 비	업무상 재해로 사망하였을 때 유족이 청구하는 경우	평균임금의 120일분
상병 보상 연금	요양급여를 받다가 요양 개시 후 2년이 경과한 후에도 치유되지 않고 폐질의 정도가 1~3급에 해당하는 경우	장애등급 1~3등급과 동일 1급 : 평균임금의 90.1% 2급 : 평균임금의 79.75% 3급 : 평균임금의 70.4%

5.

작업장의 안전기준

「산업안전기준에 관한 규칙」을 보면 작업장, 통로, 계단에 대한 구체적인 규정을 다음과 같이 정했다.

1) 작업장 안전 기준

- 제3조 (작업장의 바닥) 사업주는 넘어지거나 미끄러지는 등의 위험이 없도록 작업장바 닥을 안전하고 청결한 상태로 유지하여야 한다.
- 제4조 (작업 발판 등) 사업주는 선반·로울러기 등 기계·설비의 작업 또는 조작 부분이 그 작업에 종사하는 근로자의 키 등 신체조건에 비하여 현저하게 높거나 낮은 때에는 안전하고 적당한 높이의 작업 발판을 설치하거나 그 기계·설비를 적정 작업높이로 조절 하여야 한다.
- 제5조 (작업장의 창문)
① 사업주는 작업장에 창문을 설치함에 있어서는 작업장의 창문을 열었을 때 근로자가 작 업하거나 통행하는 데 방해가 되지 아니하도록 하여야 한다.
② 사업주는 근로자가 안전한 방법으로 창문을 여닫거나 청소를 할 수 있도록 보조도구를 사용하게 하는 등 필요한 조치를 하여야 한다.
- 제6조 (작업장의 출입구) 사업주는 작업장에 출입구(비상구를 제외한다. 이하 같다)를 설치하는 때에는 다음 각호의 사항을 준수하여야 한다.
① 출입구의 위치·수 및 크기가 작업장의 용도와 특성에 적합하도록 할 것
② 출입구에 문을 설치하는 경우는 근로자가 쉽게 열고 닫을 수 있도록 할 것

③ 주목적이 하역 운반 기계용인 출입구에는 인접하여 보행자용 출입구를 따로 설치할 것

④ 하역 운반기계의 통로와 인접하여 있는 출입구에서 접촉에 의하여 근로자에게 위험을 미칠 우려가 있는 때에는 비상등·비상벨 등 경보장치를 할 것

⑤ 계단이 출입구와 바로 연결된 경우에는 작업자의 안전한 통행을 위하여 그사이에 충분한 거리를 둘 것. 다만, 출입구에 문을 설치하지 아니한 경우에는 그러하지 아니하다.

2) 통로 안전 기준

- 제14조 (통로의 설치)

① 사업주는 작업장으로 통하는 장소 또는 작업장 내에는 근로자가 사용하기 위한 안전한 통로를 설치하고 항상 사용 가능한 상태로 유지하여야 한다.

② 제1항의 통로의 주요한 부분에는 통로 표시를 하고, 근로자가 안전하게 통행할 수 있도록 하여야 한다.

- 제15조 (통로의 조명) 사업주는 근로자가 안전하게 통행할 수 있도록 통로에 75럭스 이상의 채광 또는 조명시설을 하여야 한다. 다만, 갱도 또는 상시통행을 하지 아니하는 지하실 등을 통행하는 근로자로 하여금 휴대용 조명기구를 사용하도록 한때는 그러하지 아니하다.

- 제16조 (옥내통로)

① 사업주는 옥내에 통로를 설치하는 때에는 걸려 넘어지거나 미끄러지는 등의 위험이 없도록 하여야 한다.

② 제1항의 통로에 대하여는 통로 면으로부터 높이 2m 이내에는 장애물이 없도록 하여야 한다.

- 제17조 (가설통로의 구조)

① 사업주는 가설통로를 설치하는 때에는 다음 각호의 사항을 준수하여야 한다.

1. 견고한 구조로 할 것

2. 경사는 30° 이하로 할 것(계단을 설치하거나 높이 2m 미만의 가설통로로서 튼튼한 손잡이를 설치한 때에는 그러하지 아니하다)

3. 경사가 15°를 초과하는 때에는 미끄러지지 아니하는 구조로 할 것

4. 추락의 위험이 있는 장소에는 안전난간을 설치할 것(작업상 부득이한 때에는 필요한 부분에 한하여 임시로 이를 해체할 수 있다)

5. 수직갱에 가설된 통로의 길이가 15m 이상인 때에는 10m 이내마다 계단참을 설치할 것

6. 건설공사에 사용하는 높이 8m 이상인 비계다리에는 7m 이내마다 계단참을 설치할 것

3) 계단 안전 기준

- 제23조 (계단의 강도)

① 사업주는 계단 및 계단참을 설치하는 때에는 매 m² 당 500kg 이상의 하중에 견딜 수 있는 강도를 가진 구조로 설치하여야 하며, 안전율(안전의 정도를 표시하는 것으로서 재료의 파괴 응력도와 허용응력도와의 비를 말한다)은 4이상으로 하여야 한다.

② 사업주는 계단 및 승강구 바닥을 구멍이 있는 재료로 만들 때는 렌치 기타 공구 등이 낙하할 위험이 없는 구조로 하여야 한다.

- 제24조 (계단의 폭) ①사업주는 계단을 설치하는 때에는 그 폭을 1m 이상으로 하여야 한다. 다만, 급유용·보수용·비상용계단 및 나선형 계단에 대하여는 그러하지 아니하다.

② 사업주는 제1항의 계단에는 손잡이 외의 다른 물건 등을 설치 또는 적재해서는 아니 된다.

- 제25조 (계단참의 높이) 사업주는 높이가 3m를 초과하는 계단에는 높이 3m 이내마다 너비 1.2m 이상의 계단참을 설치하여야 한다.

- 제26조 (천장의 높이) 사업주는 계단을 설치하는 때에는 바닥 면으로부터 높이 2m 이내의 공간에 장애물이 없도록 하여야 한다. 다만, 급유용·보수용·비상용 계단 및 나선형 계단에 대하여는 그러하지 아니하다.

- 제27조 (계단의 난간) 사업주는 4단 이상인 계단의 개방된 측면에는 안전난간을 설치하여야 한다.

6.

보호구 착용 및 사용법

1) 보호구의 정의

보호구는 재해나 건강장해를 방지하기 위한 목적으로, 작업자가 착용하여 작업을 하는 기구나 장치를 말한다. 따라서 보호구는 작업자가 착용하는 것으로 한정되며, 파편 및 비산물 등을 방지하기 위한 기계장치의 방호덮개나 분진이나 가스 등 유해 물질을 제거하기 위한 국소 배기장치는 보호구라 하지 않는다.

2) 안전모

안전모는 산업 현장에서 떨어지는 낙하물이나 추락으로부터 머리를 보호하기 위해 머리에 쓰는 모자를 말한다.

〈표 2-26〉 안전모의 종류

종류	사용 구분	재질
낙하 방지용(A)	물체의 낙하 및 비래에 의한 위험을 방지 또는 경감시키기 위한 것	합성수지금속
낙하·추락 방지용(AB)	물체의 낙하 및 비래 및 추락에 의한 위험을 방지 또는 경감시키기 위한 것	합성수지

종류	사용 구분	재질
낙하·감전 방지용(AE)	물체의 낙하 및 비래에 의한 위험을 방지 또는 경감하고, 머리 부위 감전에 의한 위험을 방지 또는 경감시키기 위한 것	합성수지
다목적용(ABE)	물체의 낙하 및 비래에 의한 위험을 방지 또는 경감하고, 머리 부위 감전에 의한 위험을 방지 또는 경감시키기 위한 것	합성수지

3) 안전대

안전대는 작업장에서 작업 자세를 유지하고, 추락을 방지하거나 작업을 제한하기 위해서 착용하는 것을 말한다. 안전을 위해서 안전대는 크게 신체를 지지하는 요소와 구조물 등 걸이 설비에 연결하는 요소로 구성된다. 신체를 지지하는 요소는 벨트와 안전 그네 방식으로 구분되며, 요즘은 상체식 형태도 유통되고 있다.

4) 안전화

안전화는 근로자가 작업을 할 때 미끄러지지 않고, 발등에 무거운 것이 떨어졌을 때 발을 보호하기 위해서 신는 신발을 말한다.

〈표 2-27〉 안전화의 종류

종류	사용 구분
가죽제 안전화	물체의 낙하, 충격 및 바닥으로 날카로운 물체에 의한 찔림 위험으로부터 발을 보호하기 위한 것.
정전기 안전화	물체의 낙하, 충격 및 바닥으로 날카로운 물체에 의한 찔림 위험으로부터 발을 보호하고 아울러 방수 또는 내화성을 겸한 것.

종류	사용 구분
발등 안전화	물체의 낙하, 충격 및 바닥으로 날카로운 물체에 의한 찔림 위험으로부터 발 및 발등을 보호하기 위한 것.
절연화	물체의 낙하, 충격 및 바닥으로 날카로운 물체에 의한 찔림 위험으로부터 발을 보호하고 아울러 저압의 전기에 의한 감전을 방지하기 위한 것.

5) 차광보안경

눈에 해로운 자외선, 가시광선, 적외선이 발생하는 장소에서 유해 광선으로부터 눈을 보호하기 위한 수단으로 사용하는 안경을 말한다. 차광보안경은 아아크 용접, 가스용접, 열절단, 용광로, 주변 작업 및 기타 유해 광선이 발생하는 작업에 사용한다.

6) 방음보호구(귀마개, 귀덮개)

방음보호구는 작업장의 소음으로부터 귀를 보호하기 위해 쓰는 귀마개를 말한다. 귀마개는 작업의 수준, 작업내용, 소음의 정도, 개인의 상태에 따라 적합한 보호구를 골라서 착용해야 한다. 귀마개는 오염되지 않도록 보관 및 사용, 특히 귀마개 착용시는 더러운 손으로 만지거나 이물질이 귀에 들어가지 않도록 주의한다.

7) 호흡용 보호구

호흡용 보호구는 유해한 먼지나 가스로부터 안전한 호흡을 하기 위해 호흡을 보호하는 보호구를 말한다. 호흡용 보호구는 유해한 분진, 흄 등의 입자상 물질에 대해서는 방진 마스크가 사용되며, 가스상 물질에는 방독마스크가 사용된다.

제12장

동물과 식물 안전

1.

동물 안전

1) 동물 안전의 정의

동물은 움직일 수 있으며 다른 생물로부터 양분을 얻어 살아가는 생물을 말한다. 지구상에 살고 있는 생물은 170만 종이 넘는데, 그중 동물은 약 100만 종이나 된다. 애완동물은 인간이 주로 즐거움을 누리기 위한 대상으로 사육하는 동물로 개·고양이·카나리아·금붕어 등을 비롯하여 예로부터 포유류·조류·어류를 주로 사육해 왔으나, 근년에 와서는 뱀·도마뱀·악어·거북·개구리·도롱뇽 등의 파충류와 양서류도 애완동물로 사육된다. 애완동물의 증가에 따라 애완동물에 의한 사고가 매년 증가하고 있는 추세다.

2) 애완동물에 의한 사고 사례

- 애완동물에 의한 사고 중 93.4%는 애완동물에게 물리는 외상 사고다.
- 애완동물에 의한 사고는 면역력이 약한 어린이, 노약자 등에서 피부병이나 기생충성 질병 감염이 발생한다.

3) 개와 고양이에 대한 안전

- 애완동물이 먹거나 자거나 새끼를 돌보고 있을 때는 건드리지 않는다.

- 입을 통해 세균감염이 가능하므로 입 맞추는 행동은 하지 말아야 한다.
- 동물을 만진 후에는 반드시 손을 씻는다.
- 광견병을 포함한 전염병 주사를 정기적으로 접종한다.
- 개나 고양이에게 구충제를 투약한다.
- 개나 고양이를 청결하게 관리하여 피부질환을 예방해야 한다.
- 영유아가 사용하는 장난감에 애완동물의 접근을 금지한다.
- 동물의 배설물은 즉시 치운다.
- 낯선 개는 묶여 있어도 다가가지 않는다.
- 애완동물에 너무 가까이 가거나 필요 이상으로 만지지 않아야 한다.
- 유아가 혼자 애완동물 가까이에서 직접 먹이 주는 것 금지한다.
- 사육하는 동물 주변은 정기적으로 소독하여 항상 청결하게 한다.

4) 야생 곤충에 대한 안전

- 벌이 가까이 오면 가만히 있거나 몸을 조금씩 움직여 다른 곳으로 대피.
- 야외에서는 단 음식은 되도록 먹지 않는다.
- 벌에 쏘인 자리를 잘 관찰하고 벌 독침을 빼낸다.
- 독은 산성이므로 암모니아수를 발라 중화시킨다.
- 여름, 초가을 야외 활동 시 모기 활동이 왕성한 초저녁은 회피.
- 사마귀, 거미, 지네 등 야생 곤충을 직접 손으로 만지지 않는다.

2.

식물 안전

1) 식물 안전의 정의

일반적으로 식물은 다세포로 세포벽을 형성하며, 엽록체로 광합성을 하여 독립영양 생활을 하는 것을 말한다. 대부분의 식물은 육상에서 생활하며 광합성 원생생물인 조류와 구분지어 육상식물이라 지칭하기도 한다. 식물은 우리에게 안전한 식물이 대부분이지만 일부 식물은 독성을 가지고 있어, 사람의 건강에 위협을 준다. 따라서 독성이 있는 관상식물과 야생식물에 대해서는 안전을 관리해야 한다.

2) 관상식물 안전

- 독성이 있는 식물은 실내에 두지 말고 밖에서 키운다.
- 독성이 있는 식물은 아동들이 쉽게 만지거나 닿을 수 없는 곳에 둔다.
- 관상식물을 함부로 빨거나 먹어서는 안 된다.
- 관상식물에 의한 중독사고 시 아동이 먹었을 것으로 추정되는 식물을 병원에 가져간다.

3) 야생식물 안전

- 야외에서 안전을 확인된 식물 이외에는 만지거나 먹지 않는다.
- 옻나무와 같은 독성 식물은 스치기만 해도 부어오르거나 발진이 유발된다.
- 야생식물이 많은 산이나 야외 활동을 할 때는 긴 팔 셔츠와 긴 바지 착용하여 식물과의 접촉을 줄인다.

제13장

인파사고(공연과 축제) 안전

1.

인파사고

1) 인파사고의 정의

안파사고란 공연장, 극장, 음악당, 축제 따위의 공연을 하는 장소로 사람이 많이 모이는 곳에서 발생하는 사고를 말한다. 따라서 안전을 지키지 않으면 대형사고가 발생할 수 있는 곳에서 발생하는 사고를 말한다.

공연장에서 안전사고를 예방하기 위해서는 당국에서는 1인당 공간이 최소 $0.3\sim0.5\text{m}^2$ 필요하다며 '적정 관중 밀도' 수준을 제시하고 있다. 1m^2당 2~3명 이상 몰릴 경우엔 당국이 미리 관련 조치를 해야 한다고 규정했다. 그러면서 "특히 대형 군중이 몰릴 것으로 예상되는 경우에는 당국이 사람이 모이는 곳을 구획화(sectoring)하거나 바리케이드를 치는 등의 조치로 적절히 공간을 분리하는 관리가 필요하다"고 했다. 또 "군중 충돌(crowd crush)을 막기 위해 (구조 작업 등에 필요한) 여분의 비상 공간이 확보돼 있는지도 미리 확인해야 한다"고 밝히고 있다. 군중 밀집을 신경 쓰는 것 외에도 사고가 날 것을 대비해 항상 비어 있는 공간을 확보해놔야 한다는 것이다.

2) 미국의 인파사고 예방

미국은 인파사고 예방을 위하여 일정 구역에 군중이 과도하게 몰릴 경우 사방에 바리케이드를 쳐 더 번잡해지는 것을 막고 있다. 이동을 어느 정도 제한해 군중이 한쪽으로 급속히 몰리는 현상도 방지할 수 있다. 바리케이드로 구획된 곳들 사이에 공간을 남겨놔 군중이 이동할 수 있는 통로를 확보하고 있다. 대도시 뉴욕 타임스스퀘어에서 매년 열리는 새해맞이 행사 '볼 드롭(ball drop)'엔 매년 100만~200만명이 몰린다. 그럼에도 좀처럼 대형 사고가 일어나지 않는 것은 이런 안전 조치를 철저하게 시행하기 때문이다. 미 전역에서 10만명 넘게 몰린 2021 년 9·11 테러 20주년 행사 때는 폭발 현장인 '그라운드 제로'에서 반경 100m 정도는 뉴욕 경찰(NYPD)이 구획별로 통제, 사람이 너무 몰리지 않게 했다.

미 법무부 산하 법무지원국(BJA)은 지난 2013년 미 싱크탱크 CNA와 협력해 연방 정부와 주 정부 당국이 참고할 수 있는 '대규모 인파·행사 관리 매뉴얼(LSSE)'을 발표했다. 이 매뉴얼 은 "(당국이) 특정 행사에 대한 안전 계획을 수립하는 과정에서 (특정 장소에) 허용되는 최다 인원을 설정해야 한다"며 "특히 (행사 참석) 인원의 연령·성별 등도 고려해야 한다"고 밝히고 있다. 이어 "어린이와 노인으로 구성된 관객은 의료 시설이 더 필요한 경향이 있다"며 "이들은 청소년이나 성인보다 '압착 부상(crush injury)'을 당할 확률이 높기 때문"이라고 했다.

3) 미국의 인파사고 예방 권고 사항

미국 질병통제예방센터(CDC)는 홈페이지 등에서 자국 여행객들을 대상으로 대형 행사에 참석할 경우에 지켜야 할 권고 사항을 다음과 같이 소개하고 있다.

- '군중 충돌'에 휘말렸을 경우, 권투 선수처럼 가슴 앞에 손을 댈 것(숨 쉴 공간 확보)
- 군중의 힘에 저항하지 말 것,
- 움직임이 소강 상태를 보이면 대각선으로 이동해 군중의 가장자리로 이동할 것,
- 넘어질 경우 몸을 공 모양으로 말아서 스스로를 보호할 것

2.

공연 안전

1) 공연장 안전의 의미

공연장은 극장, 음악당 따위의 공연을 하는 장소로 사람이 많이 모이는 곳이다. 따라서 안전을 지키지 않으면 대형사고가 발생할 수 있는 곳이다.

2) 공연장 사고유형

- 행사 시작 전과 후에 관람객이 한꺼번에 몰리는 무질서로 압사 사고 발생
- 행사 중에는 폭죽, 폭음탄 등 화기 위험물 취급으로 화재 발생
- 공연 잘 보기 위해 높은 곳 선호하는 행동으로 인한 추락 사고

3) 입퇴장 안전

- 공연장 입장 시 뛰거나 앞사람을 밀면 안전사고의 원인이 되므로 줄지어서 순서대로 입장한다.
- 관람객은 입퇴장할 때 안전관리 요원의 안내를 받아 줄을 서서 이동통로와 출입문을 이용하여 입퇴장한다.
- 관람객은 공연 시간을 사전에 확인하고 입장과 퇴장을 하여 공연 시간을 잘 지켜야 한다.
- 공연 시작 전에 위급상황 발생 때 대처방법을 충분히 알려야 하며 관람객은 이를 숙지

하여 위급상황 발생 때 협조하여야 한다.

4) 관람 안전

- 공연장 등 공공장소에서는 음주나 흡연하여서는 안 된다.
- 지정된 자리 이외에 착석하지 않는다.
- 공연장 내에서 관람객이 소리를 지른다거나 장난을 쳐서는 안 되며, 특히 어린아이와 함께 관람하는 경우는 더 주의가 요구된다.
- 공연장 내에서는 행사 주최자의 안내에 따라 행동하여 행사가 잘 진행될 수 있도록 협조하여야 한다.
- 공연 중 무대로 올라가지 않는다.
- 옆에 있는 관람객이 관람하는 데 지장을 주는 행동을 하여서는 안 된다.
- 폭죽, 폭음탄 등 위험물은 화재의 위험성이 있으므로 사용하지 말아야 한다.

5) 비상사태 발생 시

- 실내 행사장의 경우 갑자기 정전되면 당황하지 말고 안내요원의 안내가 있기까지 자리에서 기다린다.
- 유도등을 따라 대피해야 한다.
- 대피 시 119구급대원 등 안전 구조요원의 활동에 방해가 되지 않도록 질서를 유지한다.
- 행사장 내에서 화재가 발생할 때, "불이야!" 하고 큰 소리로 외치거나 화장 경보 비상벨을 눌러 다른 사람에게 알린다.
- 비상시 앞사람을 따라 낮은 자세로 천천히 안내원의 안내를 따라 질서 있게 이동한다.
- 한꺼번에 출입구에 몰려들지 않도록 앞사람 먼저 차례대로 대피한다.

3.

공연장 안전 수칙

1) 실내 공연장에서 공연을 관람할 때 지켜야 할 안전 수칙

- 공연장 입장 전에 비상구, 대피 통로, 소화기 위치 등 기본적인 안전 정보를 확인하고, 화재 등 비상사태 발생 시 안내방송 및 안전요원의 안내에 따라 안전하게 대피한다.
- 입·퇴장 시에는 주변 사람들을 밀거나 당기지 않는다.
- 지정 좌석으로 이동할 때는 질서 있게 이동 경로를 따라 천천히 이동한다.
- 무대 공간 위로 올라가지 않는다.
- 발코니 난간에 기대거나 올라타지 않는다.
- 공연장 안에서는 공연장 관리자의 안내에 따라 행동하며, 공연 중 자리를 벗어나 이동하지 않는다.
- 탈진, 쇼크 등 건강 이상 증세가 발생하거나 주변 사람이 건강 이상 증세를 보이면 공연 관계자에게 알린다.

2) 야외 공연을 관람할 때 지켜야 할 안전 수칙

- 정해진 출입구를 통해 입·퇴장하도록 하도록 하며 안전펜스 사이로 이동하거나 뛰어넘지 않는다.
- 출입문에서 지정장소까지 항상 질서를 지키고 안내에 따라 천천히 입장한다.

- 조명 장비, 전기 시설, 전기 배선을 함부로 만지게 되면 감전사고를 당할 수 있으니 공연 장비를 만지면 안 된다.
- 관객 이동 통로 확보를 위해 이동식 좌석의 위치를 임의로 이동시키지 않는다.
- 조명탑, 촬영대, 나무, 안전난간이 없는 발코니, 높은 구조물 등 허가되지 않은 시설이나 물체에 올라타지 않는다.
- 무대 공간 위로 올라가지 않는다.
- 흡연은 지정된 장소에서만 한다.
- 탈진, 쇼크 등 건강 이상 증세가 발생하거나 주변 사람이 건강 이상 증세를 보이면 공연 관계자에게 알린다.

4.

축제 안전 수칙

1) 축제의 정의

축(祝)이 동반된 큰 제사(祭)로 굳이 축(祝)이나 제(祭)와 관련이 없더라도 큰 잔치면 축제라 부른다. 전국적인 인지도를 가진 큰 행사를 빼면 대형 조형물과 행사 인력을 대거 동원하는 외국 축제보다 비용면에서 소박한 경우가 많은 편이며, 주로 자연과 지역 상권을 활용한 축제가많다. 쉽게 말해 경치를 즐기며 먹고 마시는 것. 그러기에 날씨가 좋고 먹을 것이 풍부해지는 10월에 가장 많이 연다.

2) 축제 관련 법규

① 축제 안전관리비 확보
- 확보 대상 : 순간 최대 관람객 1천 명 이상 참가가 예상되는 축제, 고위험 축제
- 시장·군수·구청장이 지역축제 사고 예방을 위해 안전관리비를 확보할 필요가 있다고 인정하는 축제 등
- 산 또는 수면에서 개최하거나 불·폭죽·석유류·가연성 가스 등 폭발성 물질 사용 축제
- 안전관리비 확보 비율 : 행사 개최 전체 비용 대비 1% 이상

② 축제 보험 가입
- 보상 대상 : 참가자, 관람객, 진행자 등 지역축제 관계자
- 가입 금액 : 「자동차손해배상보장법 시행령」 제3조 제1항 금액 이상

③ 지역축제 개최 시 안전관리 조치
- 「재난 및 안전관리 기본법」 제66조의11(지역축제 개최 시 안전관리 조치) 중앙행정기관의 장 또는 지방 자치단체의 장은 지역축제 안전관리계획을 수립하고 안전관리에 필요한 조치, 그 외의 자는 지역축제 안전관리계획을 수립하여 관할 시장·군수·구청장에게 사전에 통보해야 한다.
- 「재난 및 안전관리 기본법 시행령」 제73조의9(지역축제 개최 시 안전관리 조치) 축제 기간 중 순간 최대 관람객 수가 1천명 이상, 개최 장소가 산·수면, 사용재료가 불·폭죽·석유류·가연성가스 등의 폭발성이 있는 경우 안전관리 조치를 해야 한다.

④ 경비가 필요한 시설 등에 대한 경비의 요청
- 「재난 및 안전관리 기본법 시행령」 제30조 시도경찰청장은 행사 주최자에게 경비가 필요한 시설 등에 대하여 경비원에 의한 경비를 요청할 수 있다. 부득이 경비를 할 수 없는 경우 행사 개최 24시간 전까지 시도경찰청장에게 그 사실을 통지한다.

⑤ 기타
- 「재난 및 안전관리 기본법」 제34조(영업질서 유지 등) : 유원 시설업자는 영업 질서 유지를 위하여 문화체육관광부령으로 정하는 사항을 지켜야 한다.

- 「재난 및 안전관리 기본법 시행 규칙」 제42조 별표 13(유원시설업자의 준수사항) : 안전관리에 관한 연락체계 구축, 안전사고 발생 즉시 등록관청 보고

- 「재난 및 안전관리 기본법」 제48조의2(지역축제 등) : 문화체육관광부장관은 지역축제의 체계적 육성 및 활성화를 위하여 지역축제에 대한 실태조사와 평가를 할 수 있다.

- 「재난 및 안전관리 기본법」 제33조(특별 교통 대책의 수립) : 국토교통부장관은 국가

교통관리에 중대한 차질이 발생하거나 발생할 우려가 있는 경우 이에 효과적으로 대응하기 위해 교통대책을 수립할 수 있다.

- 「재난 및 안전관리 기본법 시행령」제23조(특별 교통 대책의 수립 요건 등) : 교통시설의 파손, 재난의 발생, 에너지 수요·공급의 차질, 대규모 국제행사의 개최 등

3) 지역축제 행사장 위치 선정

- 지역축제 진행은 대부분 야외에서 이루어지는 점을 고려하여 행사장 주변에 위험요인이 없는지, 긴급상황 발생 시 축제 관람객 등이 안전한 곳으로 대피할 수 있는지 등 종합적으로 검토하여 결정하여야 한다.
- 집중호우, 폭우, 하천 범람, 화재 등과 같은 돌발성 재해 발생 위험지역과 산간, 계곡, 경사 지역, 천변, 교통혼잡 지역 등 위치적으로 위험성이 높은 지역인지 검토한다.
- 지역축제 행사장의 동시 최대 수용인원을 검토하여 수용대책을 마련하고, 축제 진행 중 수용한계를 넘을 때를 대비해 적절한 대책을 수립한다.
- 소음·불빛 등 기타 요인 때문에 축제장 주변시설(아파트·주택 단지, 축사, 병원, 어린이 보육 시설 등)에 피해를 주는 지역인지 검토한다.
- 실내에서 축제를 진행하는 경우는 긴급상황 발생에 대비해 출입구에는 문제가 없는지, 화재위험이 없는지, 임시 시설물의 전도 위험이 없는지 등을 검토한다.
- 긴급상황 발생에 대비, 비상구의 위치 등 피난 안내 동영상을 축제 기간 내 방영한다.
- 실외에서 불꽃놀이와 같이 폭죽 등을 사용하는 축제의 경우에는 풍향에 따라 잔재물 등이 관중석으로 떨어질 수 있으므로 하천 등 지형지물을 이용, 충분한 이격 거리를 확보할 수 있도록 검토한다.
- 화재 발생 등 긴급상황 발생에 대비, 소방차 진입 등 접근성을 검토한다.

4) 개최 시기(시간) 검토

- 지역축제의 개최 시기는 기상예보, 과거 기상사례 등을 참고하여 태풍, 집중호우(장마), 폭염, 대설, 한파 등을 피하고 맑고 화창한 날로 정하는 등 행사 전 또는 행사 중에 발생할 수 있는 기상이변에 대한 대처계획을 수립한다.
- 기상청 기상특보(경보·주의보) 발효 시, 축제를 취소하거나 연기 지역축제의 시간 계획은 축제의 특성에 따라 밤, 낮, 새벽에 진행할 수 있으나 축제의 안전관리 등을 고려하여 될 수 있으면 일출 후 시작하여 일몰 전에 끝나는 것으로 계획한다.
- 야간이나 새벽에 진행되는 지역축제는 조명, 안전 장비 확보 등 종합적인 안전사고 예방대책을 수립하여 추진한다.
- 신년 해맞이 행사 달집태우기, 빛의 축제, 불꽃축제 등 밤이나 새벽에 진행되는 축제의 경우에는 화재·감전·폭발 사고 등 관람객 등에 대한 안전대책을 강구한다.
- 겨울철에 진행되는 축제의 경우 관람객 등에게 미리 방한복, 무릎담요, 핫팩 등을 지참하도록 겨울철 안전사고에 대비하여 사전에 홍보한다.

4.

미술관, 박물관 관람 안전 수칙

미술관과 박물관 같은 관람 시설에서의 안전 수칙은 다음과 같다.

- 관람 중에는 뛰거나 밀고 당기는 장난을 치지 않는다.
- 승강기 안에서 뛰거나 출입문에 충격을 주지 않도록 한다.
- 승강기가 갑자기 정지하거나 정전이 발생하면 침착하게 인터폰으로 연락한 후 관리자의 지시에 따라 행동해야 하고, 억지로 문을 열고 탈출하려고 해서는 안 된다.
- 에스컬레이터를 이용할 때는 급정거하거나 넘어질 수 있으므로 핸드 레일을 반드시 잡고 있는다.
- 에스컬레이터 핸드 레일에 올라타거나 핸드 레일 밖으로 몸을 내밀지 않도록 한다.
- 에스컬레이터로 이동 시 뛰거나 장난을 치지 않는다.
- 화재 등 비상사태 발생 시 안내방송 및 관리자의 안내에 따라 안전하게 대피한다.

제14장

기타 안전

1.

엘리베이터 안전

1) 엘리베이터의 정의

엘리베이터는 건축물 내부의 수직 통로 안쪽에 설치된 한 쌍의 안내 레일을 따라 사람이나 화물을 상하로 옮기는 장치를 말한다. 고층 건물들이 증가하면서 엘리베이터의 증가한 만큼 엘리베이터 사고도 증가하고 있다. 엘리베이터 사고는 추락사고와 문이 열리지 않는 사고가 있다. 추락사고 같은 경우는 사망사고가 많이 발생하므로 안전에 주의를 기울여야 한다.

2) 엘리베이터 안전 이용수칙

- 승강기를 타고 내릴 때는 질서를 지킨다.
- 어린이와 노약자가 먼저 타고 내릴 수 있도록 양보한다.
- 엘리베이터 안에서 작은 소리로 대화하고 통화한다.
- 엘리베이터 안에서는 뛰지 않는다.
- 정원 초과 표시가 뜨면 내린다.
- 적재하중의 초과는 고장이나 사고의 원인이 되므로 엄수해야 한다.
- 인터폰 및 비상정지스위치 등을 장난으로 조작하지 말아야 한다.
- 문턱 틈에 이물질을 버리거나 물이 들어가지 않도록 한다.
- 출입문에 기대지 않는다.
- 화재가 발생했을 때는 엘리베이터를 타지 말고 비상계단을 이용한다.
- 엘리베이터 안에 수상한 사람이 있으면 타지 않는다.

- 정전 등의 이유로 실내 조명이 꺼지더라도 당황하지 말고 인터폰으로 연락한다.
- 임의로 판단하여 강제로 문을 열거나 탈출을 시도하지 말아야 한다.
- 전문가에 의해 구출되는 경우 반드시 구출자의 지시에 따라야 한다.

2.

에스컬레이터 안전

1) 에스컬레이터(escalator)

사람이나 화물이 자동으로 위아래 층을 오르내릴 수 있도록 만든 계단 모양의 장치를 말한다.

2) 에스컬레이터 안전

- 황색 안전선 안에 발을 놓고 걷거나 뛰지 않는다.
- 반드시 핸드 레일을 잡고 탄다.
- 어린이나 노약자는 보호자와 함께 손을 잡고 탄다.
- 에스컬레이터를 이용하는 중에 앞사람을 추월하지 말고 질서를 지킨다.
- 의복, 스카프, 신발 등이 틈새에 끼지 않도록 주의한다.
- 유아와 애완 동물은 안고 탄다.
- 어린이와 노약자는 보호자의 손을 잡고 탄다.
- 비상 정지버튼은 위기 상황에서만 누른다.
- 진행 방향의 반대 방향으로 오르지 않는다.
- 에스컬레이터에서는 뛰거나 장난치지 않는다.
- 핸드 레일을 반드시 잡고 머리나 팔을 내밀지 않는다.
- 디딤판 위에 앉지 않는다.
- 에스컬레이터는 맨발로 타면 다칠 염려가 있다.
- 시선은 정면에 고정하고 타야 한다.

제3부

응급처치

제1장

응급처치

1.

응급처치

1) 응급처치의 정의

응급처치란 사고나 질병으로 응급상황이 발생했을 때 응급 의료 기관에서 전문적인 치료를 받기 전까지 행해지는 처치로 즉각적이고 임시적으로 이루어진다. 119 신고부터 부상이나 질병을 의학적 처치 없이도 회복될 수 있도록 도와주는 행위를 말한다.

응급처치란 응급환자를 보다 나은 병원 치료를 받을 때까지 일시적으로 도와주는 것일 뿐 아니라 정규적, 본격적 치료는 아닐지라도 적절한 조치로 회복상태에 이르도록 하는 것을 말한다. 응급처치에는 응급환자에게 행하여지는 기도의 확보, 심장박동의 회복, 기타 생명의 위험이나 증상의 현저한 악화를 방지하기 위하여 긴급히 필요로 하는 처치를 말한다.

응급상황에서 전문적인 치료를 받을 수 있도록 119에 연락하는 것부터 부상이나 질병에 대한 피해를 될 수 있는 한 최소화하려는 일시적이나 매우 중요한 처치가 응급처치이다.

2) 응급처치의 필요성

응급처치를 빠르고 적절하게 했느냐에 따라 삶과 죽음, 빠른 회복과 장기간의 입원, 일시적 장애와 영구적인 손상이 결정된다. 자신이나 다른 누군가를 위해 해줄 수 있는 어떤 도움보다도 더 가치 있고 중요한 것이 응급처치이다.

응급처치는 사람의 삶과 죽음을 좌우하며 회복 기간에도 영향을 미치게 된다. 응급상황에 대처하는 처치자의 신속·정확한 행동 여부에 따라서 환자의 삶과 죽음이 좌우되기도 한다. 응급처치는 일반적으로 타인에게 실시하는 것이지만 상대가 본인이나 가족의 경우는 자신을 위한 일이 된다. 이처럼 응급상황을 인지하고 처치할 수 있다면 삶의 질을 향상시킬 수 있다.

3) 응급처치와 법률

응급상황에 처한 대상자를 도와주다가 환자가 잘못되었을 경우 이에 대한 법적 책임을 져야 하지 않을까 하는 두려움 때문에 선뜻 도와주지 못하는 사례가 있다. 우리나라의 경우 의료인이 아닌 일반인이 응급상황에 처한 사람을 도와주는 과정에서 소송이 발생한 경우는 거의 없으며, 소송이 발생하더라도 이에 대한 법률적인 면책 조항이 있으므로 크게 걱정할 필요가 없다.

4) 선한 사마리아인 법 (응급의료에 관한 법률 제 5조의 2)

제5조의2(선의의 응급의료에 대한 면책)

생명이 위급한 응급환자에게 다음 각 호의 어느 하나에 해당하는 응급의료 또는 응급처치를 제공하여 발생한 재산상 손해와 사상(死傷)에 대하여 고의 또는 중대한 과실이 없는 경우 해당 행위자는 민사 책임과 상해에 대한 형사 책임을 지지 아니하고 사망에 대한 형사 책임은 감면한다.

1. 다음 각 목의 어느 하나에 해당하는 자가 아닌 자가 실시한 응급처치

가. 응급의료종사자

나. 「선원법」 제78조의 2에 따른 선박의 응급처치 담당자, 「소방기본법」 제35조에 따른 구급대 등 다른 법령에 따라 응급처치 제공의무를 가진 자

2. 응급의료종사자가 업무수행 중이 아닌 때 본인이 받은 면허 또는 자격의 범위 안에서 실시 한 응급의료

3. 제1호 나목에 따른 응급처치 제공의무를 가진 자가 업무수행 중이 아닌 때에 실시한 응급처치

(2008.6.13 신설, 2008.12.14 시행)

5) 응급처치와 구급함

　병원치료를 받지 않아도 되는 손상과 질환들의 응급상황에도 바로 사용 가능한 구급함(구급 낭)을 준비하여 두는 것이 좋다. 만약 병원 치료가 필요할 경우라도 응급처치 용품이 적절하게 구비되어 있고, 사용되어 진다면 많은 도움을 줄 수 있을 것이다.

　구급함의 내용물은 일반적으로 많이 사용되는 품목으로 구성해야 하며, 대부분의 약품은 유효 기간을 명시하고 어린이나 학생들의 손이 닿지 않도록 하고 약품을 적절하게 사용하기 위해 설명서를 잘 읽고 따라야 한다.

- 처치에 필요한 재료 : 면붕대, 탄력붕대, 삼각건, 거즈, 탈지면, 반창고, 일회용 밴드
- 처치에 필요한 기구 : 가위, 핀셋, 면봉, 족집개, 숟가락, 얼음주머니, 체온계, 소형전지
- 먹는 약 : 진통제, 해열제, 건위제(위의 상태가 나쁠 때), 정장제, 완화제
- 바르는 약 : 암모니아수, 올리브유, 외상 연고, 항히스타민 연고류
- 소독약 : 소독력을 가진 비누액
- 기타 약재 : 찜질약(파스류), 안약, 관장약, 설퍼제

6) 응급상황 시 행동요령

응급상황 시 행동요령은 다음과 같다.

① 현장 조사(Check)
- 현장은 안전한가?
- 무슨 일이 일어났는가?
- 얼마나 많은 사람이 다쳤는가?
- 환자 주위에 긴박한 위험이 존재하는가?
- 우리를 도울 수 있는 다른 사람이 있는가?
- 환자의 문제점은 무엇인가?

② 119 신고(Call)
- 전화 거는 사람의 이름
- 무슨 일이 일어났는지?
- 사고의 발생 장소는 어디인가?
- 얼마나 많은 사람이 다쳤는지?
- 환자의 부상 상태는 어떠한지?
- 응급상황이 발생한 정확한 장소

구급차가 도착하기 전까지는 119로부터 부상자에 대한 도움을 받을 수도 있으므로 전화를 곁에 두고 잘 받는다.

③ 처치 및 도움(Care)
- 신분을 밝히고 동의를 구한다.
- 환자를 안심시킨다.
- 편안한 자세를 취하게 한다.
- 환자의 호흡과 의식을 확인한다.
- 2차 손상을 주의한다.

7) 응급처치 시 우선 순위

① 1순위 : 즉각적인 처치를 요하는 환자
- 기도를 방해하거나 폐쇄를 일으킬 수 있는 모든 손상
- 흡인성 손상, 흉곽 손상, 긴장성 기흉, 질식을 초래하거나 질식 상태에 있는 상악이나 안면의 손상
- 즉각적 지혈을 요하는 모든 출혈
- 손상, 골절 및 출혈로 인해 쇼크를 일으킬 수 있는 손상

② 2순위 : 긴급 수술을 요하는 환자
- 내장 손상
- 치료를 요하는 혈관 손상(특히 지혈대를 묶은 모든 손상이 포함된다)
- 의식이 없어져 가는 폐쇄성 뇌손상

③ 3순위 : 수술이 필요하지만, 지연이 가능한 환자
- 감압을 요하는 척추손상
- 경한 골절 및 탈구
- 눈의 손상
- 질식을 수반하지 않는 상악 손상이나 안면 손상

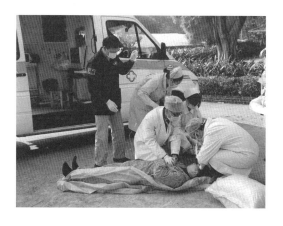

8) 동의 구하기

응급처치를 하기 전에 반드시 환자의 허락을 받아야 한다. 동의를 받지 않고 신체에 접촉하는 것은 위법이므로, 환자의 승낙을 받지 않은 응급처치는 위법이 될 수 있다. 동의를 구할 때는 처치자의 이름, 응급처치 훈련 정도, 어떤 처치를 제공할 것인지를 환자나 보호자에게 말하여 동의를 구한다.

① 명시적 동의

환자가 의식이 있고, 상황 판단력이 있어야 한다. 환자가 성인이면 직접 동의를 받고, 미성년자인 경우 보호자로부터 동의를 받는다.

② 묵시적 동의

환자가 의식이 없으나 생명이 위험한 경우에 적용되며, 환자가 처치에 동의했을 것이라고 간주한다.

9) 응급처치의 거부

의식이 분명히 있는 환자가 도움을 거절하는 경우 환자에게 거절하는 이유를 물어볼 수 있으며, 즉각적인 치료가 필요한 경우 환자 상태를 설명하는 것이 바람직하다. 하지만 계속 분명하게 거절하면 119에 구조요청을 한 후 구급 요원이 도착할 때까지 환자 상태를 계속 살피면서 같이 있어 주어야 한다.

응급처치를 거부할 경우 다음과 같은 조치를 취한다.

① 현장 조사
- 사고 현장의 안전 여부
- 사고와 손상을 일으키는 원인

- 부상자 수
- 도움을 줄 수 있는 다른 사람의 유무 조사

② 일차 사정 : 생명을 위협하고 있거나 위협하게 될지도 모르는 문제를 확인
- 환자의 의식 유무
- 호흡 유무
- 혈액 순환
- 출혈 유무 확인

③ 이차 사정
신체검진을 통한 손상이나 질병의 유무, 상태의 심각성을 확인
환자의 징후와 증상으로 평가하며, 머리, 목, 가슴, 배, 골반, 팔다리 순으로 사정하여 변형, 개방 상처, 압통, 부종의 유무 확인

10) 응급처치 시 확인 내용

① 머리 : 변형, 개방 상처, 압통, 부종의 유무 확인
- 귀나 코에서 뇌척수액 유출과 출혈 여부를 확인
- 동공 확인 시 양쪽 동공의 크기, 빛에 대한 반응 유무 확인
- 입안에 부러진 치아나 기도의 이물 유무 확인

② 목
- 변형, 개방 상처, 압통, 부종의 유무 확인
- 척추 손상 의심 시 꼬집었을 때 느낌 유무 확인
- 목 손상 의심 시 양손과 양다리 움직임 유무 확인

③ 얼굴과 피부색
- 청홍색 : 입술과 손톱 확인 → 호흡곤란, 심정지 직전, 약물중독 등의 위험
- 창백 : 얼굴의 창백 여부, 피부의 차갑고 건조한 정도, 혈압 저하 → 대출혈 의심, 심장발작
- 붉은색 : 안색, 피부색 확인, 높은 혈압 → 일산화탄소 중독, 일사병, 열사병 의심

④ 복부
- 변형
- 개방 상처
- 압통
- 부종의 유무 확인

⑤ 골반
- 변형, 개방 상처, 압통, 부종의 유무 확인
- 안쪽을 눌러 보고 확인
- 골반 위에서 눌러 확인

⑥ 팔 다리
- 변형
- 개방 상처
- 압통
- 부종 유무 확인

2.

기도 폐쇄

1) 기도 폐쇄의 정의

공기는 기관지 등 일련의 통로를 거쳐 폐에 도달하는데 이러한 일련의 통로를 기도라고 한다. 기도 폐쇄란 목에 이물질이 걸려 기도를 부분적 또는 완전히 막아 호흡을 방해하는 상태를 말한다. 기도가 폐쇄된 경우 이물질을 제거하기 위해 기침을 하며 노력하지만, 원인을 제거하지 못하면 곧 의식을 잃고 쓰러져 심정지가 오게 된다. 기도가 부분 혹은 전체적으로 폐쇄되는 것을 바로 기도 폐쇄라고 한다.

모든 음식(사탕이나 땅콩, 미니 컵 젤리)은 기도 폐쇄를 일으킬 수 있는데, 크게 웃거나 말하면서 음식물을 삼킬 때나 입에 음식물이 있는 상태에서 걷거나 뛸 때 발생할 수 있다. 의식이 없는 환자의 경우에는 자신의 혀나 토물에 의해 기도가 막힐 수도 있다.

경한 기도 폐쇄를 보이고 환자가 기침을 심하게 하는 경우는 자발적인 기침이나 호흡을 방해하지 않고, 환자의 등을 두드리지 않아야 한다. 그러나 지속적인 기침에 이물질이 나오지 않거나 호흡곤란 증상을 보일 때, 심한 기도 폐쇄의 징후를 보이는 성인과 1세 이상의 소아는 환자의 의식 유무와 상관없이 즉시 응급의료체계(119, 1339)에 연락을 한 후 기도 폐쇄의 징후가 해소되거나 환자가 의식을 잃기 전까지 복부 밀어내기를 반복해야 한다. 복부 밀어내기가 효과적이지 않거나 비만, 임신 후기 등의 이유로 시행이 어려운 경우에는 흉부 밀어내기를 사용할 수 있다.

2) 기도 폐쇄의 종류

기도 폐쇄는 영아나 노인들에게 자주 발생하며 완전 기도가 막히는 현상인 완전 기도 폐쇄와 기도가 부분적으로 막히는 현상인 부분 기도 폐쇄는 두 가지로 나뉜다.

① 부분 기도 폐쇄

기도가 완전히 막히지 않은 상태로 적은 양이라도 숨을 쉴 수 있다. 호흡 시 색색거리는 소리가 나고 기침이 지속적으로 난다. 의식이 있는 환자라면 기침을 유도하여 스스로 기도의 이물질을 제거하려고 노력할 것이다.

② 완전 기도 폐쇄

이물질에 의한 완전 기도 폐쇄는 주로 성대 주위의 상기도에서 발생하며 기도가 완전히 막힌 상태이다. 완전 기도 폐쇄 시는 전혀 숨을 쉴 수 없고 기침을 하려고 해도 스스로 이물질을 제거할 수 없는 상태이다. 환자는 본능적으로 목을 길게 빼고 손으로 목을 감싸 쥐며 숨이 막혔다는 것을 알리는 초킹 사인(chocking sign = V sign)을 보이며 1분이 경과하면서 서서히 의식을 잃게 된다.

3) 기도 폐쇄의 원인

- 기도는 이물질이나 알레르기 반응, 세균이나 바이러스 감염, 화상, 화학물질의 흡입으로 인한 손상 그리고 외상 등에 의해 폐쇄될 수 있다.
- 이물질에 의한 기도 폐쇄는 주로 음식물에 의한 것이다.
- 흔히 웃으면서 먹거나 잘 맞춰지지 않은 틀니를 한 채, 혹은 음주 상태로 먹을 때 음식물이 기도로 넘어가 기도를 막을 수 있다.

4) 기도 폐쇄 응급처치

- 부분 기도 폐쇄 상태일 경우, 심한 기침을 하게 된다. 이 경우는 계속 기침을 하도록 유도해야 한다.
- 지속적으로 기침을 했음에도 불구하고 이물질이 배출되지 않는다면 즉시 119에 신고한다.
- 완전 기도 폐쇄일 경우에는 상태가 말을 못하거나 울지 못할 정도이고, 얼굴이 파래지는 청색증 증상이 나타난다.

5) 영아 기도 폐쇄 응급처치

- 영아의 기도가 막혔을 때는 먼저 영아의 등이 위로 향하도록 영아를 뒤집어 얼굴을 아래로 향하게 한다.
- 영아의 머리를 영아의 가슴보다 아래로 향하게 한 채 손꿈치로 등을 5회 두드린다.
- 한 손으로 영아의 머리와 목을 받치고 다른 손의 엄지와 다른 손가락으로 턱을 잡은 다음에 영아의 얼굴이 위를 향하도록 뒤집고 이물질이 나오는지 확인한다.
- 가슴압박 5회 실시하고, 등 두드리기 5회와 가슴압박 5회를 이물질이 나올 때까지 반복하여 실시한다.

6) 영아 기도 폐쇄 예방법

- 영아의 손이 닿는 곳에 단추, 동전, 구슬 등과 같은 작은 물체를 두지 않는다.
- 음식물을 먹을 때는 의자에 앉아서 먹도록 한다.
- 음식물을 너무 빨리 먹지 않도록 해야 한다.
- 견과류, 포도, 팝콘과 같이 삼키기 쉬운 음식물은 영아에게 주지 않는다.
- 영아가 씹기 쉽도록 음식물을 조그맣게 잘라서 준다.

• 분해되기 쉬운 장난감을 주지 않는다.

7) 의식이 없는 기도 폐쇄 시 이물질 제거법

이물질부터 제거하려 하지 말고 바로 심폐소생술을 실시해야 하며, 심폐소생술 중 이물질 여부를 확인하고 제거해야 한다. 즉 가슴압박 30회 후 이물질 여부를 확인하고 이물질이 있으면 이를 제거한 후 인공호흡 2회를 실시한다.

이물질 제거 방법은 다음과 같다.

• 환자의 입을 벌려 이물질을 확인한다.
• 한 손으로 턱을 잡아 끌어올리고 다른 손의 검지를 환자의 목구멍 깊숙이 집어넣는다.
• 손가락을 갈고리 모양으로 하여 이물질을 입속으로부터 끄집어낸다.

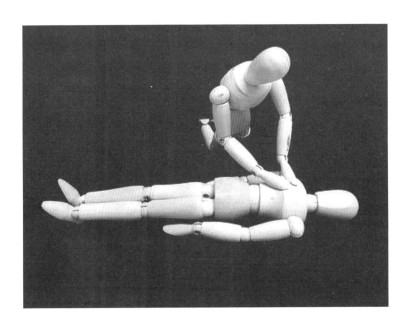

3.

심폐소생술

1) 심정지의 정의

우리 몸의 혈액순환을 담당하는 심장이 멈춘 것을 말한다. 증상을 보면, 발생 초기에 전신경련을 일으키기도 하고 의식이 없어지면서 호흡도 없는 상황 또 사망 호흡이라고 한다.

심정지가 발생하고 4분이 될 때까지는 뇌손상이 거의 없다. 그러나 4분이 지나면 산소를 공급받지 못한 뇌는 뇌손상이 시작되고, 4분이 지나면 심각한 뇌손상이 시작되고 급기야는 뇌사로 진행될 수 있다.

심정지의 원인은 연령이 높거나 비만이거나 고혈압을 가지고 있거나 당뇨나 흡연, 과도한 음주 그리고 가족력 등이 있다. 그러나 요즘에는 20~30대에 젊고 건장한 사람도 하루아침에 심장마비로 사망하는 경우도 많다.

심정지의 발생은 예측이 어렵고, 예측되지 않은 심정지의 60~80%는 가정, 직장, 길거리 등 의료 시설 이외의 장소에서 발생하므로, 심정지의 첫 목격자는 가족, 동료, 행인 등 주로 일반인이다.

2) 심폐소생술의 정의

심폐소생술은 심장과 폐의 활동이 갑자기 멈추었을 때 실시하는 응급처치를 말한다. 심폐소생술은 심정지가 의심되는 의식이 없는 사람을 발견하였을 때, 구조를 요청하고 기도를 유지하며, 인공호흡과 인공순환을 한다. 단순하게는 가슴을 압박하고 입에 호흡을 불어 넣어 산소가 포함된 혈액을 뇌로 보내 주는 응급처치를 심폐소생술이라 한다.

심장마비는 다양한 원인에 의해 심장근육으로 가는 혈액 공급이 많이 줄어들었거나 중지되어 심장박동이 멈춘 상태를 말하는데, 수분 이내에 적절한 응급처치를 하지 않으면 결국 사망에 이르게 된다. 이에 반해 심폐소생술은 심장박동과 호흡이 회복되도록 하기 위한 처치로, 인공호흡으로 환자의 폐에 산소를 공급하고 가슴압박으로 심장과 폐의 순환을 유도해서 산소화된 혈액을 뇌에 공급함으로써 환자의 사망을 방지하는 일련의 응급처치 과정이다.

심장마비 환자에게 빠른 신고, 빠른 심폐소생술, 빠른 자동심장충격기(AED), 빠른 전문 치료의 조치가 이루어지면 사망을 예방할 수 있다. 심폐소생술의 중요성은 심정지가 발생하고 1분 이내에 심폐소생술을 실시하면, 97%의 소생률을 보인다. 그러나 1분이 지날 때마다 환자의 소생률이 급격하게 떨어진다. 따라서 심정지 환자를 목격했을 때는 바로 119에 신고를 하고 심폐소생술을 실시하는 것이 매우 중요하다.

3) 소생의 고리

심장마비 환자의 생명을 보전하고 소생시키기 위해서는 심장마비가 발생한 사고 현장에서부터 처치가 시작되어야 한다. 이를 가능하게 해주는 다섯 가지 응급처치 단계의 개념이 '소생의 고리'이다.

이 다섯 가지 소생의 고리는 가능한 한 빠르게, 단절 없이 유기적으로 이루어져야만 심장마비 환자가 소생할 수 있다. 그러나 1세~8세까지의 소아와 1세 미만의 영아에서의 심정지는 성인과 달리 안전사고의 예방, 흉부 압박을 강조하는 조기 심폐소생술, 응급구조 체계 가동(119 신고), 효과적인 소아 전문 심폐소생술, 심정지 후 처치 통합(저체온 치료)로 소생의 사슬이 다음과 같이 이루어진다.

• 심정지의 신속한 파악 및 응급구조체계 가동(119 신고)
• 흉부 압박을 강조하는 조기 심폐소생술
• 신속한 제세동

- 효과적인 전문 심폐소생술
- 심정지 후 처치 통합(저체온 치료)

4) 심폐소생술 순서

- 심장정지 환자를 발견하면, 재빨리 심장정지 사실을 인식하여 응급 의료체계에 연락해야 한다.
- 어깨를 강하게 두드리면서 "여보세요. 여보세요. 정신 차려보세요"라고 외치며 환자의 반응과 호흡을 확인한다.
- 즉시 심폐소생술을 시작하여 심장정지 시간을 단축시켜야 한다.
- 집 안에서 환자가 발생했을 때는 119에 전화해서 정확한 위치와 환자의 상태를 알린다.
- 공공장소에서 신고 요청할 시에는 정확히 한 사람을 지목해서 119에 신고요청 해야 하며, 자동심장충격기도 가져와달라고 요청한다.
- 심장정지 발생을 연락받은 응급 의료체계는 신속히 현장에 도착하여 세동제거 등의 상급 심장소생술을 실시해야 한다.
- 자발 순환이 회복된 이후에는 상급 심장소생술에 의한 포괄적이고 전문적인 심장정지 후 치료해야 환자의 생존율을 증가시킬 수 있다.
- 환자가 발생하면 먼저 어깨를 두드려서 의식을 확인한다.
- 환자가 깨어나거나 전문 의료진이 도착할 때까지 가슴압박 30번, 인공호흡 2번을 반복적으로 시행한다.

4) 심폐소생술의 주요 포인트

① 환자의 자세

효과적인 심폐소생술을 시행하기 위해서는 환자를 딱딱하고 평평한 바닥에 반듯하게 눕혀야 한다. 만약 환자가 의식을 잃고 엎드려 있다면 환자를 통나무 굴리기(Log roll)법으로 바로 눕혀야 한다.

② 기도 개방

심정지 또는 혼수상태의 환자는 근육의 긴장도가 저하되어 혀가 밑으로 쳐지기 때문에 기도 폐쇄를 일으킬 수 있다. 심폐소생술을 시작하기 전에 먼저 '머리 젖히고-턱 들어 올리기' 방법으로 환자의 기도를 개방해야 한다.

이 방법을 수행하면 턱이 앞으로 당겨지면서 하악골에 붙어 있던 혀가 같이 따라 올라가 기도가 열리게 된다. 이때, 턱 밑 연부조직을 누르게 되면 기도 폐쇄의 원인이 될 수 있으며 1세 미만의 영아는 머리의 크기가 상대적으로 크기 때문에 과도하게 머리를 뒤로 젖힐 경우에 오히려 기도 폐쇄가 유발될 수 있으므로 주의해야 한다.

③ 인공호흡

기도가 개방된 상태에서 코를 막은 후 완전히 입을 덮은 다음 보통 호흡으로 가슴이 충분히 올라올 정도로(1초) 불어 넣는다. 이때 시선은 환자의 가슴이 오르내리는지 관찰해야 하고 호흡을 불어넣은 후에는 환자의 입에서 응급처치자의 입을 떼고 잡았던 코를 놓아주어 숨을 내쉴 수 있도록 한다.

• 심폐소생술 교육을 받지 않는 목격자의 경우 : 인공호흡 생략

흉부 압박 심폐소생술(Hands-Only CPR, 흉부 압박만 함)시행하거나 119전화상담원의 안내를 따라야 한다.

• 심폐소생술 교육을 받은 일반 구조자

흉부 압박 심폐소생술 시행한다. 만약 인공호흡을 시행할 수 있다면 흉부 압박과 인공호흡을 같이 시행하되, 흉부 압박 30회에 인공호흡 2회의 비율로 시행한다.

• 인공호흡이 생략된 이유

흉부 압박 심폐소생술은 교육받지 않은 구조자가 시행하기 쉬우며, 응급 의료체계 상담원이 실시 방법을 쉽게 설명할 수 있다는 장점이 있다.

또한, 병원 밖에서 발생한 심정지의 생존율을 비교하면 흉부 압박 심폐소생술과 흉부 압박 및 인공호흡을 모두 시행하는 심폐소생술 간의 생존율에 큰 차이가 없었다.

④ 흉부 압박

가슴압박 시 순환 혈액량은 정상 순환에 비해 아주 적지만 뇌와 심장에는 아주 큰 역할을 한다. 효과적인 가슴압박을 하기 위해서는 강하고 빠른 압박을 요구한다. 일반 구조자 및 의료 진은 분당 최소 100회의 흉부 압박을 시행해야 하는데 대부분의 연구에서 흉부 압박 시행 횟수 가 많을수록 생존율이 높았고 흉부 압박 시행 횟수가 적을수록 생존율도 감소했다.

성인 가슴압박은 두 손을 사용하고, 소아는 한 손이나 두 손, 영아는 두 손가락으로 가슴압박 으로 시행하며 흉부 압박 후 이완 시에도 손바닥을 흉부에서 떼지 않아서 정확한 위치에 머물 러 있도록 한다.

- 자세 : 처치자의 팔과 바닥이 직각
- 속도 : 분당 최소 100회의 속도로 흉부 압박
- 깊이 : 성인 흉골을 최소 5cm(2인치) 깊이로 압박

5) 성인, 아동 및 유아 기본 소생술의 핵심 내용

구성내역	성인	소아	영아
식별	의식 없음(모든 연령)		
	호흡 없음 또는 비정상적인 호흡(가쁜 호흡)	호흡 없음 또는 가쁜 호흡	
	모든 연령에서 10초 이내에 맥박 촉진 안 됨(의료진에만 해당)		
심폐소생술	C → A → B		

시행순서	[Circulation 가슴압박을 통한 혈액순환, Airway 기도 열기 후 호흡확인, Breathing 인공호흡]		
압박 속도	분당 최소 100회~120회		
압박 깊이	최소 5cm(2인치)	흉부 전후 직경의 최소 1/3 약 5cm(2인치)	흉부 전후 직경의 최소 1/3 약 4cm(1.5인치)
흉벽 반동	흉부 압박 간 완전한 반동이 가능하게 함 의료진은 2분마다 흉부 압박을 재시행함		
압박 중단	흉부 압박 시 중단을 최소화함, 중단 시간이 10초 미만이 되도록 함		
흉부 압박 대 인공호흡 비(전문 기도 유지 장비가 삽입될 때까지)	30:2 구조자 1~2인 구조자	단일 구조자 30:2 2인 의료진 구조자 15:2	
인공호흡	흉부 압박만		
전문 기도유지 장비로 환기(의료진)	6~8초마다 인공호흡 1회(분당 호흡 8~10회) 비동시성 흉부 압박, 호흡 당 약 1초, 가시적인 흉부 상승		
제세동	가능한 빨리 자동심장충격기 부착 및 사용, 전기 충격 전후 흉부 압박 중단을 최소화하고 각 전기 충격 직후 흉부 압박으로 심폐소생술 재개		

출처 : 2010 미국심장학회(AHA)

4) 심폐소생술을 시행할 때 자세

- 심장의 위치에 손꿈치를 갖다 대고 다른 한 손으로는 깍지를 낀 후 손끝을 들어준다.
- 엉덩이를 축으로 해서 팔은 곧게 펴고 가슴압박 길이는 5~6㎝, 압박 속도는 1분에 100

~120회 속도로 강하게 누르고 이완을 충분히 한다.

- 가슴압박 30번이 끝나면 인공호흡 2번을 실시한다.
- 이마를 제치고 턱 끝을 들어 기도를 확보해 준다.
- 두 손가락으로 코끝을 잡고 입과 입을 덮은 후 1초간하고 가볍게 숨을 불어 넣는다.
- 가슴압박 30회와 인공호흡 2번을 119가 도착할 때까지, 전문 의료진이 도착할 때까지, 환자가 깨어날 때까지 쉬지 않고 계속한다.

5) 영유아 심폐소생

① 의식을 확인한다.

- 주변이 안전한지 확인하고, 환자를 딱딱하고 편평한 바닥에 눕힌다.
- 어깨를 두드리면서 "괜찮니?"라고 소리치면서 환자의 반응을 살핀다.
- 의식이 없고 호흡이 있으면 회복 자세를 취하게 해주고 119의 도움을 요청한다.

② 가슴압박을 실시한다.

- 환자를 딱딱한 바닥에 눕히고 환자 가슴 옆에 무릎 꿇는 자세를 취한다.
- 양측 유두를 이은 가상의 선 바로 아래 흉골과 만나는 지점에 두 손을 겹친다.
- 가슴압박은 분당 100회~120회 속도로 약 4~5cm의 깊이로 압박한다.

4.

자동심장충격기

1) 자동심장충격기의 정의

자동심장충격기(Automated External Defibrillator, AED)는 심장 리듬을 분석하여 충격 가능 리듬인지(제세동이 필요한지) 충격 불가능 리듬인지(제세동이 불필요한지) 알려주고, 제세동이 필요하면 바로 제세동을 시행할 수 있는 기계를 말한다.

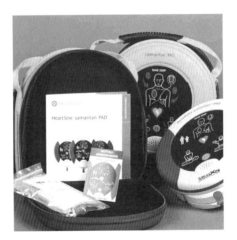

[그림 3-1] 자동심장충격기

2) 자동심장충격기의 필요성

성인에게 급성 심장마비를 일으키는 가장 흔한 원인은 심실세동이다. 심장의 규칙적인 전기 충격파는 심실세동에 의해 심장의 근육수축과 이완의 규칙을 잃어버리게 된다. 심장이 멈추게 되면 혈액순환은 중지되고 몸 전체에 산소와 영양 공급이 중단된다.

심장이 뛰지 않는 매분마다 환자의 소생 기회는 7~10%씩 감소한다. 심실세동에 의한 심정지 환자의 생명은 지속적인 심폐소생술과 얼마나 빨리 제세동 처치가 시행되느냐에 의해 결정된다고 말할 수 있다.

3) 자동심장충격기가 필요한 경우

자동심장충격기를 사용할 경우는 다음과 같다.
- 심실세동 : 심장이 매우 빠르고 불규칙하게 수축함으로써 실제적인 심박출량을 만들어 내지 못하고 가늘게 떨고 있는 상태
- 제세동 : 심실세동이 발생된 심장에 강한 전류를 일시적으로 통과시킴으로써 심실세동을 종료시키고 심장이 다시 정상적으로 박동하도록 하는 전기 충격 치료

4) 자동심장충격기 사용방법

- 자동심장충격기의 전원 스위치를 켠다.
- 자동심장충격기의 음성 메시지에 따라 패드를 부착한다.
- 음성 메시지에 따라 커넥터를 자동 자동심장충격기 본체에 연결한다.
- 분석한다.
- 제세동 버튼을 누른다.
- "분석 중…"이라는 음성 메시지가 나오면 환자에게서 손을 떼도록 한다.
- "제세동이 필요합니다."라는 음성 메시지와 함께 자동심장충격기 스스로 설정된 에너지로 충전을 시작한다면 주위의 사람들에게 제세동을 시행한다는 사실을 알리고 환자에게서 떨어지도록 지시한다.
- 제세동 버튼을 누른다.
- 제세동을 실시한 이후에는 지체없이 가슴압박을 시작으로 기본 소생술을 다시 시작한다.

제2장
상황별 응급처치

1.

충격(Shock) 응급처치

1) 충격(Shock)의 정의

쇼크란 산소가 포함된 혈액이 우리 몸 전체에 충분히 공급되지 않아서 나타나는 순환계의 기능 이상을 말한다. 쇼크는 심장의 펌프작용 이상이나 많은 양의 출혈이 일어났거나, 출혈이 없는 상태라도 혈관이 확장되면 상대적으로 혈액이 혈관을 충분히 채울 수 없게 되어 발생한다.

대부분의 부상은 순환계에 영향을 주어 쇼크가 일어날 수 있으므로 처치자는 항상 쇼크에 대비해야 한다.

2) 증상

- 불안, 긴장, 초조감, 현기증 등 의식상태가 변한다.
- 피부, 입술, 손톱이 창백해지고, 차갑고, 축축하다.
- 구토나 메스꺼움을 호소한다.
- 심한 쇼크 시 의식이 없어진다.

3) 충격에 대한 응급처치

쇼크는 응급처치만으로 효과적으로 다룰 수 없으므로 생명이 위험한 증상을 우선 처치한 후, 빠른 119 신고를 통해 응급 의료 서비스를 필요로 한다.

① 자세

- 머리를 낮게 누이고 하체를 20~30cm 정도 높여 준다.
- 가슴부상으로 호흡이 힘든 환자는 머리와 어깨를 높게 해 준다.
- 의식이 없는 환자를 무리하게 일으키거나 움직여서는 안 된다.
- 기도를 개방하고 편안한 자세로 눕힌다.

② 보온

담요나 옷을 바닥에 깔거나 환자를 덮어주어 체온 손실을 막아야 한다. 고통과 두려움은 스트레스를 증가시키고 쇼크의 진행을 빠르게 할 수 있으므로 환자가 편안히 쉴 수 있도록 도와야 한다.

- 환자의 체온을 정상적으로 유지하기 위해 힘쓴다.
- 주위에 보온할 수 있는 것들을 바닥에 깔고 몸을 덮어준다.

③ 음료

의식이 없거나 응급수술이 예상되는 환자에게는 음식이나 음료를 주어서는 안 되는데 흡인을 유발할 수 있기 때문이다. 갈증을 해소하기 위해 물에 적신 깨끗한 천을 입에 대어 물게 해 준다. 단, 탈수증이나 열사병일 경우 음료를 줄 수 있다.

- 의식이 없거나 희미한 환자에게는 원칙적으로 음료를 주지 않아야 한다.
- 열사병, 일사병이나 심한 설사로 탈수증상을 일으키면 수분을 섭취하도록 한다

2.

화상 응급처치

1) 화상의 정의

화상이란 불이나 뜨거운 물, 화학물질 등에 의해 피부 및 조직이 손상된 것을 말한다. 화상은 일반적으로 증상에 따라 1도에서 3도로 구분한다.

2) 화상의 증상

① 1도 화상
표피에 상처를 입은 경우로, 심한 통증을 느낄 수 있다. 피부색이 빨갛게 변하고 흉터가 남는다.

② 2도 화상
진피까지 상처를 입는 경우인데, 매우 심한 통증을 느낀다. 2도 화상에서는 물집이 잡히고 흉터가 남으며 변색이 된다.

③ 3도 화상
피하 조직까지 손상을 입은 경우로 오히려 통증은 없지만 심한 흉터가 남고 피부가 허옇게 변한다. 3도 화상은 피부이식을 통한 치료가 가능하다.

3) 화상 응급처치

- 2차 손상 방지를 위해 환자를 안전한 곳으로 옮긴다.
- 화상 부위를 신속하게 흐르는 찬물에 적시거나 담근다.
- 타고 있거나 그을린 옷, 반지, 팔찌 등을 제거하는데, 여기서 주의해야 할 점은 억지로 제거하면 안 된다는 것이다.
- 화상 부위에 붙어 있는 옷 등은 제거하지 말고 더러운 물건이 접촉하지 않도록 한다.
- 특히 간장, 기름, 된장 등을 바르지 않도록 하며 화상 부위가 적을 경우에는 깨끗한 물로 냉각시켜 통증을 감소시키는 것이 바람직하다.
- 흐르는 찬물로 화상 부위를 15분에서 30분 이상 식혀줘야 한다.
- 소독거즈가 있는 경우에는 화상 부위를 덮어주는 것이 좋다.
- 물집은 터트리지 말고, 화상 부위에 붙어 있는 물질들을 떼어내지 않는 것이 좋다.
- 로션을 바르거나 연고, 기름 같은 것도 바르지 않다.
- 심한 화상일 경우에는 깨끗한 큰 천에 찬물을 적셔 화상 부위를 덮은 후 병원으로 이송한다.
- 절대 물집을 벗기거나 터뜨리지 않는데 이는 2차 감염을 방지하기 위해서다.
- 된장, 간장, 소주 등과 같은 이물은 상처에 바르지 않는다.
- 환자를 빨리 병원으로 옮겨야 한다.

3.

과민반응 응급처치

1) 과민반응의 정의

과민반응이란 어떤 물질을 삼켰거나 주사를 맞았거나 흡입, 흡수한 뒤 몇 분 또는 몇 초 안에 일어나는 민감한 알레르기 반응을 말한다. 즉시 응급처치를 하지 않으면 목숨을 잃을 수 있는 응급상황이다.

2) 과민반응의 원인

- 페니실린, 페니실린과 유사한 약물, 아스피린, 설파제 등과 같은 약물에 의해
- 갑각류, 견과류, 달걀과 같은 음식물이나 글루탐산소다나 질산염, 아질산염과 같은 첨가물에 의해
- 곤충에 물렸거나 쏘였을 때나 꽃가루로 인해

3) 과민반응의 증상

과민반응은 알레르기 물질에 노출되었을 때 몇 분 이내에 나타나는 전형적인 반응이다. 보통 15~30분에 증상이 가장 심하고 몇 시간 후까지 지속될 수 있다.

- 호흡곤란 : 가쁜 호흡이나 천명음(숨을 내쉴 때 들리는 휘파람 소리)이 들린다.
- 피부의 반응 : 가려움, 화끈거림, 특히 얼굴 전면과 가슴 윗부분에 발진(뾰루지)이나 두드러기가 난다.
- 재채기와 기침이 나오고 목 안이 답답하고 목구멍이 부어오른다.
- 가슴이 답답하고 맥박이 빨라진다.
- 점막조직 (혀, 입, 코 등)이 부어오른다.
- 입이나 입술 주위에 청색증이 나타난다.
- 메스꺼움이나 구토, 현기증이 난다.

4) 과민반응 시 응급처치

- 즉시 119를 부른다.
- 기도-호흡-순환 상태를 평가하고 필요하다면 심폐소생술을 시작한다.
- 반응이 있는 환자라면 호흡을 돕기 위해 앉은 자세를 유지하고 반응이 없는 환자가 호흡이 있다면 옆으로 눕힌다.

4.

상처와 출혈 응급처치

1) 상처의 정의

우리는 일상생활에서 크고 작은 여러 가지 상처를 경험하게 된다. 상처란 크게 폐쇄성 상처와 개방성 상처로 나눌 수 있으며, 대부분 외견상 피부 손상과 출혈을 동반하는 경우를 통칭하여 상처라 한다. 피부의 가장 중요한 기능은 외부로부터 우리 몸을 보호하는 역할이라 할 수 있다. 따라서 상처가 생기면 통증과 출혈 관리도 중요하지만, 치료과정에서 감염이 발생하면 치명적인 손상으로 이어질 수 있으므로 특히 감염 예방에 주의하여야 한다.

상처의 종류는 다음과 같다.

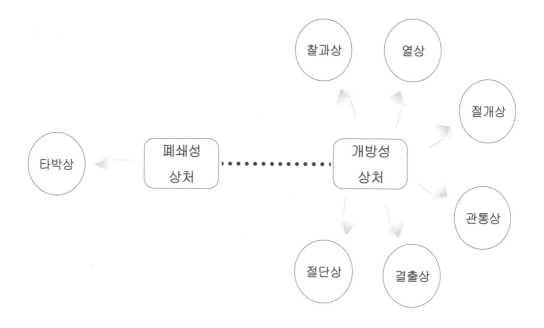

2) 상처에 대한 응급처치

상처는 감염 방지를 위해 세척해야 한다. 상처의 세척은 재출혈의 가능성이 높으므로 상처의 깊이가 얕은 상처는 출혈에 관계없이 세척해야 한다. 그러나 심한 출혈이나 감염의 위험이 높은 상처(동물에 물린 상처, 깊은 관통상, 오염된 상처)는 환자가 의료인의 도움을 받을 때까지 압박붕대를 감아준다.

① 상처 세척

흐르는 물에 비누를 사용하여 상처 안쪽까지 씻는다. ⇒ 감염의 가능성이 높은 상처(동물에 물린 상처, 깊은 관통상, 심한 상처)는 병원 치료를 받는다.

② 이물질 제거

세척으로도 제거되지 않는 작은 이물질은 소독된 핀셋으로 제거한다. ⇒ 출혈이 다시 시작되면 직접 압박으로 지혈한다.

③ 드레싱

항생제 연고를 바르고 멸균 드레싱을 하되 가능하면 습윤 드레싱을 한다.

④ 추후 관리

더러워지거나 젖은 드레싱은 교환하며, 드레싱이 상처에 달라붙는 경우에는 억지로 제거하지 않는다. 꼭 제거해야 한다면 따뜻한 물에 담궈 딱지를 부드럽게 한 후 제거한다.

※ 하지 말아야 할 것
- 상처를 문지르지 말아야 한다. 정상 조직이 파괴될 수 있다.
- 베타딘, 알코올 사용하지 말아야 한다. 베타딘이나 소독용 알코올로 상처를 세척할 경우 세균뿐만 아니라 피부의 정상 세포까지 손상시켜 피부 재생에 악영향을 줄 수 있다.
- 봉합이 필요한 상처에는 연고를 바르지 말아야 한다. 상처의 분비물 배출을 방해하고 연고로 인해 조직의 결합을 방해한다.

3) 감염 상처 인지

모든 상처는 감염될 수 있으므로 일단 감염되면 상처가 커질 수 있으므로 예방이 최우선이다. 만약 상처 부위에 감염이 발견되면 치료하는 것이 매우 중요하므로 감염 증상을 인지해야 한다.

- 상처 주위의 부종과 발적 증상이 있을 경우
- 열감(따뜻함)이 있거나 욱신거리는 통증이 있을 경우
- 고름, 열, 임파선 부종
- 상처에서 심장 쪽으로 이어진 하나 이상의 붉은 줄이 있을 경우 감염이 퍼지고 있다는 심각한 증상이며 사망할 수 있다.

4) 파상풍 예방

파상풍균 자체가 파상풍을 일으키지 않는다. 파상풍은 찔린 상처나 관통상과 같이 산소가 희박한 상처로 파상풍균이 들어가면 이 균이 강력한 독소를 만들어 낼 수 있다. 이 독소는 신경계를 통해 뇌와 척수로 가게 되면 일부 근육(특히, 턱의 근육)에 강한 수축을 일으킨다. 일단 신경계에 독소가 들어가면 독소에 대한 해독제는 없기 때문에 사망률이 높다.

파상풍은 백신으로 예방할 수 있다. 면역을 갖기 위해서는 예방접종 일정에 따라 접종해야 하고 5~10년마다 추가 접종을 해야 면역체계를 유지할 수 있다.

- 파상풍 예방접종을 전혀 하지 않았다면 상처를 입었을 경우 예방접종과 추가접종을 즉시 해야 한다.
- 한번 예방접종을 했으나 지난 10년 동안 추가접종을 하지 않았다면 추가접종을 해야 한다.
- 파상풍 가능성이 높은 상처를 입은 사람이 예방접종을 한 지 5년이 넘었으면 예방접종을 한다.
- 파상풍 예방접종은 상처를 입은 후 72시간 이내에 맞으면 효과가 있다.

5) 파상풍이 발생하기 쉬운 창상

- 6시간 이상 경과된 창상
- 깊이가 1cm 이상 창상
- 눌러서 부서진 상처
- 투창이나 탄환 등 던지거나 날아가는 무기에 의한 창상
- 동상에 의한 창상
- 먼지나 타액에 오염된 창상

6) 외출혈

외출혈이란 손상된 피부를 통해서 혈액이 나오는 것을 말한다. 출혈의 형태나 상처의 종류에 관계없이 응급처치는 지혈이 우선이다. 출혈량이 많거나 현장에서 지혈이 어려운 경우 119에 연락하여 환자를 이송한다.

① 동맥출혈

동맥의 손상에 의해 일어나는 출혈. 혈관의 손상 부위로부터 선홍색 혈액이 심장의 박동에 따라 힘차게 분출하는 것이 특징이다.

② 정맥출혈

정맥이 파열되어 출혈하는 것. 검붉은 피가 같은 속도로 지속적으로 출혈하는데 출혈 부분 이전의 말초 부위를 압박하면 출혈량이 준다. 정맥성 출혈을 멎게 하는 데는 일반적으로 압박 붕대를 한다.

③ 모세혈관 출혈

모세혈관에 출혈이 생긴다.

7) 출혈 응급처치

① 의료용 장갑 끼기

처치자의 감염방지를 위해 의료용 장갑 낀다.

② 지혈

멸균거즈나 깨끗한 천(수건, 헝겊)으로 상처를 덮고 손으로 5분 이상 직접 압박한다.(팔, 다리 출혈 시 심장보다 상승)

③ 압박

상처 위아래로 드레싱을 덮고 그 위로 붕대를 감아 압박한다.

※ 하지 말아야 할 것
- 맨손으로 상처를 만지면 안 된다. 맨손으로 상처를 만지는 것은 마지막 방법이다. 처치자는 의료용 장갑을 낀다. 만약 의료용 장갑이 없으면 거즈를 여러 장 겹쳐 쓰거나 깨끗한 천이나 비닐봉지 등을 사용한다. 처치자는 응급처치 후 비누와 물로 손을 깨끗이 씻어 감염을 방지해야 한다.
- 눈 부상, 물체가 박힌 부상, 머리뼈 골절 시에는 직접 압박을 하지 않는다. 거즈를 도넛 모양의 고리를 만들어 지혈한다.
- 피에 젖은 드레싱은 제거하지 말고 그 위에 새 드레싱을 덧대어 압박해야 한다.

8) 출혈 응급처치 종류

① 지혈법 – 직접 압박법
- 의료용 장갑을 끼고 상처 부위를 직접 압박한다.
- 팔, 다리일 경우 심장보다 높인다.
- 기존의 드레싱을 제거하지 않고 새 드레싱을 댄다.

- 의료용 장갑이 없을 때 깨끗한 천이나 비닐봉지 등을 사용한다.
- 상처 위아래로 드레싱을 덮고 그 위에 압박붕대를 감아준다.

② 지혈법 – 지혈대
- 절단 부위에 마른 드레싱이나 천을 댄다.
- 폭이 넓고 평평한 지혈대를 이용하여 지혈한다.
- 지혈대 착용 시간을 잘 보이는 곳에 적어 붙이고 즉시 병원으로 이송한다.

※ 지압이나 지혈대를 이용한 지혈법은 비전문가(일반인)에 의해 시행될 때 대부분 효과가 없어 권장하지 않는다.

9) 내출혈

내출혈이란 외출혈과는 달리 출혈이 보이지 않기 때문에 발견이 쉽지 않아 위험할 수 있다. 신장 파열이나 간 열상, 비장 파열 등은 외부 출혈은 없지만, 복강 내로 많은 출혈을 일으켜 쇼크가 일어날 수 있으므로 다음과 같은 내용을 꼭 확인해야 한다. 내출혈의 증상은 대개 빨리 나타나는데 며칠이 지난 후에도 나타날 수 있다.

- 피부의 멍이나 타박상이 있는지 확인한다.
- 배의 통증, 압통, 강직, 찰과상이 있는지 확인한다.
- 구토나 기침을 할 때 피가 섞여 나오는지 확인한다.
- 검은색 대변 또는 피가 섞인 대변이 있는지 확인한다.

※ 심한 내출혈 환자
먹을 것이나 마실 것을 주지 마세요. 음식물을 섭취하면 구역, 구토를 일으킬 수 있고, 수술할 경우 음식물이 폐로 들어가 폐렴 등의 합병증을 일으킬 우려가 있다.

10) 드레싱

① 드레싱 조건
- 소독된 것, 깨끗한 천(손수건, 세탁한 천, 수건)사용
- 상처보다 큰 것
- 두텁고 부드러우며 누를 수 있는 것
- 흡수성이 좋은 것

② 드레싱
- 지혈
- 혈액과 체액의 흡수
- 감염과 오염방지
- 추가 손상으로부터 보호

③ 주의사항
- 지혈될 때까지 젖은 드레싱은 그대로 두고 출혈이 있으면 덧댄다.
- 뭉친 약솜은 사용하지 않는다
- 상처에 붙은 드레싱은 억지로 떼지 말고 생리식염수나 물로 적셔서 떼어낸다.

※ 습윤 드레싱의 정의
습윤 드레싱이란 상처 부위에 습윤 환경을 유지시키는 것으로 상처 부위에서 생성되는 심한 삼출물(진물)이 건조되는 현상을 방지하고 충분한 양의 삼출액을 보존할 수 있는 기능이 있다.

11) 붕대법

붕대는 신체의 어떠한 부분이라도 감쌀 수 있다. 붕대의 종류는 탄력붕대, 삼각건, 사두 붕대가 있으며, 더러운 것으로부터 상처 부위를 보호하거나 압박을 통해 출혈을 방지하며 부종을

예방하고 하기 위해 사용된다.

① 붕대 사용 시 주의사항
- 상처 아래쪽에서 위쪽으로 감는다.
- 목 주위에는 탄력붕대를 사용하지 않는다.
- 상처를 덮을 수 있게 약간 두텁게 한다.
- 붕대의 끝나는 지점이 관절이 되지 않도록 한다.
- 상처 부위에 혈액순환의 장애가 오지 않도록 지혈 외는 사용하지 않는다.

② 이물질이 박힌 상처 시 응급처치
유리, 칼, 못과 같은 물체들이 몸에 박힐 경우, 꽂혀 있는 물체를 함부로 제거하지 않는다. 상처 주위의 의복을 제거하거나 잘라내어 상처 부위를 드러내어 처치를 실시하며, 만약 박힌 물체가 크거나 환자가 의식을 잃는 등의 위급상황이면 처치 전에 119에 연락한다.
- 직접 압박으로 지혈한다.
- 꽂힌 물체를 고정한다.
- 필요할 경우에만 물체를 자른다.

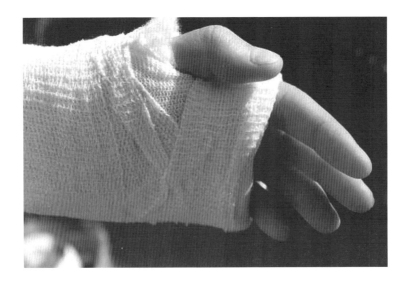

5.

화상 응급처치

1) 화상의 정의

화상(火傷)은 좁은 의미로는 직접적인 화염이나 고열에 의해 피부가 손상된 상태를 말한다. 보다 넓은 의미로는 전기, 화학물질, 태양광을 비롯한 자외선, 방사선, 레이저 등 모종의 이유로 피부의 단백질이 변성되어 입은 손상도 포함된다.

화상은 열화상(뜨거운 열), 화학화상(화학물질), 전기화상으로 구분할 수 있다. 일반적인 고열에 의한 화상이 아닌 전기나 화학물질에 의한 화상은 후유증이 심하게 생긴다.

2) 화상 시 주의사항

- 성인은 체표면적 20% 이상(어린이 10%)을 냉각하면 저체온에 빠질 수 있으므로 주의해야 한다.
- 화상에 대한 민간요법으로 고약, 소주, 버터, 크림, 간장 등 부적절한 피복제를 바르지 않는다. 민간요법은 멸균되지 않아 감염을 일으킬 수 있고 오히려 화상 부위의 열을 가두어 화상을 더 진행시킬 수 있기 때문이다.
- 물집(수포)을 터뜨리지 않도록 한다. 터지지 않은 물집은 화상 드레싱의 기능을 하기 때문이다.
- 피부에 들러붙은 옷을 억지로 제거해서는 안 된다. 피부에 들러붙은 옷을 제거할 때 피부도 같이 떨어져 나가기 때문이다.

• 화상 부위에 착용하고 있는 반지, 시계를 빼지 않으면 나중에 부종이 생겨 혈액순환 장애가 일어나거나 반지나 팔찌를 제거하기 힘들다.

2) 열화상의 종류

열화상은 뜨거운 액체 또는 증기에 데어 일어나는 피부 손상 또는 피부 손상을 입는 일을 말한다. 열화상은 화상의 정도에 따라 다음과 같이 나눈다.

〈표 3-1〉 열화상의 종류

종류	1도 화상	2도 화상	3도 화상
깊이	표피	표피가 완전 손상되고 진피까지 손상	피하 조직, 근육
증상	피부가 빨갛고 약간 부종	물집, 부종, 진물	피부가 가죽처럼 보이거나 진주처럼 회색, 때론 숯처럼 보임, 피부가 건조하고 진물이 나오지 않음
통증	압통	심한 통증	신경세포의 파괴로 통증 못 느낌, 통증은 주변의 손상이 적은 피부에서 느낌
치료	자연 치유 가능		피부이식
예후	흉터 없음	흉터, 변색, 탈모	심한 흉터

3) 화학화상

화학약품에 의한 화상은 부식성 물질이 피부에 닿아 일어나는데, 화학물질은 빨리 제거하지 않으면 화상이 계속 진행한다.

화학화상 시 주의사항은 다음과 같다.

- 고압의 물을 사용하지 않음 - 화학물질을 조직 깊숙이 들어가게 할 수 있기 때문
- 중화제가 있더라도 사용해서는 안 됨 - 중화 과정에 열을 발생시켜 조직을 더 심하게 손상시킬 수 있기 때문

3) 전기화상

약한 전기 감전도 심한 내부 손상을 일으킬 수 있다. 가정용 110V나 220V의 전류라도 치명적인 손상을 입힐 수 있다. 전기 감전은 전기에 감전된 동안 전기는 접촉한 신체 부위를 통해서 몸 안으로 들어와 가장 저항이 적은 통로(신경과 혈관)를 따라 흐른다.

바깥의 화상은 작게 보일지라도 큰 손상은 인체 내에서 일어날 수 있으며 대개 신체가 닿은 표면이나 땅으로 빠져나간다. 전기화상에는 열 화상(불꽃), 아크 화상(섬광), 감전 손상(접촉)의 세 종류가 있으며, 전기화상으로 의심되면 119에 구조요청부터 한 후 처치를 실시한다.

4) 전기화상의 종류

① 전기 열 화상
피부에 직접 닿아 있는 옷이나 물건에 전류가 흘러 불이 붙을 수 있다. 전류에 의한 불꽃으로 화상을 입는 경우를 말한다.

② 아크 화상
전기가 한 곳에서 다른 곳으로 튀는(아크) 현상으로 일어난다. 전기가 몸을 통과하는 것이 아니지만 짧은 섬광에도 대개 광범위한 표면 손상을 일으킨다.

③ 전기 감전
전류가 몸을 통과할 때 일어난다. 이 화상은 들어간 부분과 나온 부분에 상처가 생기는 것이 특징이라 할 수 있다. 외관상 보이는 상처가 빙산의 일각일 수 있음을 기억해야 한다.

몸을 통과하는 고압 전류는 정상 심장 리듬을 차단하여 심정지, 화상, 기타 손상을 일으킬 수 있다.

5) 전기화상 응급처치

- 실내에서 발생하는 전기화상은 전기제품 결함이나 사용상의 부주위로 비롯되는 경우가 많아 회로 차단기, 두꺼비 집, 외부 스위치 상자의 전원을 차단하거나 플러그를 뺀 후 응급처치를 시작한다.
- 전원을 차단하고 사고 지역이 안전한지 확인한다.
- 호흡을 평가한다.
- 환자가 쓰러져 있다면, 척추 손상 여부를 확인한다.
- 쇼크에 대비한다.
- 즉시 병원 치료를 받게 한다.

※ 전선에 의한 감전 시 주의사항
- 늘어진 환자가 있다면 감전의 상태에 있을 수 있다.
- 환자에게 접근하기 전 우선 전원을 차단해야 한다.
- 물기가 있거나 금속 물체 나무막대기 등으로 전선을 건드리지 않는다.

6.

교상 응급처치

1) 교상의 정의

교상은 물린 상처를 말한다. 우리나라의 경우 매년 많은 사람이 동물이나 사람에 물려 병원을 찾고 있다. 동물 교상은 포유류에 의한 교상을 말하고 곤충이나 파충류를 말하는 것은 아니다. 개에 의한 교상이 동물 전체 교상의 80%를 차지하는데 이외에도 들고양이, 너구리, 박쥐, 여우, 오소리 등의 야생동물에 물려서 발생한다.

광견병은 온혈동물에서 발견되는 바이러스가 원인이다. 주로 동물에서 다른 동물의 침으로 전파되는데, 개가 물거나 핥아서 발병한다. 광견병 균에 감염된 후 증상이 나타나면 치사율이 90%이며, 평균 생존 기간이 4일이다.

2) 교상 확인 사항

* 동물의 예리하고 날카로운 이빨에 천공된 상처가 있는지
* 뭉그러진 피부
* 손가락과 손가락 마디, 손의 개방 상처가 있는지
* 환자를 물었을 만한 동물이 주위에 있는지

3) 광견병 의심

- 건들지도 않았는데 동물이 공격할 때
- 본래 성질과는 다르게 이상한 행동을 할 때
- 위험군에 속한 동물일 때(예 : 너구리, 들 고양이, 박쥐 등)

4) 뱀에 물린 상처

우리나라의 뱀 가운데 독사는 살모사, 까치살모사, 불독사(쇠살모사), 유혈목이 등 4종류가 있는 것으로 알려져 있다. 외국의 독사보다는 독성이 강하지 않기 때문에 적절한 치료를 받으면 생명에는 지장이 없다. 뱀에 물린 경우 안전한 장소로 즉시 이동하고, 이빨 자국을 보고 독사인지를 확인한 후 즉시 응급처치를 한다.

① 뱀에 물렸을 때 확인할 사항

죽은 지 20분 이내에는 반사적으로 무는 일이 일어날 수 있으므로 함부로 만지거나 가까이 가지 말아야 한다.

- 화끈거리는 통증과 5분 이내에 물린 부위와 팔다리에 생긴 부종이 있는지?
- 1cm 간격의 물린 상처(하나만 있는 경우도 있음)가 2개 있는가?
- 변색이나 피가 차 있는 물집(6~10시간 만에 발생)이 생겼는지?
- 구역, 구토, 발한, 허약감(심한 경우)이 나타나는지?

② 독사에 물린 상처 주의사항
- 뱀에 물린 부위 피부를 칼로 절개해서는 안 된다.
- 독을 빨아내려 하지 않는다.
- 물린 부위에 얼음이나 찬 것을 대지 않는다.

③ 뱀에 물렸을 시 응급처치

- 가능한 빨리 항독소가 있는 병원으로 후송한다. 119에 신고하거나 1339에 전화를 걸어 항독소가 있는 병원을 문의한다.
- 항독사 혈청은 물린 지 4시간 이내에 투여되어야 한다.
- 환자를 안정시키고 물린 팔 또는 다리를 심장보다 낮게 위치시킨다. 흥분해서 걷거나 뛰는 행동, 그리고 물린 부위를 움직이면 독이 더 빨리 퍼질 수 있으므로 부목을 댄다.
- 상처를 비누와 물로 씻는다.
- 물린지 15분 이내인 경우, 물린 부위의 10cm 위쪽(심장에 가까운 쪽)을 폭 2cm 이상의 넓은 끈이나 천으로 묶는다.
- 환자를 주의 깊게 관찰하고, 입으로 물이나 음식을 주지 않는다. 특히 술은 혈액순환을 증가시켜서 독이 몸 안에 빨리 퍼지게 하므로 절대 금기이다.

5) 숲속에서 동물이나 벌레에 의한 중독 예방법

① 벌에 쏘인 상처
- 증상 : 통증, 가려움, 부종, 과민반응 증상, 호흡곤란, 가슴이 조이는 듯한 통증, 발진, 두드러기, 혀, 입, 인후의 부종, 현기증, 메스꺼움

- 응급처치
  - 피부에 침과 독주머니 확인
  - 독침을 제거하지 않으면 2~3분간 독이 계속 나오므로 즉시 제거
  - 쏘인 부위를 비누와 물로 씻기
  - 15~20분 동안 얼음찜질
  - 진통제 아세트아미노펜 복용
  - 가려움과 부종 완화를 위해 스테로이드 크림 도포
  - 쏘인 부분을 심장보다 낮게 유지

② 진드기에 물린 상처

진드기는 가능한 빨리 떼어야 하는데 살갗에 붙어 있는 시간이 길수록 병을 전파할 확률이
높다.

- 증상 : 거의 통증이 없어 살갗에 며칠이고 붙어 있기도 한다.

- 응급처치
  - 박혀있는 진드기를 가능하면 핀셋으로 떼어낸다.
  - 진드기를 제거 후 상처 부위를 비누와 물로 깨끗이 씻는다.
  - 알코올로 문질러 닦는다.
  - 얼음 찜질을 한다.
  - 가려우면 칼라민 로션을 바른다.

7.

발열 응급처치

1) 발열의 종류

시상하부의 체온 조절 중추의 작용으로 인해 체온이 정상 범위 이상으로 상승하는 상태를 말한다. 일반적으로 구강 체온이 37.8℃ 이상이거나 직장 체온이 38.2℃ 이상이면 발열이 있다고 말할 수 있다. 이와는 달리 고체온증은 체온 조절 기능이 원활하지 못해 체온이 상승하는 경우를 말한다. 열이 지나치게 지속되면 내부 장기가 손상을 입을 수 있고 의식을 잃거나 심하면 사망할 수도 있다.

2) 발열 시 응급처치

- 체온을 측정한다.
- 발열의 원인을 확인하여 병원 후송 여부를 결정한다.
- 응급상황이 아니라고 판단되면 해열제를 먹게 하고, 발열 증상이 24시간 이상 지속되면 병원 치료를 받게 한다.
- 체온이 38℃ 이상이면 미지근한 물로 온몸을 닦아준다. 이때 물수건은 꼭 짜지 말고 물이 뚝뚝 떨어지게 하여 약간 문지르는 느낌으로 30~40분 정도 계속 닦아준다.
- 체온이 정상보다 낮아지지 않게 주의한다.
- 충분한 양의 수분을 공급한다.

3) 응급실 이송 기준

- 의식이 몽롱하거나, 의식이 없을 때
- 머리를 심하게 아파하거나, 목이 뻣뻣할 때
- 경련을 하거나, 기침을 하면서 숨쉬기 힘들어 할 때
- 다리를 절거나 움직이지 못할 때
- 탈수 증상을 보이거나 물을 잘 못 마시고 소변의 양이 줄 때

8.

호흡곤란 응급처치

1) 호흡곤란의 정의

호흡곤란이란 힘을 쓰지 않으면 숨쉬기가 어렵거나 숨 쉬는 데 고통을 느끼는 상태로 비정상적으로 불쾌한 호흡운동을 느끼는 것을 말한다.

호흡곤란 시 환자는 주관적으로 "숨쉬기가 어렵다.", "숨쉬기가 불편하다.", "숨이 가쁘다.", "조금만 움직여도 숨이 차다." 등으로 표현한다.

자세에 따른 호흡곤란 용어는 다음과 같다.

〈표 3-2〉 호흡곤란 용어

용어	내용	증상
기좌호흡 orthopnea	누우면 호흡곤란이 심해지고 일어나 앉거나 몸을 앞으로 숙이면 덜해지는 경우	심부전, 기관지천식, 만성 폐쇄성 폐질환
편평호흡 Platypnea	일어나 앉으면 호흡곤란 더 심하고 누우면 편해지는 경우	만성 폐쇄성 폐질환, 폐절제술 후
측위호흡 Trepopnea	좌측 또는 우측을 아래로 하고 옆으로 누우면 호흡곤란이 심해지는 경우	심장 질환, 한쪽 폐에 심한 이상

2) 관련 질환

① 급성 호흡곤란

불안/과호흡증, 천식, 흉부 외상, 심부전 및 폐부종, 폐색전증, 자발성 기흉, 기도 막힘

② 만성 호흡곤란

기도, 폐실질, 폐혈관, 흉막, 흉곽 및 호흡 근육 등 거의 모든 폐 관련 질환

호흡곤란은 대부분 과호흡증, 천식, 급성 상기도 감염에 의해 일어난다. 과호흡증이란 주로 정신적 스트레스나 불안으로 빠르고 깊은 호흡을 하는 일시적인 증상인 경우가 많다.

3) 호흡곤란 시 처치

- 급성 호흡곤란 시 즉시 119에 연락한다.
- 산소를 투여하고, 호흡이 중단되면 인공호흡을 실시한다.
- 복부 근육을 이용하여 천천히 숨을 들이마시고 내쉬게 한다.
- 환자의 호흡곤란 양상을 파악하여 원인별로 대처한다.
- 과호흡일 경우 환자의 입과 코에 비닐봉지를 대고 자신이 내 쉰 숨을 다시 들이마시게 한다.
- 천식 환자가 기관지 확장제를 소지한 경우 투여한다.
- 음식이나 음료를 먹이지 않는다.
- 이송 시 환자는 최단 거리의 응급의료기관으로 이송한다.

9.

중독 응급처치

1) 중독의 정의

중독이란 어떤 물질이 적은 양이라도 체내로 들어와 인체에 장애를 주는 것을 말한다.

① 복용에 의한 중독

독극물을 먹어서 발생하며, 복통, 오심, 구토, 입 주위의 화상이나 얼룩, 무의식 등의 증상

② 흡입에 의한 중독

주로 일산화탄소나 농약이 원인이 되며, 두통, 이명, 오심, 구토, 현기증, 시력 이상, 무의식 등의 증상

③ 피부를 통한 중독

산이나 알칼리성 물질, 독성 식물이 피부에 닿아 발생하며, 피부 화상, 발진, 가려움, 물집, 부종 등의 증상

2) 중독 유형별 응급처치

① 복용에 의한 중독
- 1시간 내에 구토시킨다.
- 부식성 물질은 1~2컵의 물이나 우유로 희석시킨다.
- 삼킨 내용물, 먹은 양, 시간, 대한 정보를 수집한다.

- 환자를 왼쪽으로 눕히면 2시간 정도 소장으로 유입되는 것을 지연시킬 수 있다.
- 독극물 병이나 구토물을 병원으로 가져간다.

② 흡입에 의한 중독
- 구조자의 안전이 확보된 후 현장에 접근한다.
- 옷을 느슨하게 한다.
- 신선한 공기를 마시게 하거나 환기를 시킨다.
- 호흡이 없으면 인공호흡을 실시하되, 구조자가 중독되지 않게 주의한다.

③ 피부를 통한 중독
- 흐르는 물로 깨끗이 씻거나 닦아낸다. 눈 오염 시 20분 이상 흐르는 물로 씻는다.
- 식물의 의한 경우 가벼우면 칼라민로션을 바르고, 중등도 이상이면 병원 치료를 받는다.

10.

경련 응급처치

1) 경련의 정의

경련은 뇌세포가 비정상적으로 자극을 받아 나타나는 현상이다. 몸의 여러 근육이 동시에 저절로 수축하는 것으로 뇌기능의 장애로 생기며 보통 의식소실이 동반되며, 성인의 6~10%에서 일생에 한 번은 경험하며 1~2%에서는 반복적인 경련을 경험한다.

2) 원인

소아에서는 발열에 의한 경련이 가장 흔하며, 뇌출혈, 고혈압성 뇌증, 퇴행성 질환, 선천적 이상, 외상(두부외상), 뇌의 감염, 대사 장애(저혈당 및 고혈당), 저산소증, 독물이나 약물(알코올)의 중독, 임신중독 등의 원인으로 경련이 발생할 수 있다. 이러한 질병은 뇌의 불안정을 증가시키거나 자극을 증가시켜 경련을 일으킬 수 있다.

3) 경련 환자를 119에 연락해야 하는 경우

- 경련 지속 상태인 경우
- 경련 후 의식회복이 지연되는 경우
- 임신, 부상 및 다른 질병이 있을 때
- 경련이 없던 사람이 처음 경련한 경우
- 뇌출혈이 의심되거나 외상에 의한 경우 응급 수술이 가능한 병원으로 이송함

4) 경련 시 응급처치

경련의 원인이나 발작 정도에 따라 열성 경련, 소발작 경련, 대발작 경련으로 나눌 수 있다.

① 열성 경련
- 119로 전화해서 구급차를 부르고 부모를 안심시킨다.
- 의식이 있으면 해열제를 먹이고 난 후 옷을 벗기고 미지근한 물로 닦아 줄 수 있다.
- 토하면 고개를 옆으로 돌려준다.
- 눈이 돌아가거나 손발을 떠는 등의 경련 양상과, 경련 지속시간을 잘 체크한다.

② 소발작 간질
- 환자를 조용한 곳에 앉게 한다.
- 조용히 말을 시키며 안심시키면서 완전히 깨어날 때까지 같이 있어 준다.
- 발작이 처음 시작했거나 환자가 자신의 상태에 대해서 알지 못하는 경우에는 의사의 진료를 받도록 알려준다.

③ 대발작 간질
- 손상을 막기 위해 머리에 방석, 타월, 옷 등을 대준다.
- 만일 환자가 쓰러지면, 편히 눕히고, 환자 주변의 사람과 물건들을 비켜나게 한다.
- 목 주위와 꽉 조이는 옷을 느슨하게 해준다.
- 경련을 멈추면 회복 자세를 취하게 하고 완전히 회복될 때까지 지켜본다.

5) 경련 지속 상태

- 경련 후 휴식상태 없이 곧바로 두 번째의 경련이 시작되는 경우
- 경련의 지속시간이 10분 이상인 경우
- 말초에 청색증이 나타난 경우

제3장
부위별 응급처치

1.

뼈와 관절 손상 응급처치

1) 골절의 정의

골절이란 뼈가 부러지거나 금이 간 것을 말한다. 골절은 피부의 손상이 없고 골절 부위에도 상처가 없는 폐쇄성(단순) 골절과 골절 부위의 피부가 손상되었거나 파괴된 개방성(복합) 골절로 나눌 수 있다. 개방성 골절의 상처는 뼈가 피부 밖으로 뚫고 나오거나 골절 시 피부에 가해진 직접적인 충격 때문이다. 개방성 골절이라도 피부의 상처를 통해서 뼈가 항상 보이는 것은 아니므로 일단 골절 부위의 피부가 찢겨 졌다면 개방성 골절로 보아야 한다.

대부분의 환자는 다친 부위를 통증으로 인해 움직이지 못한다. 하지만 사람에 따라 거의 통증을 느끼지 않을 수 있고, 움직이는 데 지장이 없을 수 있다. 예를 들어 비골골절 환자는 전혀 또는 거의 통증을 느끼지 못하는 경우도 흔하다.

어떤 환자는 다치는 순간 뼈가 부러지는 소리를 듣기도 하고 부러진 뼈의 양쪽 끝이 닿을 때마다 삐걱거리는 느낌이나 소리를 들을 수 있다. 처치자는 환자가 어떻게 다쳤는지 병력을 조사하므로 골절의 가능성을 추측할 수도 있다.

2) 관절의 손상의 종류

관절의 손상으로 염좌(삐었다)와 탈구가 있다. 염좌는 인대와 기타 조직이 심하게 늘어나거나 뒤틀린 관절의 손상이다. 관절을 사용할 때나 움직이면 통증이 있고 관절 주위 피부는 찢어진 조직의 출혈 때문에 멍이 들기도 한다. 심한 염좌의 경우 골절과 같은 증상이 나타나 구별하기가 어렵다. 탈구는 관절이 빠져서 뼈끝이 더 이상 서로 닿아 있지 않고 떨어져 있는 상태를 말한다. 흔히 어깨나 팔꿈치, 엉덩이, 슬개골, 발목 관절에서 잘 발생한다.

3) 골절 판단

골절을 판단하기는 쉽지 않으므로 골절이 의심되면 우선 골절로 가정하고 응급처치를 해야 한다. 중요한 문제는 뼈 자체의 손상이 아니라 생명 유지에 필수적인 혈관이나 신경의 손상 가능성이다. 골절이 의심되면 변-개-압-부(변형, 개방성 상처, 압통, 부종) 암기법을 활용하여 평가한다.

① 변형
다치지 않은 쪽과 비교해서 판단

② 개방성 상처
상처가 있다면 그 주변 뼈에 골절이 있을 수 있으므로 세심히 관찰

③ 압통과 통증
손상 부위에서 볼 수 있고, 대부분 환자가 아픈 부위를 정확히 지적

④ 부종
뼈가 부러지면 출혈로 인해 부종이 발생

4) 뼈와 관절 손상 시 응급처치

응급처치에서 RICE(Rest, Icing, Compression, Elevation)는 쉬기-얼음 대주기-압박하기-올려주기를 의미한다. 뼈와 관절의 손상의 경우 48~72시간 안에 RICE 응급처치를 할 경우 통증을 없애거나 줄일 수 있다. 추가로 다친 부위를 움직이지 않도록 부목을 고정해야 한다.

① 쉬기(Rest)

쉰다는 것은 다친 부위를 쓰지 않고 두는 것으로, 이를 경우 더 빨리 낫는다. 다친 부위를 계속 사용하게 되면 혈액순환의 증가로 인해 더 붓게 된다.

② 얼음 대주기(Icing)

얼음팩은 처음 24~48시간 동안은 2~3시간마다 20~30분씩 실시한다. 차게 해주면 다친 부위의 혈관이 수축되고 부종과 염증을 줄이면서 통증과 근육경련이 줄어든다. 얼음은 다친 부위에 즉시 대어주고 부상 후 첫 24시간 내에 하루 3~4회 실시한다. 온찜질을 하기 전, 다친 후 48시간까지 실시하는 것이 좋고 손상이 심하면 72시간까지 얼음찜질을 권장한다.

③ 압박하기(Compression)

압박은 피부와 기타 조직이 확장되는 것을 제한시키고 내부 출혈을 줄이며 부종을 예방하는 데 매우 효과적이다. 발이나 발목, 무릎, 허벅지, 손, 팔꿈치 등에는 탄력붕대를 감아주면 되지만 무릎 뒤와 같이 움푹 들어간 부위는 거즈나 수건을 댄 후 탄력붕대를 감아줘야 한다.

- 탄력붕대는 항상 다친 부위 아래에서 심장 쪽으로 감는데, 다친 부위 몇 cm 밑에서 시작하여 점차 위쪽으로 나선모양으로 겹치게(너비의 1/2정도) 감는다.
- 고르게 약간 단단한 압력을 주어 시작해서 다친 부위의 위쪽에서는 점점 더 느슨하게 감는다.
- 손가락이나 발가락은 끝부분을 조금 노출시킨다.
- 붕대가 너무 조인 증상이(증상 : 창백한 피부, 통증, 무감각, 저린 증상) 하나라도 나타나면 즉시 탄력붕대를 풀어준 후 모든 증상이 사라지면 좀 더 느슨하게 감는다.
- 탄력붕대는 첫 18~24시간 동안(얼음 팩을 댈 때를 제외하고) 감아두어야 하며, 밤에는 제거하지 말고 조금 느슨하게 감아준다.

④ 올려주기(Elevation)

중력으로 인해 하체에서 심장으로 혈액이 돌아오게 하는 데 시간이 걸린다. 일단 손이나 발에 체액이 남게 되면 갈 곳이 없어져 그 부분에 부종이 생긴다. 이때 손상 부위를 올려주고 얼음팩과 압박을 함께 해주면 다친 부위로 혈액이 덜 가게 되어 내부 출혈이 억제되고 부종이 줄어든다.

- 가능하면 다친 부위를 24시간 동안 심장보다 올려준다.
- 골절이 의심되면 부목으로 고정할 때까지는 올려주어서는 안 된다.

4) 근육의 손상

근육의 손상으로 근육긴장, 타박상, 근육경련 세 가지로 나누어지는데, 근육긴장이란 근육이 비정상적으로 늘어나는 것으로, 근육이 정상 운동범위를 초과하여 늘어나서 파열된 경우를 말한다. 타박상(멍)이란 근육이 충격을 받아서 피부 아래 출혈이 생겨서 발생하고, 근육경련(쥐)은 근육이 경련과 수축을 보일 때 일어난다.

- 근육긴장과 근육타박상은 RICE(수 → 얼 → 압 → 올)처치를 한다.
- 근육경련은 통제되지 않는 근육의 수축 때문에 발생하므로 근육을 단계적으로 조심스럽게 펴준다.
- 경련 부위를 손으로 눌러 근육을 이완시키고 얼음 팩을 대 준다.
- 윗입술을 세게 집어주면(지압술) 장딴지의 근육경련을 줄일 수 있고 엷게 탄 시원한 소금물(물 1L + 소금 1/4 티스푼)이나 스포츠 음료를 마시게 한다.

5) 기타 손상 - 손톱 밑에 피가 고였을 시 응급처치

손톱이 눌릴 때, 피가 손톱 아래에 고이게 되고 출혈로 인한 압력으로 통증이 심하다.

- 손을 올린 채 얼음물에 손가락을 담그거나 얼음 팩을 대준다.
- 코팅되지 않은 금속 클립 끝을 펴서 사용하거나 바늘귀를 이용하여 손톱에 구멍을 뚫어준다.
- 클립이나 바늘을 펜치로 잡아 성냥이나 라이터로 금속이 빨갛게 될 때까지 열을 가한

후 달아오른 클립이나 바늘을 손톱에 대고 약간의 힘으로 누르면 손톱이 녹으면서 구멍이 뚫린다. 이때, 손톱에는 신경세포가 없어 통증이 없음을 알려 환자를 안심시킨다.

6) 기타 손상 - 반지가 빠지지 않을 시 응급처치

반지가 빠지지 않으면 손가락의 혈액순환이 되지 않아서 손가락의 조직이 죽을 수 있으므로 4~5시간 이내에 반지를 제거해야 한다.

- 손가락에 윤활유, 기름, 버터, 바셀린, 기타 윤활제를 발라 매끄럽게 한 후 반지를 뺀다.
- 몇 분간 찬물에 손가락을 담그거나 얼음 팩을 대어 부종을 줄인다.
- 손가락 끝에서 손목 쪽으로 문질러 부종을 줄인다. 손가락에 윤활제를 바른 후 반지를 뺀다.

7) 얼음찜질의 4단계 효과

피부에 얼음을 대주면 찬기운 → 얼얼함 → 통증 → 마비의 4단계 효과가 나타난다. 마비되는 시간인 대개 20~30분 후에 얼음팩을 치운다.

- 한 번에 20~30분 이상 얼음 팩을 대지 않기
- 순환기 질환이나 레이노병, 찬 것에 비정상적으로 민감하거나 동상의 경험이 있다면 얼음찜질하지 않는다.

2.

머리 손상 응급처치

머리 손상에는 두피 상처, 머리뼈 골절, 뇌 손상 등으로 구분되고 머리 손상 환자는 항상 목과 척추의 손상이 동반될 가능성이 높다는 것을 염두에 두어야 한다.

1) 두피 상처

두피에 출혈이 있다 해도 뇌의 혈액 공급은 목의 동맥으로부터 공급받는 것이기 때문에 크게 문제가 되지 않는다. 하지만 다량의 출혈이 있거나 머리뼈 골절과 이물질이 박히는 등의 심한 두피 상처인 경우 119에 연락하여 환자를 이송한다.

2) 두피 상처 시 응급처치

① 감염 방지
의료용 장갑을 착용한다.

② 멸균 드레싱
건조한 멸균 드레싱으로 상처 부위를 부드럽게 직접 압박하여 지혈한다.

③ 압박
가장자리에 도넛 모양 패드를 이용하여 압박한다.

④ 자세
척추손상이 의심되지 않는 환자는 머리와 어깨를 약간 상승하여 지혈에 도움이 되도록 한다.

⑤ 후송

전문의의 관리를 받도록 한다.

3) 머리뼈 골절

머리뼈의 변형이 심하지 않으면 판단이 어려워 방사선 촬영을 하고서 골절을 확신할 수 있다.

① 확인해야 할 것
- 손상 부위 통증
- 머리뼈 변형
- 귀, 코에서의 출혈
- 귀나 코에서 나오는 맑은 분홍색의 액체(뇌척수액)
- 손상 수 시간 후 눈 주위의 빨간 변색(라쿤 징후)
- 손상 수 시간 후 귀 뒷부분의 변색(배틀 징후),
- 크기가 다른 동공, 두피열상과 뇌 조직의 노출, 박힌 물체 등

② 뇌척수액 확인법
- 액체를 손수건이나 베갯잇, 기타 밝은색의 천에 떨어뜨린다.
- 뇌척수액인 경우 혈액 색깔에 가까운 붉은 액체 방울 주위에 과녁 모양의 분홍빛 원이 형성됨(고리 징후)
- 귀나 코에서 나오는 뇌척수액은 막 아서는 안 된다. 이때 뇌압 상승이 우려된다.
- 다리를 상승시키면 뇌압 상승이 우려되므로 올리지 않는다.`
- 개방 상처는 세척하면 감염이 우려됨으로 세척하지 않는다.

③ 머리뼈 골절 시 응급처치
- 119에 구조 요청한다.
- 기도, 호흡, 순환을 확인한다.
- 멸균 드레싱으로 상처를 덮어준다.

- 환자의 목을 고정한다.
- 상처를 직접 압박해서는 안 되고 가장자리를 압박하여 지혈한다.

4) 뇌 손상

머리를 부딪치면 뇌가 머리뼈의 내벽에 부딪히면서 이로 인해 뇌 조직과 혈관이 파괴되어 출혈과 부종을 일으키게 된다. 뇌는 다른 조직과 달리 두개골 내 한정된 공간 안에 있기 때문에 부어 오른 부분을 수용할 공간이 없다. 따라서 출혈과 부종으로 머리 뼈 안의 압력이 높아져 뇌를 압박하고 뇌압이 상승되면서 뇌 기능이 상실된다.

① 뇌 손상이 의심될 때 확인해야 할 것
- 혼란스러운 얼굴 표정과 주의가 산만하고 정상행동이 불가능함
- 질문이나 지시에 느리게 반응함
- 시간이나 날짜, 장소를 모름
- 일직선으로 걷지 못하고 비틀거리는 걸음
- 이해할 수 없는 말이나 모르는 말을 함
- 손상 후 성격의 변화나 특별한 이유 없는 울음
- 계속 반복되는 질문과 5분 이내에 세 단어를 기억하거나 다시 생각해 낼 수 없음
- 혼수, 무반응

② 뇌 손상 시 응급처치
- 뇌 손상 의심 시 즉시 119 신고한다.
- 무반응이라면 결과가 나오기 전까지 척추손상을 의심하고 척추를 고정한다.
- 감염을 염려하여 멸균 드레싱하고 골절이 있다면 직접 압박보다는 주위를 압박한다.
- 뇌 손상 시 구토가 있으므로 옆으로 눕혀 기도 개방과 폐렴을 예방한다.

3.

척추 손상 응급처치

1) 척추 손상의 정의

머리가 한 방향이나 또는 여러 방향으로 갑자기 움직이면 척추가 손상될 수 있다. 척추 손상에는 골절, 척추뼈 탈구, 인대 좌상, 척추뼈 사이 추간판의 압좌 또는 변위 등이 있다. 머리에 외상이 있다면 척추손상을 의심해야 한다.

2) 척추 손상 증상

- 척추의 통증이 있는지?
- 팔다리의 무감각, 저림, 허약감, 화끈거림
- 대소변의 통제 불능으로 요실금이나 변실금
- 팔이나 다리의 변형
- 방사통 호소

3) 방사통

신경계는 척추에서 뻗어 나와 팔다리의 말단까지 연결되어 감각을 느끼게 하고 움직임을 조절한다. 그러므로 손상을 받으면 손과 발에도 통증이 발생하게 되는데 이를 방사통이 된다.

질환 발생 부위와 통증이 느껴지는 부위가 같은 신경 분절에 속해 통증이 퍼지거나 전달되는 상태를 이른다. 디스크가 탈출해 연결된 신경을 압박하여 다른 부위에 통증을 유발하는 것이 그 예다.

4) 전기에 감전되듯 찌릿한 뻗치는 느낌

- 목의 손상 : 팔에 방사통
- 등의 손상 : 갈비뼈 주위에 방사통
- 허리 손상 : 다리 방사통

5) 의식이 있는 환자의 척추 손상 검사

- 손가락 흔들기
- 손가락 끝 집기
- 손 꽉 쥐어보기
- 발가락 흔들기
- 발가락 끝 집기
- 발로 손 밀기

6) 무의식 환자의 척추손상 검사

- 상지 검사는 손등을 꼬집어 본다.
- 하지 검사는 발등을 꼬집어 본다.

4.

복통 응급처치

1) 복통의 정의

복통은 주로 소화기계의 질환과 외부 충격으로 인한 내부 장기 손상 등으로 발생된다. 대부분의 복통은 원인이 무엇인지 모른 채 증상이 쉽게 완화되는 경우가 많다.

복통은 위장, 간장, 췌장, 담낭 등과 같은 소화기 염증을 비롯해 천공, 괴사, 혈액순환 장애(허혈) 종양의 신경 침범 등의 이유로 복부의 통증이 발생할 수 있다. 소화기계 이외에 협심증과 심근경색, 울혈성 심부전 등의 심장병, 폐렴과 늑막염일 때도 복통은 나타난다. 따라서 통증의 위치를 제대로 파악하고 있으면 어느 정도 병명(病名)을 알 수 있다.

2) 증상

아프다는 증세를 크게 두 가지로 구분해 보면 가만히 있어도 통증이 느껴지는 경우와 복부를 손으로 눌렀을 때 통증(압통)이 느껴지는 경우가 있다.

복통은 아픈 위치와 통증을 느끼는 양상으로 질병을 예측할 수 있으며, 위급상황이 인지되면 지체하지 말고 병원으로 후송하여야 한다.

3) 복통의 응급상황 이송 기준

- 1세 이전의 아기가 배 아파할 때
- 배에 힘을 주거나 다리를 배에 붙이고 울 때

- 3시간 이상 계속 복통을 호소할 때
- 복통과 함께 토마토케첩 같은 변을 볼 때
- 복통과 함께 초록빛을 띤 노란물을 토할 때
- 사고를 당하거나 배를 맞은 후에 심한 복통을 호소할 때
- 복통 부위가 사타구니 부근이거나 고환 부근이거나 오른쪽 아랫부분일 때
- 토하거나 설사를 한 후 3시간이 지나도 복통이 지속될 때
- 전에 배를 수술한 적이 있는 아이가 배가 아프다고 할 때
- 이상한 것을 먹은 후 배 아프다고 할 때

4) 질병에 의한 복통의 종류

① 위염
- 명치 부위에 생기는 둔통인 경우 많음
- 약물(해열제, 진통제, 알코올, 커피)에 의한 급성위염은 심한 통증 유발

② 급성충수염
- 초기에는 흔히 명치 부위에서 통증을 느낌.
- 점차 아랫배의 오른쪽(우하복부)으로 통증이 이동됨

③ 담석
- 심한 통증인 경우가 많으며, 찌르는 듯한 격통이 몇 시간씩 지속됨
- 수 분 간격으로 점차 심해지고 주기적으로 진행됨
- 통증이 가라앉은 후에도 며칠씩 쑤시는 증세가 계속되기도 함

④ 췌장염
- 가벼운 것에서 심한 통증까지 다양하며, 심하면 방사통(어깨, 등)이 나타남
- 다량의 알코올을 섭취한 후 과식을 한 후에도 찌르는 듯한 격통이 발생함
- 급성인 경우에는 구토가 동반되기도 함

⑤ 복막염
- 만성적인 통증이 천공 직후 격한 통증으로 진전됨
- 통증을 넘어 바로 쇼크 상태에 빠질 위험도 있음

⑥ 장폐색
- 장운동이 원활하지 못한 상태에서 통증이 계속됨

⑦ 자궁 외 임신
- 임신 중에 출혈과 함께 하복부 통증을 호소함
- 어지럼증이나 현기증, 목 또는 어깨 부위의 통증을 호소하는 경우도 있음

⑧ 신장 및 요로질병
- 배뇨 시 통증이 나타남
- 배뇨 이외에도 통증이 있는 것은 염증이 심해진 경우임

⑨ 소장 및 대장 문제
- 궤양과 염증 이외의 경우 장의 연동운동이 원활하지 못한 결과로 발생함
- 경련인 경우 손으로 누르면 압통이 느껴지며 따뜻하게 해주고 부드럽게 마사지를 해주면 경직된 부위가 풀어지면서 통증도 완화됨

5) 내출혈에 의한 복통

내출혈은 피부 표면 밖으로 흘러나오지 않고 신체 내부의 체강(흉강과 복강)이나 연부조직 속으로 흐르는 출혈로 외관상 출혈이 보이지 않기 때문에 발견이 쉽지 않다.

출혈은 주로 외부 충격에 의해 신장, 간, 비장 등이 파열되어 나타나며, 이런 출혈인 경우 복강 내로 많은 출혈이 일어나므로 쇼크가 일어날 수 있다. 내출혈은 병원이 아닌 장소에서는 지혈할 방법이 전혀 없으므로, 119에 즉시 연락하여 병원으로 후송하여야 한다.

6) 복부 출혈이 의심되는 증상

- 복부 피부에 멍이나 타박상이 보이는 경우
- 복부 충격 후 복통과 쇼크 증상이 있는 경우
- 구토나 기침 시 토혈이나 객혈을 하는 경우
- 검은색 대변이나 혈변을 보는 경우

7) 복통 시 응급처치

- 가벼운 복통 시 우선 음식을 섭취하지 말고 배변을 시도해보거나 배를 따뜻하게 해주거나 의복을 느슨하게 한 상태에서 안정시킨다.
- 복통이 완화되지 않고 발열, 설사, 구토, 혈뇨 등의 증상이 있으면 투약하지 말고 병원으로 후송한다.
- 병원 진찰을 해야 하는 경우 약(특히 진통제)이나 음식, 음료 등을 함부로 먹지 않게 한다.
- 내출혈이 의심되면 아래의 순서를 따른다.

① 119를 부른다.
② 다리를 15~30㎝ 정도 올려주어 쇼크에 대비하고, 담요 등으로 환자를 덮어 따뜻하게 보온해준다.
③ 구토에 대비한다. 의식이 있는 환자의 이송 중 구토에 대비하여 비닐 봉투 등을 준비하고, 의식이 없으면 환자를 왼쪽으로 돌려 눕힌다.
④ 호흡을 지속적으로 관찰한다.

복통의 양상이나 위치는 시간에 따라 변화될 수 있어서 초기의 복통만을 보고 병을 추측하는 것은 대개 오류를 일으킨다. 맹장염이 대표적인 예라고 할 수 있다.

5.

흉부 응급처치

1) 가슴에 이물질이 박힌 경우 응급처치

- 두꺼운 드레싱이나 베개로 박힌 물체 주변을 감싸서 고정시킨다.
- 즉시 119 신고 또는 병원 치료를 받게 한다.

2) 흡인성 가슴 손상

흡인성 가슴 손상이란 숨을 들이마실 때 상처 부위로 공기가 들어가고 숨을 내쉴 때 공기가 밖으로 나가게 된다.

① 확인해야 할 것
- 가슴 손상 부위에서 거품이 섞인 혈액이 나오는가?
- 가슴 손상 부위로 공기가 들어가고 나오는 소리가 들리는가?

② 흡인성 가슴 손상 시 응급처치
- 환자에게 숨을 들이마시게 한 후 내쉬게 한다. 가슴 안으로 공기가 들어가는 것을 막기 위해 식품 포장용 랩이나 비닐봉지를 이용하여 상처 부위를 덮고 테이프로 고정한다.
- 고정 시 세면은 막고 한쪽 면은 막지 않는다. 이 방법은 숨을 들이쉴 때 공기가 들어가지 않게 하고 내쉴 때 가슴 안의 공기가 테이프를 붙이지 않은 면으로 빠져나오게 하기 위해서다.
- 랩이나 비닐봉지가 없다면 장갑을 낀 처치자의 손으로 공기의 유입을 막아야 한다.
- 환자가 호흡곤란이 있거나 상태가 더 나빠지는 것처럼 보인다면 덮었던 것을 제거한 후 숨을 내쉬게 하여 가슴 안 공기가 빠져나가게 한 다음 다시 덮는다.

6.

복부 손상 응급처치

복부 손상은 개방성이거나 폐쇄성일 수 있다. 개방성 복부 손상의 경우 관통상에 의해 일어나고 장기가 밖으로 돌출되는 것이 특징이며 복부 장기의 심각한 손상을 야기한다. 폐쇄성 복부 손상은 대개 둔상에 의해 일어난다.

1) 폐쇄성 복부 손상

폐쇄성 복부 손상의 경우 손끝으로 배의 여러 부위를 부드럽게 눌러서 검사할 수 있다. 정상적인 복부의 경우 눌렀을 때 부드럽고 압통이 없으나 복부 손상의 경우 외상의 흔적(멍, 찰과상, 부종)과 함께 통증, 압통, 근육긴장 등이 나타난다.

2) 복부 손상 시 응급처치

- 즉시 119 신고를 한다.
- 무릎을 구부려 복부 쪽으로 끌어당겨 편안한 자세를 취하게 한다.
- 구토의 가능성이 있으므로 어떤 음식이나 음료를 주지 않는다.
- 병원 치료받는 데 시간이 많이 걸린다면 갈증을 해소하기 위해 물에 적신 깨끗한 천을 입에 대어 물게 해준다.

3) 탈장 손상

탈장 손상이란 장기가 외부로 돌출된 상태로, 복벽의 열상이나 파열 부위로 복강 내 장기가 몸 밖으로 빠져나온 상태를 말한다.

4) 탈장 시 응급처치

- 즉시 119 신고한다.
- 환자의 자세 : 환자의 머리와 어깨를 약간 올린 자세를 취해주고 무릎을 구부리면서 올려준다.
- 빠져나온 장기의 건조를 막기 위해 젖은 멸균 드레싱이나 깨끗한 천, 혹은 식품 포장용 랩 등으로 덮어준다.
- 드레싱 위에 수건이나 타올을 덮어주어 보온해준다.

5) 응급처치 시 주의사항

- 장기를 뱃속으로 다시 넣지 말 것(외부의 균이 들어가 복강 내를 오염 시킬 수 있음)
- 돌출된 장기를 너무 세게 드레싱 하지 말 것
- 장기에 달라붙을 수 있는 드레싱 사용하지 말 것
- 어떤 음식, 물도 주지 말 것

7.

골반 손상 응급처치

골반의 손상은 대부분 자동차 사고나 추락으로 인해 일어난다. 골반의 손상은 골반 내에 다량의 출혈을 일으켜 생명이 위험할 수 있으므로 주의 깊게 관찰해야 한다.

1) 골반 손상 시 증상

- 움직일 때 엉덩이, 사타구니의 통증이 증가한다.
- 서 있거나 걸을 수 없다.
- 쇼크 증상이 나타난다.
- 골반의 양옆을 부드럽게 아래로 누르고 조였을 때 통증이 있다면 골절을 의심해야 한다. (골반 골절 시 심한 통증 호소)만약 환자가 통증을 호소한다면 더 이상 누르거나 조이지 않도록 좋다. 골반강 내 재출혈을 일으킬 수 있기 때문이다.

2) 골반 손상 시 응급처치

- 즉시 119 신고한다.
- 환자를 바닥에 눕힌다.
- 골반 골절 시 환자를 움직이지 않도록 해야 한다.
  - 양쪽 넓적다리(양쪽 다리의 대퇴부 사이) 사이에 패드를 댄 후 양쪽 무릎과 양쪽 발목을 붕대를 이용하여 묶어준다.
  - 만약 환자가 무릎을 구부리고 있다면 억지로 펴지 않고 무릎 뒤쪽을 패드로 받쳐준다.
- 병원 치료를 받는다.

제4장
급성 질환 응급처치

1.

협심증 응급처치

1) 협심증의 정의

협심증은 관상동맥이 좁아지거나 막혀 심장근육에 필요한 혈액이 공급되지 못하여 가슴에 통증을 느끼는 것을 말한다. 격한 신체운동, 흥분, 과식, 과다한 스트레스, 추위에의 노출 등 심장 세포에 산소공급 부족이 원인이다.

2) 증상

- 갑자기 가슴을 쥐어짜는 듯한 통증을 호소한다.
- 심장마비와 증상이 비슷하지만 10분 이상 지속되지 않고 휴식을 취하면 통증이 없어지기도 한다.
- 호흡곤란, 메스꺼움, 식은땀이 동반된다.
- 환자가 평소 가지고 다니는 니트로글리세린을 사용하면 증상이 좋아진다.
- 급성 관상동맥증후군(불안정 협심증이나 심근경색)은 가슴 통증은 신체활동 여부에 상관없이 나타나고 10분 이상 지속되며 니트로글리세린 사용과 무관하게 있다.

3) 협심증 증상 시 응급처치

- 환자를 안정할 수 있도록 지지하고 편안하게 쉴 수 있도록 한다.
- 니트로글리세린을 사용하고 있으면 혀 밑에 넣도록 도와준다.
- 통증이 10분 이상 지속된다면 급성 관상동맥증후군을 의심하고 즉시 119에 신고하거나 병원에 이송한다.

2.

뇌졸중(뇌중풍) 응급처치

1) 뇌졸중의 정의

뇌졸중은 뇌에 분포한 혈관이 막히거나(뇌경색) 터져서(뇌출혈) 발생하는 질병이다. 뇌 조직에 영양분과 혈액 공급이 지연되면서 뇌 손상이 초래되고 신경학적 이상을 유발한다.

2) 증상

① 얼굴(Face)
- 말을 하거나 웃으면 한쪽으로 일그러진다.
- 한쪽 입술이 처지거나 침을 흘린다.

② 팔(Arm)
- 한쪽 팔의 감각이 둔하거나 없다.
- 팔다리의 균형 감각이 없다.

③ 언어(Speech)
- 간단한 말에도 발음 장애가 있다.
- 언어장애가 있다.
- 발음이 새거나 어눌하다.

④ 시간(Time)
- 시간과 장소 등에 대한 인지장애가 있다.

3) 확인 사항

- 무기력, 신체(얼굴, 팔, 다리)의 한쪽 마비
- 시력이나 시야에 대한 확인
- 언어장애나 이해 능력 파악
- 균형 감각에 대한 확인(현기증)
- 원인불명의 두통, 구토 증상
  - 동공 크기 변화와 눈동자 변형 확인

4) 뇌졸중 시 응급처치

- 우선 119에 신고한다.
- 기도 폐쇄 → 호흡 유무 → 혈액순환을 확인한다.
- 의식 유무에 따라 자세를 달리 유지한다. 의식이 있다면 머리와 어깨를 약간 상승하여 뇌압이 낮아지도록 하며, 호흡은 있고 의식이 없다면 회복 자세를 유지한다.
- 환자에게 음식물을 주지 않는다.
- 호흡과 심정지가 되면 즉시 심폐소생술을 실시한다.
- 빠른 시간 내에 병원 치료를 못 받으면 최소한 3시간 이내에 병원에 도착해야 한다.

3.

당뇨병 응급처치

인간은 음식을 먹고 발생하는 에너지를 이용하여 활동한다. 당뇨병은 췌장에서 분비되는 인슐린이 포도당을 에너지로 이용하는데, 인슐린이 제 역할을 하지 못할 때 생긴다.

1) 당뇨병의 기전

인슐린은 포도당을 세포로 운반하는 역할을 함

인슐린 부족해지면 과식, 운동 부족, 질병, 스트레스 등 복합적으로 작용 등의 고혈당증으로 (당뇨성 혼수)이 일어난다.

인슐린 과다, 너무 적은 식사, 운동, 술 등 복합적으로 작용 세포가 포도당을 사용하지 못해 소변으로 당 배출하여 저혈당증(인슐린 쇼크)이 일어난다.

2) 당뇨병 환자 이송 기준

- 당뇨병 환자가 쓰러졌는데, 고혈당인지 저혈당인지 확실하지 않다면, 먼저 당이 들어 있는 음식이나 음료를 제공한다.

- 당뇨병은 단순히 혈당만 조절하는 것보다는 혈관 질환에 대한 위험인자들(흡연, 식이, 운동, 스트레스 등)을 종합적으로 관리하는 것이 중요하다.

3) 고혈당 당뇨병의 증상과 응급처치

① 증상

서서히 발병, 심호흡, 말을 시킬 때만 말을 하고 졸린 것처럼 보임, 잦은 소변, 붉은 얼굴, 심한 갈증, 구토, 숨 쉴 때 달콤한 냄새가 남, 의식상실

② 응급처치
- 고혈당인지 저혈당인지 모를 경우는 당이 든 음식이나 음료를 준다.
- 기도, 호흡의 유지가 가장 중요하다.
- 혈당측정기로 혈당을 측정해본다.
- 혈당이 높다고 무조건 인슐린을 투여하지 않는다
- 혼수상태인 사람에게는 먹을 것을 주지 않는다.
- 신속히 병원으로 이송한다.
- 혼수상태에 있다가 깨어났다고 해도 혈당 조절 및 기타 문제의 처치를 위하여 병원으로 이송해야 한다.

4) 저혈당 당뇨병의 증상과 응급처치

① 증상

갑작스러운 발병, 비틀거리는 걸음걸이, 분노, 거친 태도, 갑작스런 배고픔, 심한 발한, 떨림, 창백한 피부, 의식 혼미, 의식 상실

② 응급처치
- 15의 법칙 사용 : 15g의 당 제공 → 15분 기다림 → 좋아지지 않으면 15g의 당 제 공 → 병원치료
- 의식이 있는 경우: 각설탕, 가루설탕, 꿀, 과일시럽, 음료수, 쵸콜렛 등을 제공
- 의식이 없는 경우: 입으로는 아무 것도 먹이지 않고 병원에서 치료를 받게 함
- 어떤 경우라도 병원에 이송하여 계속적 처치를 받아야 함.

제4부
안전교육 교수법

제1장

안전교육 교수법

1.

교육의 정의

가르치는 것은 위대하다. 배움을 통해서 사람을 변화시킬 수 있기 때문이다. 자신감이 없던 사람에게 자신감을, 꿈이 없던 사람에게 꿈을, 알고 싶었던 것을 알려줌에 따라 기쁨과 행복을 주고, 직업을 갖고 싶던 사람에게 희망을 준다. 그래서 교육은 위대한 것이다.

가르치는 것의 진정한 의미를 알려면 기본을 알아야 한다. 나무가 잘 자라게 하려면 뿌리가 튼튼해야 하듯 강의를 잘하기 위해서는 가르치는 것에 대한 기본을 알아야 한다. 여기서는 가르치는 것과 관련된 용어들에 대한 개념들을 정확히 알아야 한다.

가르친다는 것은 교육(教育)을 의미한다. 그러나 가르치는 사람은 많지만, 자신이 하는 가르치는 교육에 대한 의미를 모르고 가르치는 경우가 많다. 교육의 의미를 모르고는 교육의 효과를 보기가 어렵다. 그렇다면 교육의 진정한 의미는 과연 무엇일까?

동양에서 말하는 교육(教育)이란 원래 맹자(孟子)의 "천하의 영재를 모아 교육하다(得天下 英才而教育之)"란 글에서 비롯되었다고 한다. 글자의 구성면에서 보면 '教'는 매를 가지고 아이를 길들인다는 뜻이고, '育'은 갓 태어난 아이를 살찌게 한다는 뜻으로 기른다는 의미가 된다. 이를 풀어보면 동양에서 교육의 의미는 타율적이며 하향적이고 권위적인 의미로서 인간의 잠재력을 배제시킨다.

이와는 달리 서양에서는 크게 그 어원을 education과 pedagogy에서 찾아볼 수 있다. education은 라틴어의 영향을 받은 것으로 e+ducare이다. 여기에서의 e는 '밖으로'라는 의미를 ducare는 '끌어내다'라는 의미를 가지고 있어서 피교육자의 잠재가능성을 밖으로 이끌어낸다는 의미를 가지고 있다. pedagogy는 그리스어에서 유래되었는데 paidos+agogos의 합성어로 paidos는 '아이'를 agogos는 '이끌다'를 의미하고 있어서 아이를 이끌어준다는 의미를 가지고 있다. 결국 서양에서 의미하는 교육의 의미는 인간의 내부적 능력을 개발시키고 미숙한 상태를 성숙한 상태로 만든다는 의미를 포함하고 있다.

　　Peters는 교육이란 미성숙한 아이들을 문명화된 삶의 형식으로 입문시키는 과정이라고 보았다. 정범모는 교육이란 인간 행동을 계획적으로 변화시키는 것이라고 하였다. 인간 행동에는 외재적 + 내재적 행동을 모두 포함하고 있다.

　　결국 Peters와 정범모가 말하는 교육이란 사람을 변화시킨다는 것을 말한다. 교육이 의미있고 위대한 이유는 바로 사람을 변화시키기 때문이다. 그래서 어떤 일보다 가르치는 일은 보람있는 일이라고들 한다.

　　그러나 우리는 여기서 한 가지 주의해야 할 것은 사람을 변화시키는 것이 교육의 목적이므로 변화하지 않는 교육은 굳이 지식이나 정보를 전달하는 것이라고 할 수 있다. 지식의 전달은 굳이 가르치는 사람 즉 강사만이 할 수 있는 것이 아니라 신문, TV, 라디오, 인터넷, 책을 통해서도 얼마든지 전달할 수 있다. 강사가 필요한 것은 지식과 정보를 전달하는 다양한 매체를 능가하는 무엇이 있기 때문인데 그것이 바로 강의의 목표인 학습목표에 도달해야 한다는 것이다.

　　따라서 교육을 한다는 것은 단순한 지식과 정보의 전달이 아니라 원하는 목표대로 사람을 변화시키는 데 주안점을 가지고 해야 한다. 교육은 받았지만 학습목표대로 이루어지지 않았다면 효과가 없다고 한다. 그래서 똑같은 내용을 반복적이고 주기적으로 받게 되어 시간과 비용을 낭비하게 되는 것이다.

　　미래 사회에 없어질 직업 중에 하나가 가르치는 교사가 없어질 것이라는 예측을 하고 있다. 그것은 단지 지식을 전달하는 것은 의미를 잃게 된다는 것을 의미한다. 가르치는 사람은 많지만 잘 가르친다는 것은 어렵다. 또한 강사는 많지만, 명강사는 많지 않다. 결국 잘 가르치는 사람, 명강사는 사람을 계획적으로 변화시킬 줄 알아야 한다.

2.

교육과 학습의 차이

우리는 공부를 하는 것에 대하여 교육과 학습이라는 말을 혼용하여 사용하고 있다. 교육(敎育)의 사전적 의미는 "지식을 가르치고 품성과 체력을 기름"을 의미한다. 학습(學習)의 사전적 의미는 "배워서 익힘"을 의미한다. 사전적 의미만을 보아서는 정확하게 차이를 인식하기 어렵다. 그러나 교육과 학습이라는 단어는 엄연한 큰 차이를 가지고 있다. 굳이 차이를 나누자면 일반적으로 교육은 학습자가 받는 수동적인 입장에서 설명하고 있고, 학습은 학습자가 선택하여 하는 능동적인 입장으로 설명하고 있다.

교육의 패러다임은 정보화 혁명과 함께 변화를 가져왔다. 이전의 산업사회에서는 교육은 지식을 수동적으로 받는 것이기 때문에 국가 수준의 교육과정을 가지고 학습자들에게 일방적으로 지식을 전달하는 강의 방법이 대부분이었다. 강사는 강의의 주도자로서 지식을 전달하게 되면 학습자는 강의의 참여자로서 선택의 여지가 없이 주입식으로 암기를 할 수밖에 없었다. 그러나 이제 정보화 사회가 되면서 학습자가 원하지 않는 교육은 점차 의미를 잃어가고 있다. 그래서 교육의 형태도 공교육에서 태어나면서 죽을 때까지 받는 평생교육으로 자리를 바꾸었고 학습 내용도 학습자들의 요구 수준을 반영하는 맞춤식 교육을 지향하고 있다. 강의에서 주도자는 강사에서 학습자로 바뀌었으며 교육내용도 공부하는 방법을 다루고 있다.

왜 이러한 교육의 패러다임이 온 것일까? 그것은 바로 사회의 변화에서 답을 찾을 수 있다. 산업사회에서는 대량생산만 하면 돈을 벌 수 있었기 때문에 커다란 공장을 지어서 일정한 모델의 상품을 만들어 내기만 해도 팔렸던 시대가 있었다. 그러나 정보화 사회로 전환되면서 사람들의 욕구는 다양해졌고 한 가지 모델에 대하여 오랫동안 집착하지 않았다. 결국 소비자들의 다양한 욕구를 해결하기 위해서는 상품도 다양한 것을 지속적으로 개발하거나 만들어 내지 않으면 소비자들의 욕구를 사로잡을 수 없었다. 다양한 상품을 개발하기 위하여 창의성이 필요한 것인데 이러한 창의성을 가진 인재를 양성하기 위해서는 예전처럼 주입식 교육이 한계에 달했기 때문이다.

앞으로 미래 시대를 제4의 혁명인 꿈의 혁명시대라고 한다. 꿈의 혁명 시대를 이끄는 사회의 주역은 바로 창의성을 가진 사람들이다. 따라서 기존의 주입식 교육의 한계가 학습자들의 창의성을 만들어 주는 데는 한계가 있다는 것을 인식하고 창의성을 키우기 위한 교수법에 대해서 관심이 많다.

창의성을 갖게 하는 교수법은 강사가 일방적으로 내려주는 지식 속에서 만들어지는 것이 아니라, 본인이 하고 싶은 공부를 스스로 하는 학습에 의해서 만들어진다. 그러나 아직도 교육 현장에서는 오직 많은 지식만을 주려고 하는 것에 치중하는 분들이 많다. 이러한 강의에서 학습자들은 많은 지식을 얻을 수는 있지만, 그것을 실천하게 하거나 창의성으로 연결하기는 어렵다.

미래 사회가 원하는 창의적인 인재를 육성하는 방법은 교육의 강화가 아니라 학습 방법을 알려주는 것이다. 즉 교육은 지식을 전달하는 것이 아니라 공부하는 방법을 알려주는 것이 명강사의 교수법이며, 미래 사회에 필요한 교수법인 것이다.

3.

교수법의 정의

교수법이란 교육 내용을 전달하기 위한 체계적인 지식과 기술로 쉽게 말하면 교수법은 가르치는 학문적인 방법을 말한다. 따라서 교수법은 단지 많은 강의 경험에 의하여 후천적으로 쌓여갈 수 있는 것이 아니라 교육학적 지식을 기본으로 하고 있다.

강의를 잘한다고 하는 사람을 보면 교수법을 정확히 알고 하는 사람이 있는 반면, 교수법을 정확히 모르고도 강의를 잘하는 사람이 있다. 강의법을 정확히 아는 사람은 무엇이든 교육적 효과를 갖도록 체계적인 지식에 강의 기술이 뛰어난 사람을 말한다. 그러나 교수법을 모르고도 강의를 잘하는 사람은 체계적인 교수법에 대한 지식보다는 경험의 증가로 인하여 강의 기술만이 뛰어난 것이다. 강의 기술만 뛰어난 강사는 학습자의 대상이나 학습 내용이 달라지면 강의 결과가 나쁘게 나올 때가 많다. 그러나 교수법을 잘 알고 있는 강사는 어떤 대상이나 내용도 두렵지 않게 된다. 그만큼 강사에게 있어서 교수법에 대한 기본적인 지식은 중요하다.

교수법은 말 그대로 체계적인 지식과 기술에 의해서 이루어지는 것이므로 수학공식과 같다. 또한 고급 양식당에서 고급음식을 시켰을 때 순서대로 음식이 나오는 것과 같다. 따라서 교수법을 모르면 수학 문제를 풀 때 공식을 모르기 때문에 풀기는 하지만 정답을 맞추기는 어렵다. 마찬가지로 교수법을 모르고 강의를 하면 고급 음식을 시켰음에도 불구하고 맛있는 음식이 뒤죽박죽 섞여서 제 맛을 느끼기가 어렵다.

아무리 유명한 명강사의 좋은 내용의 강의라고 해도 가르치는 교수법에 대한 체계적인 지식이 없으면 재미있거나 유익한 강의는 되겠지만 사람을 변화하게 하는 위대한 효과를 보기는 어렵다. 교수법에 대해 정확히 알게 되면 유익하기도 하지만 그를 통해서 변화하고 싶은 욕구를 가지게 한다. 뿐만 아니라 어떤 학습자들을 만나도 두렵지 않으며, 교육적 효과를 얻을 수 있다.

요즘 학습자들이나 교육담당자들이 교육의 효과가 떨어진다고 하는 말들을 많이 하는 이유 중에 하나가 교수법에 대한 체계적인 지식이 없이 강의 기술만을 가지고 강의하기 때문이기도 하다.

명강사가 되기 위해서는 교수법에 대한 체계적인 지식과 강의기술을 가지고 있어야 한다. 만약 교수법에 대한 지식이 바탕이 되지 않는 강의는 교육적 효과는 고사하고, 강의에 대하여 분노와 거부감을 느낄 수 있다. 따라서 명강사가 되기 위해서는 교수법에 대한 체계적인 지식과 강의 기술이 있어야 한다.

교수법은 전통적으로 가장 많이 사용하는 강의법을 비롯하여, 토의법, 액션러닝, 체험학습, 노작학습, 문제중심학습법, 협동학습, 역할학습, 상황학습 등 매우 다양한 방법이 있다. 이러한 교수법들은 학습자에 따라서 또는 학습 내용에 따라서 다양하게 적용할 수 있다.

교수법이 필요한 이유는 다음과 같다.

- 교수법은 정해진 시간 내에서 전달해야 할 여러 가지 다양한 지식을 효율적으로 전달하게 해 준다.
- 교재의 내용을 강사가 지닌 능력의 범위 내에서 보충, 첨가, 삭제하는 데 필요하다.
- 강사는 자신의 언어적 표현능력에 따라 학습자를 용이하고 쉽게 동기를 유발시킬 수 있다.
- 강의 내용에 따라서 효과를 높일 수 있는 교수법을 선택할 수 있다.
- 학습자는 다양한 교수법으로 인하여 학습에 신비감을 가질 수 있다.
- 교수법에 따라서 강의 시간, 학습량 등을 강사가 자유로이 조절할 수 있다.
- 교수법에 의하여 강의에 수동적인 참여를 능동적으로 변화시킬 수 있다.
- 학습자들이 강의에 대하여 흥미를 느끼게 할 수 있다.
- 강사가 지닌 지식과 기능을 체계적이고 논리적으로 전달할 수 있다.
- 정해진 시간 내에 여러 가지 다양한 지식을 많은 학습자에게 동시에 전달할 수 있다.

4.

시대가 원하는 교수법

가르치는 일은 강사와 학습자가 벌이는 심리 게임이라 할 수 있다. 강사는 어찌하면 많은 것을 알게 할 수 있을까를 고민하고 학습자는 어떻게 하면 효과적인 강의를 들을까를 고민한다. 따라서 교육에서도 효과와 효율성의 측면을 고려하여 교육철학에 맞는 교수법들이 만들어지고 있다.

지금까지 교수법이라고 말하면 으레 지시적 언어를 주된 매체로 삼는 강의법을 연상하게 된다. 강의법은 그처럼 교수법 가운데서 가장 널리 보편화된 방법이며, 또 역사적으로도 가장 오래전에 발전한 고전적 방법이다. 그러기에 흔히들 강의가 있을 때, 가르치는 강사나 배우는 학습자 모두 "강의가 있다."라고 말하고, 또 "강의를 했다.", "강의를 들었다."라고 말한다.

강의법은 지식이나 기능을 강사 중심의 설명을 통해서 학습자에게 전달하고 이해시키는 교수법 중의 하나다. 그러나 강사들은 강의하는 것이 교수법의 전부인 것처럼 생각하는 경우가 많다. 그러나 앞에서 말했듯이 강의법은 많은 교수법 중의 하나로 가장 많이 사용할 뿐이지 교수법의 전부는 아니다.

강의법은 중요한 정보를 효율적이고 능률적인 강사의 말로써 학습자에게 전달하도록 설계되어 있으며, 다수의 학습자에게 가장 짧은 시간에 효과를 볼 수 있다는 장점을 가지고 있다. 강의법은 고대 그리스·로마 시대의 철학자들이 서로의 지식을 나누어 갖기 위한 방법으로 사용된 이후 오늘에 이르고 있다. 중세의 대학에서는 강의식 교수법이 유행했으며, 산업혁명을 계기로 일정한 직업능력을 갖춘 인재를 대량 생산하여야 하는 시대적인 필요로 인해 더욱 발달하였다.

그러나 정보화 사회가 도래하면서 실생활의 대비를 중요시하는 실용주의 교육철학이 대두됨에 따라 강의식 수업 방법만으로는 학습자들의 욕구를 만족시킬 수 없고, 학습자들의 능동적인 참여를 이끌어낼 수 없다는 비판이 제기되었다. 따라서 오늘날은 교수법을 개선하기 위해 다양한 교수법의 개발은 물론, 학습 매체, 교수 보조물 등을 사용하고 발문을 통한 학습자의 동기유발을 시도하는 동시에 설명기법을 개선하는 등의 시도가 이루어지고 있다.

물론 강의법이 나쁘다는 것은 아니지만 시대의 변화나 상황에 따라 강의가 오직 강의법에 의해서만 이루어지는 것은 적절치 못하다. 따라서 지금까지 진행해온 강의법과 함께 다양한 교수법이 필요한 이유는 다음과 같다.

통상 2000년을 기준으로 사회는 기계 중심에서 인간을 중시하는 사회로 바뀌고 그에 따라 자본이 사회의 부의 척도에서 지식이 부의 척도가 되는 세상이 왔다. 따라서 교육이 더욱 중요해지는 사회가 왔으며 학교의 공교육말고도 평생 공부해야 하는 시대가 온 것이다.

산업사회 때까지는 일정한 지식과 기능을 가진 사람들을 대량으로 필요했기 때문에 강의법에 의하여 강의가 진행되어왔지만 정보화 사회가 도래하게 됨에 따라 다양성을 강조하게 됨에 따라 강의법보다는 다양한 욕구를 충족시켜 주고, 창의성을 증진할 수 있는 교수법이 필요한 것이다. 또한 우리가 매일 똑같은 밥과 반찬으로 식사를 하면 질리듯 교수법의 변화는 학습자들의 학습 욕구를 증가시키는 데 도움이 된다. 이러한 교수법은 학습자의 자기주도적 학습능력을 높이기 위하여 지금까지의 강사가 중심이 되고 학습자가 수동적인 대상의 교수법이 아니라, 학습자의 수업의 주도자가 되고 강사는 촉진자 역할을 수행해야 하는 교수법을 활용해야 한다.

즉, 앞으로의 교수법은 학습자가 학습하고 싶어 하는 내용으로, 지식을 전달하는 것이 아니라 학습하는 방법을 알려주는 창의성을 키우거나 문제해결식의 교수법이 더욱 효과적임을 알 수 있다.

교육이 시작된 이래 수많은 가르치는 사람들은 자신의 교수법 향상을 위하여 많은 노력이 있어 왔다. 그래서 그들은 명강사가 되었고, 그들의 교훈이 세상을 변화시키고 역사를 발전시켜 왔다. 다양한 교수법을 알게 되면 어떤 강의도 자신이 있지만 교수법을 제대로 모르고 그저 강의법으로만 강의를 한다면 그만큼 강사로서의 수명은 짧다고 할 수 있다. 앞으로는 시대의 변화 따라 교육에서의 패러다임은 가르치는 강사 중심의 교수법에서 학습자중심의 교수법으로의 변화를 요구하고 있다. 따라서 세상의 변화에 맞는 강의를 하려면 교수법에 대한 연구가 필요하다고 할 수 있다.

5.

교수법의 원리

학습 목표를 효과적으로 도달하기 위해 이용하는 교수법에는 가르치려는 관점이나 방법에 따라 철학적 배경을 가지고 있다. 교수법에 대한 철학은 시대의 변화에 따라 변화를 하고 있다. 교수법의 기본은 교수·학습 원리를 바탕으로 하고 있기 때문에 교수·학습 원리를 강의에 반영한다면 학습자들을 학습 목표에 도달하게 하는 데 도움이 될 것이다.

1) 행동주의적 교수·학습

행동주의는 왓슨(Watson)에 의하여 미국심리학에 도입하였으며, 1930년~1960년대 교수·학습에 대한 연구의 주류를 이루었다. 인간은 학습을 통해 행동의 변화(Change of Behavior)가 나타나는 것으로 학습이라는 자극에 의하여 인간의 행동이 변화한다고 보았다. 행동주의는 학자인 파블로브 박사의 개의 실험을 통해서 학습자들에게 칭찬을 주면 행동의 변화를 가져오나, 벌을 주면 나쁜 행동을 줄 일수 있다고 하였다. 이는 학습자를 단순히 외부의 환경 자극에 따라 반응하는 수동적인 학습자로 보고 강사는 지식과 정보의 일방적 전달자, 학습의 배타적 관리자로 보고 있다.

따라서 행동주의적 교수·학습관은 강사가 강의의 주도권을 가지고 일방적으로 학습 목표를 학습자들의 의사와는 관계없이 설정, 진술하고 목표 성취에 필요한 자극과 이에 따른 반응 그리고 강화를 활용해 학습이 이루어지도록 하고 있다.

행동주의 교수·학습에 의한 교수법은 강사가 강의 도중에 학습자들에게 상과 벌을 줌으로 인해서 학습자들이 강의에 몰입하게 하고 행동의 변화를 가져오게 하는 교수법이다. 강사가 수업 중에 줄 수 있는 상은 강의 도중에 학습자들에 칭찬과 격려를 해주는 것이다. 학습자들은 강의 도중에 강사의 격려로 인하여 자신감을 얻을 뿐만 아니라 칭찬으로 인해 학습결과에 대한 관심을 기지고 행동을 변화시키려는 추진력이 된다.

강사가 수업 중에 줄 수 있는 벌은 문제행동이나 학습효과가 나타나지 않는 학습자에 대하여 체벌을 하거나 지적이나 창피를 주는 것을 말한다. 이러한 부정강화는 학습자들에게 학습에 참여하지 않으면 안된다는 생각을 가져오게 하나, 현대에 와서는 장점보다는 단점이 크게 작용하고 있으므로 벌과 같은 부적 강화를 대신할 수 있는 효율적인 방법들이 필요하다.

이처럼 행동주의적 교수·학습의 주도권은 강사에게 주어짐으로 강사는 학습 효과를 극대화하기 위해 칭찬이나 벌 등의 외형적 강의 전략을 동원하게 된다. 학습자들의 학습목표에 도달했는가에 대한 평가는 역시 학습목표에 근거에 따라 객관식 평가 위주로 이루어진다.

행동주의적 교수·학습이론의 특징을 보면 다음과 같다.

- 파블로프는 효과 때문에 학습이 일어난다고 보았으나 스키너에 의하면 강화(보상)를 하면 학습이 일어난다고 보았다. 학습자들이 착한 일을 했을 때 상을 주는 것이 일종의 강화 행위로 강의 중에 학습자들의 반응을 칭찬하거나 격려하는 것이나 학습자에게 편리한 강의실을 제공하는 것도 강화라고 할 수 있다.
- 강화에 의해 학습동기를 장려하는 것은 긍정적이나 보상을 지나치게 강조함으로써 학습에 대한 흥미를 감소시킬 수 있으며 다른 학습자들에게 부정적인 효과를 미칠 수 있다는 위험성을 갖고 있다.
- 인간의 행동이 강화에 의해서 조정되기 때문에 학습자가 목표하는 행위에 대해서는 일관성과 계속성을 갖고 지도하여 적극성을 갖고 시도할 수 있도록 해야 한다.
- 행동주의적 교수·학습은 인간을 수동적으로 만들고 조작화함으로써 사람을 너무 비인간적으로 다룬다고 비판을 듣는다.

2) 인지주의적 교수·학습

1950년대 말, 학습이론은 행동주의 교수·학습이론에서 벗어나 인지과학에서 온 인지주의적 교수·학습에 집중하였다. 심리학자들과 교육학자들은 명백하게 관찰할 수 있는 행동 대신 인간의 사고, 문제해결, 언어, 개념형성 및 정보처리와 같이 더 복잡한 인지과정이 중요하다고 보았다.

인지주의는 학습자가 외부에서 주어지는 정보를 내적인 정보처리 과정을 통하여 인지구조를 변화시키는 것으로 보고 기억에 오래 남도록 학습시키는 것에 초점을 맞추었다. 인지주의는 학습자의 인지적인 행동의 변화만을 가져오기 위한 행동주의보다는 다소 학습자의 학습에 도움을 주려는 데서 보다 능동적이고 적극적인 학습자관을 취하고 있다. 그러나 인지주의 역시 행동주의와 마찬가지로 지식을 학습자의 의지와는 관계없이 주입하려는 데서 비판을 받고 있다.

인지주의적 교수·학습이론의 특징을 보면 다음과 같다.

- 인지주의적 교수·학습의 목적은 새로운 지식과 정보가 기존의 인지구조에 잘 기억할 수 있도록 강사는 정보의 구조화와 계열화를 해야 한다.
- 강사는 학습자의 정보처리 활동을 촉진하기 위하여 학습 내용에 대하여 약호화하여 기억에 오래 남게 한다. 예를 들어 암기전략인 앞 단어를 떼 내어 외우게 하거나, 반복적인 제시를 통해서 학습자의 기억에 도움을 주는 것을 말한다.
- 인지주의적 교수·학습이론은 학습자의 이미 학습된 내용을 효과적으로 일반화할 수 있는 학습환경을 조성하는 데 초점을 둔다.

3) 구성주의적 교수·학습

오늘날 산업사회에서 정보화 사회로의 전환을 맞아 적정한 지식수준을 가진 학습자를 대량생산하던 시대에서 소규모 다품종 생산에 맞는 창의적이고 다양한 학습자를 길러 내는 것으로 변화를 하였다. 이러한 패러다임의 변화는 기존의 강사가 주도권을 가지고 의지대로 학습자들을 변하게 하려는 행동주의와 인지주의를 대변하던 객관주의에서 벗어나 학습자가 학습의 주도권을 가질 수 있는 학습자 중심의 구성주의 교수학습 이론을 필요로 하게 되었다.

구성주의의 효시는 그리스 시대로 거슬러 올라갈 수 있지만, 최근에 구성주의적 입장에 서서 많은 영향을 끼친 학자를 삐아제라고 말하고 있다. 비록 삐아제는 아동의 인지발달에 관한 연구로 많이 인용되지만, 인지발달 연구에서 그가 견지한 입장을 보면 구성주의자라고 볼 수 있다.

구성주의란 학습자가 기존에 가지고 있는 지식을 바탕으로 다양한 지식을 받아들여 지식을 재구성하는 것을 말한다. 따라서 객관주의가 무시했던 학습자의 선행지식을 중요시하며, 상호작용을 통한 지식 습득을 중요시하였다. 구성주의는 교수·학습이론 및 인식론 등 다양한 의미로 쓰여지고 있으나, 구성주의가 현 교육에서 주도적인 패러다임이라는 사실에는 학자들이 의견의 일치를 보이고 있다. 현재 초·중·고에서 사용하는 7차 교육과정의 학습자 중심의 교육과정이 바로 구성주의를 기본으로 하고 있다.

구성주의적 교수·학습이론의 특징을 보면 다음과 같다.

- 지식은 사용되는 실제 상황과 함께 학습되어야만 학습자의 실제 생활에 전이될 수 있다는 것이다. 따라서 교수·학습은 현실 생활에 근거한 것일수록 학습자가 오랫동안 기억에 남을 수 있으며, 학습효과가 높다.
- 학습자가 특정 과제 또는 관심 있는 문제를 해결하기 위하여 강사는 강의에 필요한 정보를 완벽하게 수집 분석하여 학습자들이 문제를 해결할 수 있도록 도와야 한다.
- 학습자가 배우고 싶은 것을 배울 수 있도록 하기 때문에 수업의 주도권을 가지고 있으며, 강사는 수업의 보조자로서 촉진자 역할을 수행한다.
- 학습자가 배우고 싶은 것을 가르친다.
- 지식을 전달하기 보다는 공부하는 방법을 알려준다.

〈표 4-1〉 각 교수·학습이론의 비교

학습이론	행동주의	인지주의	구성주의
지식의 관점	•객관주의	•객관주의	•주관주의
패러다임	•교수(Teaching)	•교수 - 학습	•학습(Learning)
학습의 정의	•외형적 행동의 변화	•인지구조의 변화	•기존의 선행지식 중요 •상호작용으로 지식 재구성
학습자	•수동적 인간	•적극적 인간	•수업의 주도자
교수	•수업의 주도자	•수업의 주도자 •학습자의 인지를 도와 줌	•학습 촉진자 •학습환경의 조성 및 상황적 맥락과 실제과제 제공
강의방법	•행동의 변화만 초점 •강화 중 보상 및 즉각적 피드백이 중요	•학습자의 암기를 도와줌 •학습과정을 편하게 몰입하도록 이끌어 줌	•학습자들이 학습하고자 하는 것을 도와 줌 •다양한 관점의 상호작용을 통해 지식 확대 중시 •평가는 강의시작부터 끝까지

6.

명강사의 자질

지금까지 강사는 개별 학습자가 주체적으로 인격적인 자아실현을 하도록 도와주고, 사회의 지속적인 발전과 바람직한 개혁을 선도하며, 인류의 보편적인 번영과 복지를 모색하는 데 기여해왔다. 또한 강사는 강의실교육에서 가장 중심적인 위치를 차지하고 있으며 또 실제에 있어서 중요한 영향을 미치고 있는 사람으로 성직자와 같이 거룩한 직업인으로 간주되어 왔다. 그렇다면 실제로 학습자들이 좋아하는 명강사는 어떤 특징을 가지고 있는지를 보면 다음과 같다.

1) 강의를 잘하는 강사

학습자가 바라는 명강사는 강의 전체를 이해하고 상황에 맞는 강의를 통하여 학습자들의 주의집중은 물론 흥미를 유발하여야 한다. 또한 강사는 강의가 본론으로 들어가는데 있어서 중요한 안내자 역할을 수행할 수 있어야 한다. 강의의 진행, 관리 등을 성공적으로 수행하느냐 못하느냐의 여부는 오직 강사의 역량에 의하여 결정된다. 따라서 명강사가 되기 위해서는 기본적으로 강의를 잘 할 수 있어야 한다.

2) 학습자의 가치와 존엄성을 인정하려는 강사

사람은 누구나 존중받기를 원한다. 특히 학습자가 되면 강의를 받는 도중에도 존중받기를 원한다. 따라서 강의가 시작되기 전에 공손한 태도로 학습자들을 안내하여야 하며, 강의는 바로 학습자들을 위해서 있다는 생각이 들도록 해야 한다. 더불어 강의 내내 학습자가 강의의 주인공이라는 인상을 심어주는 것도 간과해서는 안 된다. 품위 있는 언어와 신중한 태도를 가지고,

참가지 개개인의 인격을 존중하면서 진행해야 한다.

3) 흥미나 요구에 대하여 이해해주는 강사

아무리 좋은 강의도 학습자들의 흥미와 요구에 맞지 않으면 안된다. 강의를 진행하기 전에 학습자들의 요구는 무엇인지 정확히 알지 못하면 성공적인 강의는 물론이고 학습자들의 마음의 문을 더욱 닫게 하는 역할을 한다.

4) 유머(humor)가 있는 강사

소위 명강사라고 하는 분들을 보면 전부 나름대로 독특한 캐릭터를 가진 재미있는 분들이 많다는 것을 알 수 있다. 이들은 강의 도중 독특한 억양이나, 몸짓, 유머를 통해 모두를 웃긴다. 심지어는 발표 내내 생글생글하고 익살이나 개그가 넘쳐흐른다. 실제로 성인교육에 있어서도 유머가 있는 강사를 원한다. 그렇지만 실제로 유머가 있는 강사는 의외로 드물기 때문에 간혹 농담을 해서 학습자의 분위기를 상승시키는 강사는 소위 명강사가 될 수 있다. 유머가 긴장감을 해소시키고 분위기를 집중하는데 큰 효과를 발휘하기는 하지만 너무 많은 유머를 남발하거나 웃기려고만 하면 강사의 강의에 대한 관심이 떨어질 수 있다.

5) 학습자의 의견 및 개성에 대하여 호의적인 강사

강의는 학습의 주가 아니라 학습을 유도하는 하나의 양념과 같은 것이다. 그러나 학습자에 따라서는 강의에 대하여 부담스럽게 생각하거나 싫어하는 학습자도 있을 것이다. 이러한 학습자를 만나게 되면 강사들은 나름대로 힘이 빠지거나 자신감을 상실하게 되는 경우가 있다. 그러나 강의 자체가 학습자들 모두를 대상으로 만족시키기에는 한계가 있으므로 학습자들의 의견이나 개성을 존중하여 싫어하는 사람도 있다는 생각에서부터 시작되어야 한다. 학습자들의 다양한 견해에 대하여 충분히 인정한다면 어떤 상황이라도 인내하며 강의를 진행할 수 있을 것이다.

6) 예리한 통찰력을 가진 강사

강사는 강의가 있기 전에 학습자들이 좋아하고 강의에 참여를 높이는 강의를 준비한다. 그러나 모든 학습자가 강사의 뜻대로 움직이는 데는 한계가 있다. 따라서 강사는 강의를 진행하는 중에도 학습자들에 대한 예리한 통찰력을 가져야 한다. 학습자들이 관심이 없거나 부정적인 의식을 가지고 참여하는데도 불구하고 통찰력이 없어서 그대로 진행한다면 심각한 부정적인 저항을 받게 된다. 그러나 학습자들의 표정이나 분위기에 대한 통찰력이 있다면 강의 중이라도 다른 주제나 다른 강의로 전환해야 소정의 목적을 달성할 수 있을 것이다.

7) 결단력있는 강사

강의를 잘하는 강사는 강의를 하는 중에 학습자들의 반응에 대하여 빠른 결단력을 내려야 한다. 학습자들의 반응이 좋은가 아니면 나쁜가를 보고 강의를 계속 진행해야 하는지 아니면 그만 강의를 끝내던지, 다른 강의를 진행할 것인가를 결정해야 한다. 결단력이 없으면 준비한 강의에 미련을 버리지 못하고 지속적으로 하게 되고 이로 인해 학습자들은 더욱 마음의 문을 닫게 하는 역할을 한다,

8) 응용력있는 강사

강의는 학습자들의 관심을 끌기 위해서 흡인요인이 있어야 한다. 기존의 강의만을 매번 사용한다면 학습자들은 금방 식상하여 오히려 학습에 대한 효과를 보기 어렵다. 따라서 강사는 강의를 강의의 학습목표나 분위기에 따라 응용할 수 있는 능력이 있어야 한다. 또한 기존의 강의라도 자신이나 학습자에게 맞도록 응용할 수 있는 능력이 있어야 한다. 항상 새롭고 흥미로운 강의를 한다면 학습자들은 "이번에는 또 어떤 것이 우리를 흥미있게 할 것인가?"하고 기대할 것이다. 이러한 기대감이 자연스럽게 학습에 흥미를 가지게 한다.

9) 인내와 낙관적인 사고를 가진 강사

강의는 강사가 원하는 대로 모두 성공적일 수 없다. 학습자들은 주어지는 강의에 대하여 낯설어하기도 하고 처음에는 미온적인 반응을 보일 수 있다. 명강사는 학습자들의 상황을 충분히 인식하여 적당한 인내심을 갖고 강의에 몰입하게 하는 능력이 있다. 그러나 처음으로 강의를 시작하는 강사는 학습자들의 미온적인 반응을 참지 못하여 난처하다는 생각에 오히려 자신감을 잃을 수도 있다. 따라서 강사는 학습자들의 반응이 바로 나타나지 않는다고 실망하지 않고 적당한 인내심을 갖고 낙관적인 생각을 가지고 있어야 한다.

10) 설득력있는 강사

강의에 대하여 학습자들이 흥미를 보이게 하기 위해서는 학습자들에게 흥미를 유발하게 하여 참여하게 하는 것이 중요하다. 잘 알지 못하는 내용에 대한 새로운 강의에 학습자들이 몰입하게 할 수 있게 하는 것은 설득력이다. 설득력이 좋은 강사일수록 강의를 성공적으로 수행할 수 있으며, 설득력이 나쁠수록 학습자들은 강의를 왜 하는지 이해를 못하며 결국 참여도도 떨어진다.

11) 좋은 인품을 지닌 강사

강사는 지식만을 전달하는 것이 모든 역할이라고 생각하기 쉽다. 그러나 지식이외에도 강사가 가지고 있는 잠재적 교육과정 즉 인품이나 사람 됨됨이도 중요하다. 어떻게 보면 강사에게서 가장 중요한 것이 인품인 것이다.

명강사들을 보면 그들의 인품이 남들보다 좋다는 것을 알 수 있다. 인품이 좋은 강사는 강의력이 부족해도 학습자들에게 좋은 영향을 준다. 인품이 나쁜 강사는 강의를 아무리 잘해도 배울 것이 없다는 평을 듣기도 한다. 따라서 강사는 교육자로서 보람이나 신념을 가지고 훌륭한 인품을 갖기 위해서 노력해야 한다. 신체적으로도 학습자들의 귀감이 되어야 학습자들은 존경심을 갖게 된다.

7.

실패하는 강의

1) 목소리가 작은 강의

    강사의 목소리가 작아서 학습자들이 귀를 기울여서 듣는 강의를 말한다. 강사가 주의집중을 위해서 처음에는 목소리를 작게 해서 주의를 집중시킬 수는 있어도 강의가 시작되어서는 목소리를 크게 내어야 한다. 목소리가 작으면 학습자들은 목소리를 듣기 위해서 주의를 기울여야 하는데 그것이 피로를 누적시켜 재미없는 강의가 되게 된다. 결국 목소리가 작으면 학습자들은 재미를 잃게 되면 강사는 강의 시간에 독백을 하는 것과 같다.

2) 판서를 전혀 안하거나 칠판 글씨가 작아 잘 안 보이는 강의

    학습자들은 판서를 하나도 하지 않는 강의는 정적이라는 생각을 가지고 있어서 판서가 전혀 없는 강의에 대하여 신뢰를 하지 않는다. 또한 강사가 강의 중간에 쓰는 칠판 글씨가 뒤에 앉아 있는 학습자들에게도 잘 안보이게 되면 학습자들은 열심히 보려고 노력하다가도 한계가 오면 강의에 대해서 흥미를 잃게 되고 강의가 재미없어 지게 된다. 따라서 맨 뒤에 학습자가 보이지 않게 쓰는 작은 글씨와 그림은 자제하는 것이 좋다.

3) 강사 혼자만 열심히 하는 강의

    강사가 자신이 준비해온 학습 내용을 혼자만 열심히 강의하면 학습자들은 수동적인 입장으로 바꾸어 강의에 대해서 흥미를 잃게 된다. 심지어는 학습자들과 한번도 눈도 마주치지 않고 혼자만 떠들다 강의를 끝내면 학습자들은 강의가 재미없어 지게 된다. 따라서 강사는 학습자들에게 지속적인 흥미를 유발하기 위해서는 강의 중에 학습자들에게 적절히 시선을 분배해 주어야 하며, 강의 중간에 학습자들에게 배운 내용에 대하여 질문을 가끔 하는 것이 좋다.

4) 정리가 안 되는 강의

어떤 강의든 강의 중에는 내용정리가 잘되어야 하며, 강의가 끝날 때는 지금까지 배운 내용이 일목요연하게 정리가 되어야 한다. 그러나 선생님께서 강의시간에 말은 많이 하시는데 도대체 무슨 말인지 정리가 안 되는 강의를 하게 되면 학습자들은 재미를 잃게 된다.

5) 학습 보조 자료에 얽매인 강의

강사가 직접 강의를 하기 보다는 학습보조 자료를 나누어 주고 그것을 학습자들이 풀게 하거나 모든 것을 학습자들이 하게 하는 강의에 대해서는 학습자들이 부담스러워할 뿐만 아니라 강사의 관심이 적다고 생각하여 흥미를 잃게 된다.

6) 프레젠테이션을 지나치게 활용하는 강의

요즘의 강의는 대부분 프레젠테이션을 활용하여 강의를 한다. 그러나 말로 할 수 있는 것을 굳이 파워포인트로 만들어 사용하는 것도 문제지만 강의 내용을 완벽히 숙지하지 못하기 때문에 파워포인트만 보고 읽게 되면 학습자들은 준비가 부족하다고 생각하거나 성의가 없다고 생각한다. 더욱이 강의 중간에 주의를 환기시키고, 학습 욕구를 불러일으키기 위하여 동영상을 사용하는 것은 좋으나 지나친 동영상을 보여주는 것은 오히려 강의의 흐름을 깨거나 학습자의 학습동기를 저해하는 요인이 되므로 꼭 필요한 게 아니면 자제하는 것이 좋다.

7) 발표만 시키는 강의

강사가 과제를 내고 오직 학습자들의 발표만으로 강의를 이루어 가는 경우 학습자들은 자신들의 발표내용에 귀를 기울이기는 하지만 강사처럼 숙련된 발표가 아니기 때문에 흥미를 잃게 된다. 따라서 강사가 먼저 설명을 하고 학습자들에게 발표를 시키거나, 학습자들의 발표를 종합하여 평가해주거나 보완해주는 것이 좋다.

8) 강의 후 남는 것이 없는 강의

강의는 매번 진행되는데 이상하게 아무 것도 남지 않는 강의가 있다. 강사가 내용 없는 강의를 하거나 재미있는 이야기만 하게 되는 경우라고 할 수 있다. 이런 경우 학습자들은 처음에는 재미있어 할 수 있으나 지나치면 흥미를 잃게 될 뿐만 아니라 강의에 집중하지 않는다.

9) 유머와 웃음이 실종된 강의

학습자들은 연일 계속되는 강의실 강의에 질려 있거나 긴장해 있다. 학습자들은 사람이기 때문에 이러한 긴장 상태를 지속하기 어렵다. 따라서 강의 중에 유머와 웃음이 실종된 강의를 진행하여 너무 딱딱하게 되면 학습자들은 강의에 대해서 흥미를 잃게 된다. 따라서 강의 중간에 유머와 웃음이 피어날 수 있도록 강의를 준비하는 것이 좋다.

10) 강의 중 학습자를 야단치는 강의

사람이라면 누구나 강의 도중에 지적받는 것을 좋아하지 않는다. 하물며 질문만 하려고 해도 회피하는 성향을 보이기 때문에 특별히 강의 중 문제행동을 한다고 해서 다른 사람들 앞에 지적하는 것은 상당한 강의에 대한 반감을 가져오게 한다. 다른 사람 앞에서 맞는 야단은 수치심과 분노를 유발하게 되어 결코 유익하지 않다. 따라서 문제행동을 보인 학습자를 공개적으로 다루기보다는 뒤에 나오는 수업 중 문제행동을 해결하는 방법으로 해결하는 것이 바람직하다.

제2장

안전교육 교수설계

1.

교수설계의 정의

   교수설계 또는 강의설계(instructional planning or design)란 글자 그대로 강사가 강의해야 할 내용을 어떻게 가르치고 어떻게 배우게 될 것인가에 대한 계획수립이다. 강의가 성공하기 위해서는 교수설계가 완벽해야 한다. 교수설계가 완벽하면 어떤 강의든 자신감이 생긴다. 그러나 교수설계가 완벽하지 못하면 강의 시에 생기는 다양한 변수에 대응하기 어려우며, 성공적인 강의가 어렵다.

   교수설계의 근본적인 목적은 강사가 원하는 학습목표를 성공적으로 달성하기 위하여 교수학습과정의 전반적인 과정을 효과적으로 조직하는 데 있다. 교수설계에서 꼭 해야 하는 것은 학습자의 특성 및 요구와 가르쳐야 할 학습 내용을 파악하고, 교수이론과 방법을 효과적으로 적용하고, 자신의 강의나 방법을 분석하고, 이에 관련된 문제가 있을 때 그러한 문제점을 극복할 수 있는 철저한 노력이다.

   결국 교수설계는 학습자가 강의목표를 보다 효과적으로 성취하기 위해 필요한 제반 활동과 전략적인 방안을 계획해야 하는 것을 교수설계라고 한다. 교수설계는 궁극적으로 교수학습 전개안의 형태로 강사에 의하여 최종적으로 만들어지는 하나의 창작활동이기도 하다. 따라서 교수설계는 강사의 창의적인 사고와 노력의 산물인 동시에, 강사 개인의 온갖 신념, 경험 그리고 숙고의 결실이다.

   교수설계의 범위는 한 시간 강의, 한 교과, 한 기관의 교육과정, 국가의 교육체제에 이르기까지 다양하게 설계될 수 있다. 교수설계의 일반적인 모형은 분석, 설계, 개발, 실행, 그리고 평가의 다섯 과정을 포함한다.

2.

분석

　속담에 지피지기백전백승(知彼知己百戰百勝) 즉 "적을 알고 나를 알면 모든 전쟁에서 승리할 수 있다"고 했다. 강의도 그렇다. 학습자를 정확히 파악하면 두렵지 않다. 교수설계를 잘하기 위해서는 학습과 관련된 요인들을 분석하여 무엇이 필요한지를 정확히 알아야 한다. 요구 분석(need assessment), 학습자 분석, 환경 분석 등이 있다.

　학습은 학습자와 교사 간의 상호작용이기 때문에 교사의 일방적인 수업 진행으로는 학습이 성공적으로 이루어질 수 없다. 좋은 수업 내용에 훌륭한 교수법을 충실히 적용한다 해도 학습자가 이해하지 못한다면 효과 없는 수업이 될 수 있다. 학습자가 수업에 참여하지 않는 수업은 진정한 교육이라고 말할 수 없다.

1) 요구 분석

　요구분석이란 강사가 가르쳐야 할 것과 현실 간의 차이를 말한다. 즉 가르치는 것을 잘하려면 결국 학습자들이 무엇을 배우고 싶은가를 정확히 아는 것이다. 요구분석의 대상은 배우는 학습자뿐만이 아니라 강의를 의뢰하는 교육담당자나 기관의 요구도 포함되며, 강의를 의뢰하는 기관의 철학이나 사명도 고려해야 한다. 요구분석 방법은 설문이나 면담을 통해서 이루어질 수 있으나 간단하게 당사자들에게 질문을 통해서 요구를 알 수 있다.

2) 학습자 분석

학습자를 고객만족 입장에서 하나하나를 소중히 여기는 인간적인 교육을 전개하기 위해서 교사는 학습자에 대하여 보다 철저한 이해와 관심을 가져야 한다. 따라서 교사는 수업이 이루어지기 전에 다음과 같은 점을 고려해야 한다.

"학습자의 개성과 능력·흥미·관심은 어떠한 상태인가?"
"학습자가 목표에 도달하기 위해서는 어떠한 준비가 돼 있어야 하고, 어떠한 배경을 가지고 있는가?"
"학습자는 어떠한 면에 강하고 어떠한 면에 약하며, 어떤 문제점을 가지고 있는가?"
"학습자는 무엇을 지향하고 있으며, 어떠한 희망과 진로를 선택하려고 하는가?"

강사가 학습자의 정체를 규명하고, 그들에 대해서 세밀하게 탐구조사하고, 그들의 복잡한 내면 심리와 성향을 깊이 이해하지 않고서는 명강사로서 절대로 성공할 수 없다. 따라서 수업이 이루어지기 전에 내가 만나야 할 학습자들에 대하여 최소한 다음과 같은 내용들을 점검하고 수업내용과 수업 방법을 선정하여 사전에 준비를 충분히 해야만 학습자들의 욕구에 맞는 수업이 이루어질 수 있다.

3.

학습자 분석

1) 학습자의 생물학적 특성

① 학습자의 성별

학습자의 성별은 강의 내용을 선정하는 데 중요한 정보가 된다. 학습자의 대상이 남자냐, 여자냐에 상관없이 강의 경력이 많은 강사들은 자연스럽게 강의를 진행해나간다. 여성에게만 강의하던 강사는 갑자기 남성들에게 강의하게 되면 경직되거나 또는 여성에게 관련된 내용만을 얘기하게 되어 남성들에게는 흥미가 없는 강의를 하는 경우가 있다. 반대로 남성만을 대상으로 했던 경우도 이와 마찬가지다. 따라서 강의 전에 학습자들의 성별 파악을 통하여 그들이 좋아하는 주제나 내용을 선정해야 훌륭한 강사가 될 수 있다.

여성들을 대상으로 하는 강의는 주로 감성적인 접근을 해야 하며, 날씨나 느낌 등 정서적인 부분을 소재로 한 강의를 준비하는 것이 좋다. 여성을 대상으로 하는 강의에서 주의해야 할 부분은 통계나 숫자의 나열이나 논리적인 소재는 다루지 않는 것이 좋다. 그러나 남성들을 대상으로 하는 강의는 주로 통계수치나 논리적이며, 역사적인 부분을 소재로 하는 강의를 준비하는 것이 좋다.

② 학습자의 연령

학습자의 연령에 따라 아동이나 청소년들은 강의시에 강의법에만 의존하기보다는 멀티미디어를 이용해서 동영상이나 에니메이션을 이용하는 것이 학습자들의 흥미를 끌어낼 수 있다. 성인들에게는 강의 시에 강의와 함께 말로 할 것은 그림으로 나타내는 것이 좋다. 나이 드신

어르신을 대상으로 해서 프레젠테이션을 쓰는 것보다는 강의를 통해서 집중하는 강의를 준비해야 하며, 프레젠테이션을 쓸 때는 글자를 크게 해서 목차를 보여주는 것이 좋다.

그러나 학습자들의 나이가 천차만별인 경우가 많다. 특히 초등학생, 청소년, 여성, 노인 등 다양한 대상이 한자리에 모이는 경우에 어느 한쪽을 대상으로만 강의 내용의 포인트를 맞추면 다른 쪽에서는 흥미를 잃어 가는 경우가 발생한다. 따라서 이렇게 다양한 계층을 대상으로 강의할 경우는 모든 계층에 맞는 일반적인 강의를 해야 한다.

2) 학습자의 지적 특성

① 학습자의 지능과 학력

학습자의 지능과 학력은 강의 내용의 수준을 결정하는 데 중요한 기준이 된다. 공교육을 담당하는 초·중·고등학교나 대학교에서는 학습자들이 일정한 학력 수준이기 때문에 강의 수준을 결정하는 데 큰 무리가 없이 일반적인 강의를 할 수 있다. 학습자들은 다수이기 때문에 지능과 학력이 다양한데 강의의 수준은 중간 수준에 맞추어서 준비해야 한다.

지능이나 학력에 비하여 수준이 낮은 강의를 준비하면 학습자들은 더 이상 들으려고 하지 않으며, 수준이 높은 강의를 준비하면 학습자들은 어려워하게 되므로 중간 수준으로 준비해야 한다.

때에 따라 강사 자신보다 높은 학력이 우수한 자원을 대상으로 강의를 하게 되는 경우도 발생하는데 이때에는 너무 두려워하지 말아야 한다. 두려운 마음을 갖게 되면 강의 도중에 자신감을 잃게 되어 말을 더듬거나 강한 주장을 할 수가 없다. 그러나 학습자들이 우수한 자원이라해도 잘 모르기 때문에 강의를 듣고자 하는 것이므로 자신을 갖고 해야 한다.

이와 같은 자신감이 학습자들로부터 강의를 들어야겠다는 동기를 유발시킨다. 실제로 기업교육을 다니는 분들 중에는 초등학교 출신이면서 박사들을 대상으로 강의하여 가끔 화제로 등장하기도 한다는 것을 명심해야 한다.

② 학습자의 선수학습

선수학습이란 이미 학습자가 수행한 학습을 말한다. 선수학습의 이해가 중요한 것은 강사가 강의하기 전까지 학습자가 받은 교육의 내용이나 진도 및 수준 등을 미리 알아보아 강사가 진행하고자 하는 부분과 중복된 것이 있다면 그 부분을 과감히 제거하고 강의를 해야 학습자들은 지겨워하지 않고 새로운 내용만을 듣게 된다. 물론 같은 내용이라도 복습 차원에서 제시는 할 수 있지만 똑같은 내용을 자세하게 다루는 것은 학습자에게 지겨움을 주기에 충분하다.

③ 과정에 대한 이해

내가 강의를 해야 할 과정에 대하여 올바른 이해를 해야 한다. 단순히 교양강좌인지, 특별한 목적을 가진 양성과정인지, 자격증 취득과정인지, 학문적 이론이나 실제 사례를 강의하는 것인지에 따라서 강의 스타일이 달라져야 한다. 따라서 강사가 강좌의 취지나 목표, 기간 등에 대하여 정확히 안다면 학습자의 눈높이에 맞는 강의를 할 수 있다.

④ 과정의 수준

과정의 수준이란 내가 강의를 해야 할 과정이나 과목에 대한 수준을 의미하는 것으로 강의를 해야 할 과정에 대한 수준이 어느 정도인가를 알아야만 학습자들의 눈높이에 맞는 강의가 이루어질 수 있다.

⑤ 내 강의의 위치

같은 내용을 여럿이 진행하는 팀티칭 같은 교육이나 같은 주제를 가지고 여럿이 세미나를 하는 경우 다른 강사의 진행 정도에 대하여 특히 주의 깊게 보아야 한다. 다른 강사가 이미 자신이 가르칠 부분을 넘어서 가르쳤다면 내용을 빨리 전환하여야 한다. 또한 이전에 학습자들이 교육받은 내용 중에서 내가 진행할 내용의 기초가 빠진 것은 없는지를 확인해서 부족한 부분을 보충해주어야 전 과정을 이해하는 데 도움이 된다.

3) 학습자의 정의적 특성

① 학습자의 참여 동기

학습자들의 참여 동기는 자기주도 학습에 지대한 영향을 미친다. 자발적으로 참여한 학습자들은 강의를 통하여 많은 것을 배우고자 참여하였기 때문에 강사가 강의하는 대로 잘 따라주고 반응을 보인다. 그러나 어쩔 수 없이 참여하는 강의는 학습자들이 소극적인 성격을 띠게 된다. 따라서 강의의 내용이나 강사의 능력에 상관없이 강의에 대한 반응을 전혀 보이지 않거나 심지어는 조는 경우가 많다. 이러한 학습자들을 만나게 되면 경력이 많은 강사도 매우 곤란해한다. 이럴 때 경험이 부족한 강사들은 오히려 학습자들에게 부정적인 이야기를 하여 학습자들의 부정적인 사고를 더욱 증가시키기도 하고, 어떤 강사는 학습자들이 자거나 떠들어도 그냥 내버려두는 경우가 발생한다.

만약 이러한 학습자들을 제어하지 못한다면 강의가 진행되는 동안 다른 학습자들에게도 전이가 되어 전체가 졸거나 또는 잡담으로 인하여 소란해져 강의가 제대로 진행되지 못하는 경우가 발생한다. 따라서 이렇게 자발적으로 참여하지 않는 학습자들을 위하여 흥미를 갖게 하여 강의를 듣게 하는 것은 강사의 능력이고 이러한 난관을 노련하게 극복하는 것이 명강사라 할 수 있다. 강사는 학습자들이 강사의 말에 관심을 보이지 않기 시작하는 시점부터 좀 더 자극적이고 흥미 있고 재미있어 하고, 그들이 듣고자 하는 내용으로 강의를 전환하여 분위기를 쇄신하여야만 한다.

② 참가비 유무

강의에 참가비를 내고 참가하는지, 아니면 무료로 참가하는지를 알아야 한다. 참가비의 유무에 따라 학습자들의 마음 상태가 다르기 때문이다. 예를 들면 참가비를 내면 무언가를 알거나 배우려는 요구를 바탕으로 참여하였기 때문에 학습자들은 진지하다. 그러나 무료로 참가하게 되면 교육에 대하여 크게 관심을 두지 않는 경우가 많다.

4) 학습자의 사회 문화적 배경

① 학습자의 경제적 수준

학습자의 경제적 수준은 강의 주제나 강의 도중 사용하는 언어의 수준을 결정하는 데 매우 중요한 정보다. 강사의 언어 사용에도 학습자의 경제적 수준이 크게 고려되어야 하는데 경제적 수준이 높은 학습자들일수록 고급스럽고 교양 있는 언어를 사용해 주면 좋아한다. 그렇다고 경제적 수준이 낮은 학습자들에게는 하지 말라는 뜻은 아니다.

② 학습자의 감정

강의를 듣는 학습자의 감정은 매우 다양하다. 강의에 대하여 부정적인 생각을 갖고 어쩔 수 없이 참여한 경우, 가정이나 직장에서 남과 다투거나 불편한 마음을 가지고 참석하게 되는 경우가 있다. 이러한 경우 강의 스타일을 조정해야 한다. 따라서 강사는 강의가 시작됨과 동시에 학습자들을 둘러보아 강사에게 호의적인 반응을 보이는지 시큰둥한 반응을 보이는지를 빨리 간파하여 학습자들이 불쾌해하지 않을 내용으로 강의해야 한다.

③학습자의 직업과 직급

학습자들의 직업에 따라 강의 내용을 어렵게 할지 쉽게 할지를 결정해야 한다. 학습자들의 직업이 전문직인 경우는 그들의 수준에 맞는 용어로 전개해야 한다. 그러나 노동자 계층인 경우 딱딱하고 재미없는 이론적인 이야기보다는 밝고 교훈적인 경험담이 좋다.

직급이 높은 학습자를 만난 경우에는 그들에 대한 예우를 깍듯이 해 불쾌한 감정이 생기는 일이 없도록 해야 한다. 물론 직급이 낮은 학습자를 만나도 존경받는 강의를 받는다는 의식을 심어주어 자기주도학습을 유도해야 하겠지만 직급이 높은 학습자를 만난 경우 더욱 신경을 써야 할 부분이다.

5) 환경 분석

① 마이크 상태

마이크는 유선과 무선이 있다. 유선은 이동성의 제한을 받으나 안정된 상태로 운영될 수 있다. 그러나 무선은 이동성은 자유로우나 잡음이 들릴 가능성이 있으며 배터리가 떨어지면 마이크가 작동하지 않음으로 여벌의 배터리를 준비해야 한다.

② 연장 코드와 전기선

강의를 하기 위해서는 노트북이나 LCD 및 음향기기 등과의 연결이 필요하다. 따라서 기존의 기기들과 연결하기 위해서는 연장 코드가 필요하며 노트북의 전원을 연결하기 위한 전기선을 사용할 수 있는지를 확인해야 한다.

③ 기자재 위치

강의를 하기 위하여 LCD의 위치가 어디인가를 확인해야 한다. 강당 같은 경우에는 LCD가 조정실에 설치되어 있는 경우에는 직접 조작을 할 수가 없으므로 보조자를 지정해야 한다. LCD가 없는 회의실 같은 곳에서 강의하려면 LCD를 가져다 놓고 강의해야 한다.

④ 강의실의 색

명도가 높고 채도가 낮은 청색이나 녹색이 좋다. 명도가 낮으면 우울해지고 채도가 낮으면 들뜨기 쉽다.

⑤ 냉난방

온도는 강의를 듣는 학습자가 마음대로 조정할 수 있도록 한다. 사람에 따라 쾌적하게 느끼는 온도가 다르다. 그러나 너무 덥다거나 낮은 온도는 학습에 정진하기 어렵다. 학습하기 가장 좋은 온도는 대략 18℃~20℃ 정도가 적당하다.

⑥ 통풍

강의를 듣는 것은 심한 노동에 속한다. 이때 가장 많은 일을 하는 것은 뇌인데 뇌에서는 신선한 산소를 많이 필요로 하게 된다. 따라서 장기간 연수가 진행되는 중간중간에 창문을 열어 신선한 공기로 자주 환기를 시켜주는 것이 좋다.

⑦ 필요한 기자재

강의는 혼자만 하는 것이 아니다. 다양한 도구와 주변 환경들의 조화가 잘 이루어질 때 비로소 효과를 낼 수 있는 것이다. 막상 강의하기 위해 강의실에 들어왔는데 아래와 같은 것들이 제대로 안 갖춰졌다고 생각해 보라. 그때부터 강사는 당황하기 시작하고 애써 준비해온 자료들을 하나도 사용하지 못하는 상황에서 오로지 말에만 의존해야 한다. 이렇게 되면 당황하는 것은 강사만이 아니다. 학습자들도 당황하게 된다.

⑧ 조명시설

강의를 하게 될 장소의 조명에 대해서 점검해야 한다. 대부분 강의의 장비는 조명이 다 켜 있는 상태에서는 스크린에 비추어져 있는 것이 제대로 보이지 않을 때가 있다. 그렇다고 전체를 다 꺼버리면 너무 어두워서 학습자들은 불편해한다. 따라서 가장 좋은 상태는 스크린이 잘 보일 수 있는 정도로 조명을 조절할 수 있는 스위치가 있어야 한다.

낮에 커튼을 칠 수 없는 장소에서 LCD 프로젝터의 ANSI가 낮은 경우에는 학습자들이 거의 볼 수 없는 지경에 이르는 장비도 있다. 따라서 조명시설을 사전에 충분히 점검해야지 낭패를 보지 않을 수 있다.

⑨ 스크린 위치

가끔 강의를 하게 될 장소의 천장이 너무 낮아 스크린이 내려와 바닥부터 빔을 쏘아야 만 할 때가 있다. 또 때에 따라서는 빔이 천장까지 올라가는 경우도 생긴다. LCD 프로젝터가 이동식일 경우에는 화면을 작게 하면 되지만 고정식일 경우 참으로 난감해질 수 있다. 그리고 고정식일 경우에는 스크린의 사이즈와 위치 선정에 신경을 써야 한다.

4.

강의 목적 분석

    강의 제안은 강의를 부탁한 업체나 기관, 사람, 주제, 제목에 대하여 정확히 아는 것부터 시작한다. 강의를 여러 번 해본 분들은 당연히 알아서 확인하는 내용이지만 처음 강의하거나 경험이 부족한 강사는 무엇을 알아두어야 하는지를 정확히 알기 어렵다. 따라서 좋은 강의가 되기 위하여 강의를 제안할 때 꼭 알아야 할 사항으로는 다음과 같은 것이 있다.

1) 담당자의 연락처

    나에게 강의를 부탁한 사람을 말한다. 강의에 대하여 궁금한 것을 질문하거나, 원고를 보내거나, 특별히 부탁할 사항이 있으면 연락하여야 하기 때문에 담당자의 연락처, 이메일 등을 꼭 알아야 한다.

2) 주관 및 주최

    강의를 어느 기관에서 주관하거나 주최하는지 알아야 한다. 정부가 하는 것인지, 기업에서 하는 것인지, 연구소에서 하는 것인지, 협회에서 하는지 등을 알아야 한다. 주관과 주최에 따라 강의할 내용이나 분위기를 결정해야 하기 때문이다.

3) 주제

만약 여러 강사가 강의할 경우는 그 행사의 전반적인 주제가 무엇인지를 알아야 한다. 주제가 나와야 전체적인 분위기에 조화를 맞추어서 강의할 수 있다.

4) 제목

제목은 강사가 강의할 강의의 제목을 말하며 이미 유인물이나 현수막으로 소개가 나간 경우에는 강의를 의뢰한 기관에서 원하는 제목으로 해야 한다. 그러나 아직 활자화되지 않았다면 강사의 능력이나 분야에 따라 주제에서 크게 벗어나지 않는 한 수정이 가능하다.

5) 목적

강의를 하는 목적이 어디 있는가를 알아야 강의의 내용을 목적에 맞게 만들어서 강의할 수 있다. 따라서 강의의 목적을 알면 주최 측의 요구에 맞는 강의를 할 수 있지만 목적을 모르고 강의하면 전혀 다른 결과를 가져올 수 있다.

6) 강의 일시

강의 일시를 정확히 알아야 강의 기획과 자료 수집, 교수설계, 연습 등의 일정을 수립해 나갈 수 있다.

7) 강의 원고 마감일

강의 원고 마감일은 강의 원고를 보내는 마감 일자를 말하는데, 정해진 시간에 강의원고를 주지 못하면 신뢰감을 잃을 수 있다.

5.

설계

분석의 결과로 밝혀진 정보들을 토대로 강의할 내용에 대하여 구체적인 교수 계획서 및 강의 지도안을 작성해야 한다. 교수 계획서 및 강의지도안을 꼭 써야 하는 것은 아니지만 필요로 하는 기관이 있다. 그러나 강의를 할 때는 교수 계획을 해보면 강의에 대한 준비가 이루어지기 때문에 자신감을 가질 수 있다.

설계 단계에서는 제목을 선정하고, 학습목표를 구체화하고, 평가도구를 개발하고, 교수 전략, 교수법 및 교수매체를 선정한다.

1) 강의제목 선정

강의에서의 주제는 제안하고자 하는 중심이 되는 사상으로 강사가 강의를 통해 표현하고자 하는 중심사상이나 강의에서 드러나는 중심 문제를 뜻한다. 강의가 하나의 완성된 실체로서 학습자에게 다가가려면 소재로 삼은 대상들이 통일적으로 구성되어 유기적으로 결합되어야 한다. 이러한 유기적 결합이 강의 전체를 통하여 하나의 총체적인 주제를 낳을 수 있다.

주제 선정이란 강의의 내용과 전개 방법을 결정하는데 중요한 역할을 수행한다. 따라서 주제 선정은 강의 후의 성공과 실패를 결정하는 중요한 요소가 됨에 따라 신중하여야 한다. 주제 선정의 평가 항목은 다음과 같은 것들을 참고로 하면 좋을 것이다.

- 학습자 전원의 관심과 동기를 유발할 수 있는가?
- 강의의 목표와 계획과의 연관성은 있는가?
- 문제를 해결하는데 도움이 되는가?
- 강의를 의뢰한 사람들의 마음에는 맞는가?

통상 주제는 강의를 요청하는 곳에서 같이 주어지기도 하지만 주제를 주지 않는다면 주제를 선정해야 한다. 주제를 선정할 때는 다음과 같은 요령으로 하면 좋다.

① 상황에 맞는 주제 선택

주제는 강의를 듣는 학습자의 성격, 집단의 성격, 강의의 목적, 시대적 상황, 꼭 알아야 할 상식 등으로 하는 것이 좋다.

② 자신 있는 주제 선정

강의를 잘하려면 강사는 가장 자신 있는 주제를 선택하는 것이 좋다. 따라서 강의의 주제로는 자신의 장점, 잘 알고 있는 부분, 내용의 깊이가 있는 부분, 감동을 줄 수 있는 경험담, 자신 있게 강의할 수 있는 주제, 자신이 평소에 관심을 가지고 있는 주제 등이 좋다.

③ 참신한 주제

누구에게나 들을 만한 주제는 학습자들의 관심을 끌기 어렵다. 따라서 학습자들의 관심을 끌기 위해서는 새로운 내용의 참신한 주제를 선정하는 것이 좋다.

④ 새로운 주제

기존에 알려진 내용이라도 새롭게 접근하는 주제를 선정하는 것이 좋다.

⑤ 주어진 시간에 소화할 수 있는 주제

아무리 좋은 주제라도 주어진 시간 내에 소화할 수 없는 내용이 포함된 주제는 한계가 있다. 따라서 주어진 시간에 해결할 수 있는 내용을 담을 수 있는 주제가 좋다.

6.

학습목표 설계

학습목표는 현실적으로 학습자들이 강의를 듣고 도달해야 할 목표이며 실현 가능한 것이어야 한다. 따라서 명확한 학습목표는 학습자들이 강의가 정말로 필요한 것이 무엇인지, 무엇을 배워야 할 것인지를 판단하는데 도움이 된다. 따라서 명확한 학습목표를 설정한다는 것은 강의를 성공적으로 실행하는 데 도움이 됨을 의미한다.

1) 학습목표를 설정해야 하는 이유

명확한 학습목표를 설정해야 하는 이유는 다음과 같다.

- 학습자의 관심과 흥미를 유발할 수 있어야 한다.
- 교수설계에 있어서 중요한 진로를 결정해 준다.
- 학습자에게 무엇을 보여주고 들려주어야 하는가에 대한 정확한 목표를 만들어 준다.
- 강의 후에 강의가 잘한 것인지 못한 것인지를 결정하는 중요한 평가 기준이 된다.
- 교수설계의 방향을 제시하는 중요한 역할을 한다. 즉 교육목표는 교육 내용의 선정, 평가 도구의 개발, 교수 전략 및 교수매체의 선정에 직접적으로 영향을 준다.
- 강사, 교과과정 계획자, 행정가, 학습자들이 강의에 대해서 효과적으로 의사소통을 하도록 도와준다.
- 학습자가 강의가 끝난 후에 도달해야 할 행동 목표가 될 수 있어야 한다.

2) 학습효과를 높이는 학습목표 세우기 전략

학습목표가 학습자들에게 인상 깊고 돋보이게 하기 위해서는 학습목표를 설정할 때 전략이 있어야 한다. 따라서 학습목표는 한 문장으로 표현하되 쉽게 이해할 수 있어야 하며, 학습자가 관심을 가질 수 있으며, 기억에 오래 남도록 해야 한다.

또한 학습목적을 달성하기 위해 필요한 목표로 관찰 가능한 용어로 구체적으로 진술해야 한다. 예를 들어 안전교육을 주제로 한 강의의 학습목표로는 "안전사고의 중요성을 안다"라고 하기 보다는 "안전사고의 종류에 대해서 설명할 수 있다." 또는 "안전 전문가가 될 수 있다." 등이 적당하다.

또한 학습목표가 강의를 의뢰한 담당자나 학습자들이 필요로 하는 것인가를 고려해야 한다. 따라서 학습목표를 설정하는데 고려해야 할 것을 보면 다음과 같다.

- 학습자가 원하는 것이 무엇인지?
- 강의를 의뢰한 담당자가 원하는 것은?
- 내가 이야기 하고자 하는 요지는?
- 교육담당자나 기업의 CEO가 원하는 것은?
- 해당 강의의 목표가 원하는 것은?

7.

교수 전략

교수 전략은 학습목표를 효과적이고 효율적으로 달성하기 위한 구체적인 방법 또는 활동을 의미한다. 교수 전략은 학습목표에 진술된 학습자의 성취 행동 유형과 수준, 교과 영역, 학습자의 장점과 선호도, 학습이론과 연구에서 유출된 정보, 경험에서 나온 통찰력, 시간과 자원의 제한점, 강사의 재능과 선호도를 근거로 선택한다.

학습목표에 따라 선택할 수 있는 교수 전략은 주의집중, 동기유발, 선행조직, 이해, 숙달, 전이. 창의력이다. 주의집중은 강의를 시작하기 전에 학습자들이 수업을 들을 준비를 하도록 주의를 집중하는 전략을 말하며, 목소리의 크기, 친숙한 음악의 사용, 색다른 경험 제공, 색의 사용, 학습자의 눈을 보기, 학습자와 가까이하기 등이 있다.

동기유발은 주의를 집중하는 학습자들에게 학습에 참여를 지속적으로 이루어지게 하기 위한 전략으로 학습 내용의 제시, 내재적인 가치의 언급, 외재적 보상에 대한 약속, 시험 예고, 도전과 경쟁심 유발, 자부심의 자극과 격려, 실생활과 관련짓기, 동료들과 그룹 짓기 등이 있다.

선행조직 전략이란 동기가 유발된 학습자들에게 강의 내용에 대한 사전 지식을 알기 위하여 점검하는 것으로 학습 내용에 대한 사전 질문, 내용에 대한 요약 제시, 선수학습 회상, 브레인스토밍 등이 있다.

이해는 강사의 강의 내용을 쉽게 알아듣도록 하는 전략으로 내용의 타당도, 내용의 조직화, 예제 사용, 원리 제공, 데이터 수집과 제공, 강의속도, 모델링, 설명, 질문과 응답, 시험, 사전지식과 연관 짓기 등이 있다.

숙달은 이해된 학습 내용을 익숙하게 하는 것으로 반복과 연습, 과제 작성, 시험, 문제해결활동, 발표 등이 있다.

암기는 학습자가 익숙하게 된 내용을 기억하게 하는 것으로 일반화나 적용시키기, 견학과 시뮬레이션, 실생활과 연결된 상황학습, 실제문제 해결하기, 요약하기 등이 있다.

창의력을 높이는 방법으로는 발견학습, 프로젝트 학습, 상호작용적 멀티미디어, 문제해결에 대한 도전, 상호작용적인 의사소통 등이 있다.

〈표 4-2〉 교수 전략

학습 목표	교 수 전 략
주의집중	목소리의 크기, 친숙한 음악의 사용, 색다른 경험 제공, 색의 사용, 학습자의 눈을 보기, 학습자와 가까이 하기
동기유발	학습 내용의 제시, 내재적인 가치의 언급, 외재적 보상에 대한 약속, 시험 예고, 도전과 경쟁심 유발, 자부심의 자극과 격려, 실생활과 관련짓기, 동료들과 그룹 짓기
선행조직	학습 내용에 대한 사전 질문, 내용에 대한 요약 제시, 선수학습 회상, 브레인 스토밍
이해	내용의 타당도, 내용의 조직화, 예제 사용, 원리 제공, 데이터 수집과 제공, 강의속도, 모델링, 설명, 질문과 응답, 시험, 사전지식과 연관 짓기
숙달	반복과 연습, 과제 작성, 시험, 문제해결활동, 발표
암기	일반화나 적용시키기, 견학과 시뮬레이션, 실생활과 연결된 상황학습, 실제문제 해결하기, 요약하기
창의력	발견학습, 프로젝트 학습, 상호작용적 멀티미디어, 문제해결에 대한 도전, 상호작용적인 의사소통

8.

강의계획서와 강의 지도안 작성

 개발단계에서는 설계단계에서 작성된 계획서에 의해서 실제로 사용할 강의계획서나 강의에 사용할 강의 교안을 작성한다. 강의를 하기 전에 작성하는 강의계획서나 교안 작성은 미리 강의를 연습해보는 효과가 있다. 따라서 강의에 대한 자신감을 주고, 강의 중에 생길 수 있는 문제점을 수정해 나가는 데 도움이 된다.

 특강은 굳이 강의계획서가 필요 없지만 일정한 강의 주기를 갖는 대학이나 평생교육 기관에서 강의하기 위해서는 강의계획서가 꼭 필요하며, 강의를 하기 전에 학습자들에게 제공되어야 한다.

 강의계획서에는 한 학기동안 학습자에게 무엇을 언제, 어떻게 가르칠지에 대해 체계적으로 제시해주어야 한다. 강사는 강의계획서를 통해 자기가 강의할 내용에 대하여 체계적으로 조직화하고 어떠한 과정을 운영할까를 계획하여 양질의 교육을 제공하는 데 의의가 있다. 학습자들은 강의계획서를 보고 과목 선택에 대한 안내를 받을 수 있으며, 또한 한 학기 동안 자신의 참여할 강의에 대하여 전반적으로 미리 알 수 있는 강의에 대한 중요한 안내 자료이다. 따라서 강의계획서는 하나의 강의에 대한 학습자와의 약속이므로 한번 제공되면 수정하기가 어려우므로 작성할 때는 신중해야 한다. 학교 기관이나 평생교육원과 같은 곳에서는 경우에 따라 강의 교안을 만들어 제공해야 할 때도 있다.

 강의지도안은 강사와 학습자의 교수학습 과정과 학습계획을 미리 준비하여 글로 작성한 것을 의미하며, 강의 교안이라고도 한다. 강의지도안은 학습 보도안, 단원 전개안, 교안 등으로 부르기도 하며 자세하게 세운 계획안을 세안(細案), 간략하게 요약한 계획안을 약안(略案)이라고 한다.

성공적인 강의를 하기 위해서 강의의 준비단계에서 중요한 일 중의 하나가 바로 강의지도안의 작성이다. 강의지도안은 한 시간의 강의를 효과적으로 이끌기 위한 강의의 시안이며 강의의 가설이다. 따라서 강의지도안은 건축의 설계도나 항해사가 가진 나침반과 같이 강의가 나아가야 할 방향을 제시해주는 역할을 한다. 따라서 강의지도안만 보면 그 강사의 능력이나 강의 진행 방법에 대한 평가를 할 수 있다. 보편적으로 체계가 잡힌 평생교육기관에서는 강의지도안을 작성해오기를 원하거나, 시범 강의를 위해서 작성해오도록 주문하기도 한다.

강의지도안의 형식과 내용은 일정한 것은 아니나 강의 내용이나 단원의 특성, 강의 모형 또는 강사의 창의성에 따라서 다양하게 작성될 수 있다.

1) 강의지도안의 작성시 고려 사항

① 강의목표가 그 시간 안에 달성될 수 있도록 진술되고 가치 있는 것이어야 한다.
② 강의의 핵심을 분명히 알 수 있어야 한다.
③ 도입은 사전 학습과 관련을 맺어야 한다.
④ 강의 목표와 학습 내용은 일치되어야 한다.
⑤ 학습 내용은 시간배정이 적절해야 한다.
⑥ 학습과정은 교재의 특징에 따라 알맞게 조직되어야 한다.
⑦ 학습자들의 활동을 볼 수 있어야 한다.
⑧ 학습자들의 흥미 지속과 개인차를 고려하여야 한다.
⑨ 자료의 수집과 활용이 적절해야 한다.
⑩ 판서의 계획이 각 과정에서 고려되어야 한다.
⑪ 다음 학습의 계획과 준비가 고려되어야 한다.

2) 강의지도안 작성의 장점

① 강의 시 자신감을 가질 수 있다.

② 교육목표에 맞는 강의를 할 수 있다.

③ 강의에 일관성을 유지할 수 있다.

④ 시간 관리를 잘 할 수 있다.

⑤ 작성 중 부족한 부분을 보충하면서 강사도 배울 수 있다.

⑥ 알차고 효과적인 강의를 전개할 수 있다.

⑦ 강의를 개선하는 것이 가능하다.

⑧ 배포 자료 및 교재를 만들 때 강의의 내용과 유기적 관련을 시키는 것이 가능하다.

9.

실행

　실행단계에서는 개발된 강의 프로그램이나 강의 자료를 실제 교육현장에서 활용하고 관리하는 것을 말한다. 이때 강사가 의도한 목적을 달성하기 위해서 강의 프로그램이나 강의 자료의 실행에 필요한 지원체제를 갖추는 것이 중요하다.

　지원체제는 강의하는 데 필요한 장비나 시설, 지원을 의미한다. 따라서 강의가 성공적으로 이루어지기 위해서는 특정한 시설, 예산, 기자재, 특수한 전문가나 기술요원이 필요한지 미리 검토하여 이에 대한 지원이 이루어져야 한다.

　가르치는 일은 누구나 할 수는 있지만, 그 누구나가 명강의를 하는 명강사가 될 수는 없다. 지식 전수 활동에 그치는 것이 아니라 인간적 상호작용을 통해 공감을 일으키고 변화시킬 수 있는 심오한 일이기 때문에 고난도 지식 작업이라 할 수 있다. 명강사가 되기 위해서는 철저한 준비와 노력이 필요한데 이는 강의 시작 전 준비단계와 강의 중, 그리고 강의 마무리 단계로 나누어 살펴볼 수 있다.

　단지 학습자의 흥미를 끌고 재미있는 강의, 혹은 심혈을 기울여 엄선한 내용으로 구성한 강의도 강의 준비단계에서 시작하여 강의 시작 전, 그리고 시작한 후의 라포형성, 강의 중의 전달 기법, 그리고 적절한 질문과 평가, 피드백 등이 없다면 그것은 명강의가 될 수 없다. 강의는 사람과 사람의 상호작용의 현장이기 때문에 단순한 지식의 전수에서 그칠 일이 아니라 다양한 접근 방법으로 역동적인 강의를 만들 수 있어야 하고 변화를 추구할 때보다 멋진 강의가 될 수 있을 것이다. 그리하여 끊임없는 강의 개선의 노력과 열정, 철저한 강의 준비를 기초로 명강의를 하는 명강사로 거듭날 수 있을 것이다.

제3장

명강의 교수법

1.

강의 시작 전 준비

강의를 시작하기 전에는 먼저 준비해야 할 것이 있다. 그것은 바로 강의를 이루는 구성 요소들을 점검하는 것이다. 강의를 이루는 구성요소는 강의에 필요한 학습목표, 내용, 사람, 자료, 하드웨어, 기법 및 절차, 시간 계획, 강의장 환경 요소들을 말한다.

강의의 구성요소들을 점검하는 것은 완벽한 강의를 위해서 꼭 챙겨보아야 할 사항들이다. 강의의 구성요소들을 살펴보면 다음과 같다.

〈표 4-3〉 강의의 구성요소

구분	특징
학습목표	학습자가 새로이 습득하거나 변화시켜야 할 행동유목
내용(메시지)	학습자들에게 전달되는 정보로서 사실, 의미, 자료 및 아이디어
사람	내용을 전달하거나 전달받기 위하여 활동하는 사람으로서 강사, 학습자, 직원, 보조원, 기술자 등
자료	강의에 필요한 교재, 유인물, 참고자료, 인터넷 자료, 통계자료 등
하드웨어	자료에 저장된 내용의 전달체
기법 또는 절차	내용의 전달에 동원되는 자료, 장치 및 사람의 활용에 관한 절차, 교수법 등
시간 계획	교수·학습활동을 위해 미리 작성해 놓은 시간 계획
강의장 환경	강의장의 물리적 시설이나 상황적 조건

1) 학습목표 설정

강의의 학습목표는 강의 후 학습자들이 가지게 될 능력 혹은 결과물에 대한 강사의 기대를 기초로 설정된다. 관찰 가능한 행동 목표로 간단명료하고 구체적이며, 동일한 형식으로 기술하는 것이 바람직하다.

2) 강의 내용의 선택과 조정

강의의 중요한 주제를 반영할 수 있는 내용 선택이 필요하며 이는 의미 있는 순서로 제시해야 한다. 내용은 강의의 목적을 달성할 수 있는 것이어야 하고 변화 있게 구성하여야 하며 상호 연계성이 있어야 한다. 따라서 강의 내용에 포함시킬 중요한 주제 목록을 만드는 것이 내용 선택에 있어 효과적이다.

강의 내용의 조직화는 학습자들이 학습을 강화하는 데 매우 중요한 역할을 한다. 학습의 결과에 영향을 미친다. 내용은 친숙하고 단순한 개념에서 생소하고 복잡한 개념으로, 지식과 이해 같은 저차원에서 종합과 평가 같은 고차원적 인지능력으로 내용을 조정하는 것이 바람직하다. 또한 공간이나 시간적 요소를 고려하여 조정하는 것도 필요하다. 예를 들면 교실의 크기와 학습자 수를 비교해 계산해 두고 교단과 칠판, 사용할 교수 매체들의 위치를 생각해야 하고 아침 일찍 강의가 있다면 역동적으로 계획하고 장시간 동안의 강의일 경우 다양한 학습활동을 강의 중간에 활용할 수 있다.

3) 학습자들의 특성 고려

학습자를 정확히 알지 못하고는 명강의가 될 수 없다. 학습자의 특성에 따라 접근 방법을 다양하게 계획하여야 한다. 학습자의 연령, 성별, 사회·문화적 위치 등의 특성이 모두 다르기 때문에 같은 강의를 듣고서도 그들의 이해정도와 공감 수준은 달라질 수 있다.

학습자에 대한 정확한 파악을 통해 그들을 알고 강사가 원하는 내용이 담기면서도 그들이 좋아하는 강의를 해야 한다. 그러므로 명강의를 위해서는 무엇보다도 학습자들의 특성에 대한 이해와 그에 따른 다양한 접근 방법의 모색이 필요하다.

4) 효과적인 교수법 선택

학습자의 특성이 파악되었다면 그에 맞는 교수법을 선택해야 한다. 강사의 일방적인 강의법보다는 다양한 교수법을 활용하는 것이 바람직하며, 이때 형태는 강의의 내용에 적절해야 한다.

강의식 교수법은 가장 수동적이며, 토론이나 사례연구, 실습 등이 능동적인 교수 방법이다. 최근 교수법 관련 연구들은 수동적·능동적 교수법을 효과적으로 혼용하는 것이 가장 효과적이라고 주장한다.

5) 교재선택

강의 내용을 통합하는 조직화된 자료로써 사용된다. 따라서 학습에 있어서 교재를 어떻게 활용할 것인지, 어떤 유용한 자료가 교재에 있는지를 학습자들과 공유해야 한다. 또한 교재를 강의에서 어느 정도 사용할 것인지, 보조교재의 사용 여부도 사전에 결정해야 한다.

6) 교수·학습 지도안 작성

지금까지 준비한 모든 내용을 담을 수 있는 것이 교수·학습 지도안(혹은 강의계획서)이다. 이는 강사의 준비성을 보여주는 중요한 자료로 강의의 시작에서 마무리까지의 순서와 목표, 강의 내용, 평가 절차, 과제 등을 밝힐 수 있다.

완벽한 강의를 준비하기 위해서는 교수·학습 지도안을 작성하면서 학습목표는 정확한 것인지, 내용은 명확한지, 구체적인지, 논리적인지를 검토하고 다른 강의에 비하여 창의성을 갖도록 지도안을 작성해야 한다.

2.

강의 도입 단계

1) 주의집중

도입 단계로써 강의에 대하여 학습자의 흥미를 불러일으키는 단계로 흥미를 가져야 강의에 몰입하게 된다. 주의집중을 위해서는 다음과 같은 전략이 좋다.

- 놀라운 뉴스나 사건, 특별한 경험, 유머나 위트
- 대담하고 기발한 표현, 학습자의 흥미 유발하기 위한 질문
- 개인적인 관심이나 사건 등으로 학습자의 주의집중

2) 라포 형성

학습자들과 강사의 래포 형성, 즉 친밀감을 형성하여 적극적이고, 활발한 강의 분위기를 만들수 있다. 이때 강사가 자기소개를 할 때는 가능한 한 개인적인 내용이나 자신의 목표를 강의하면 좋다. 강사 자신을 잘 알려줌으로써 학습자의 강사에 대해 호의적인 태도를 가질 것이다. 그러나 자신에 대한 지나친 자랑은 학습자로 하여금 거부감을 갖게 하므로 주로 인간적인 면을 알려주도록 노력해야 한다.

강의가 시작하기 5분 전에 도착하는 것은 학습자들과 친해지는 좋은 방법이다. 이야기를 나누면서 요즘 학습자들이 관심을 가지는 것이 무엇인지 해당 강의에 대해 어떤 생각을 갖고 있는지 생생한 정보를 얻을 수 있다.

3) 동기유발

학습자로 하여금 적극적으로 강의에 참여하며 학습 욕구를 갖게 하여야 한다. 동기유발을 하는 방법은 주의집중 및 유지를 위한 전략, 관련성 유지 전략, 자신감 형성 전략, 만족감 부여 전략이 있다.

강의의 주제나 내용에 대해 기대감을 높이는 단계로 학습에 대한 동기를 가지면 동기를 갖지 않고 강의에 참여한 것보다 효과가 높다.

- 왜 배워야 하는가?
- 배운 뒤에 무엇이 좋은가?
- 학습목표 설명
- 학습자가 인정하는 사실이나 일화로 기대감 증진

3.

강의 표현 기술

강의에서 언어적·비언어적 표현 기술은 성공적인 강의를 위해 필수적이다. 강의할 때는 발음의 정확성, 목소리의 크기, 말의 속도, 억양, 고저, 전달의 자연스러움에 주의하면서 해야 한다.

1) 언어적 표현

① 정확한 발음

언어적 표현에서 가장 중요한 것은 무슨 말을 하는지 학습자들이 알아들을 수 있어야 한다는 것이다. 발음이 정확해야 하며 구어적 중지 즉, '음' 혹은 '그래서'와 같은 말의 빈번한 사용은 학습자들의 주의를 산만하게 하므로 교정해야 한다.

② 적절한 목소리의 크기

학습자들이 강사의 말을 들을 수 있는지를 반드시 확인해야 한다. 목소리가 작을 경우는 마이크를 사용하며 이때 마이크 목소리에 지나치게 의존하지 않도록 한다.

③ 적절한 말의 속도

말의 속도가 너무 느리거나 빠르면 학습자들은 학습 의욕을 상실하기 쉬우며 주의도 산만해지기 쉽다. 따라서 강의 속도는 강사의 강의 스타일, 학습자들의 특성에 맞추어 다양하게 한다.

④ 강의 중 일시중지의 사용

일시중지의 효과적인 사용은 말을 하는 데 있어 중요한 도구가 될 수 있다. 일반적으로 생각이나 문장, 단락을 구분하기 위해 강조, 중요 아이디어 제시 전후에 사용한다. 강의 중 갑자기 중지를 하면, 학습자들은 무슨 일인지 확인하기 위해 강사를 쳐다보기 때문에 주의집중 측면에서 효과적이다.

⑤ 목소리의 고저와 억양의 변화

강의 중에도 일상적 대화처럼 고저를 다양하게 하여 내용을 전달하면 집중력이 높아진다.

⑥ 자연스럽고 매끄러운 대화

최대한 자연스럽고 자발적인 대화로 이루어지면 학습자들은 강사가 개개인에게 관심을 가지고 말을 하고 있다는 인상을 갖게 된다. 지나치게 강의 노트나 교재에 집착하여 내용을 그대로 읽는 것은 학습자들과의 자연스러운 대화나 강의의 생동감을 상실하게 되고 강의는 형식적이 되며 학습자들을 소외시키기 때문이다.

2) 비언어적 표현

① 몸동작

학습자들이 열심히 들어야 한다는 것을 표현하기 위해 열띤 표정을 짓거나 중요한 부분을 강조하거나 새로운 논의를 시작하기 위해 몸동작을 사용할 수 있다. 의도적이고 목적이 있으며, 일관적인 몸동작을 사용하는 것이 좋다. 이는 자연스러워야 하며, 학습자들의 주의를 산만하게 만들어서는 안 된다.

② 눈맞춤

학습자 개개인과의 눈 맞춤은 학습자들의 강의에 대하여 참여를 촉진한다. 강사가 학습자 자신에게 말하고 있다는 인상을 받게끔 하는 것이다. 이때 학습자들을 3~5초 정도 보는 것이 좋으며 이보다 길어지면 학습자들이 불편해할 수 있다는 사실에 유의한다.

③ 자리의 이동

지나치게 교탁에 고정된 듯한 자세는 뒷좌석의 학습자는 강의에 집중하지 못하므로 적절한 움직임이 필요하다. 반면 움직임이 지나칠 경우 학습자들의 주의가 산만해지기 쉬우며, 판서도 조직화되지 못하기 때문에 주의한다.

④ 바른 자세

몸을 흔들거나 교탁에 기대거나 팔꿈치를 대고 있는 것은 바람직하지 않다. 무릎은 약간 긴장감을 풀고, 어깨는 내리며 손은 허리 높이에 둔다.

4.

참여 유도 기술

명강의는 강사 중심의 수동적 강의가 아니며, 학습자들을 주체로 능동적 학습에 참여하게 한다. 따라서 학습의 참여를 유도하는 기술을 살펴보면 다음과 같다.

- 학습자들이 서로의 이름을 알 수 있도록 한다.

학습자들은 함께 강의를 듣는 다른 학습자들이 낯선 사람보다는 친숙한 사람이라고 느낄 때 보다 강의에 적극적이다. 따라서 학기 초에 서로의 소개나 주요 관심사와 과목과 관련된 선수 경험 등을 소개하는 기회를 갖는다. 이러한 소개는 학습자들의 관심을 나타낼 토론 질문을 만드는 데 도움을 제공한다.

- 강사의 말을 제한한다.

연구에 따르면 강사의 말이 강의 시간에 이루어지는 대화의 86%를 차지한다고 한다. 따라서 모든 학습자의 의견에 대응하기보다 학습자들이 자기 의견을 발전시키고 다른 학습자가 이에 대해 대응할 수 있도록 강사의 말을 자제한다.

- 소집단 토론을 자주 활용한다.

주기적으로 학습자들을 소규모 집단으로 구분해 토론하게 한다. 학습자들은 대부분 전체 학습자보다는 서너 명으로 구성된 집단 앞에서 말하기가 쉽다. 특히 강의 시간에 소극적인 학습자들을 강의에 참여시키는 방법으로 효과적이다. 학습자들을 소집단으로 나누고 5~10분 정도 질문이나 주제에 대해 논의한 후, 다시 전체 학습자들이 논의할 수 있도록 한다.

- 긍정적 피드백을 제공한다.

학습자의 참여도에 따라 성적을 매기거나 최종 점수를 산출할 때 참여와 관련해 보너스를 주기도 한다. 그러나 참여를 점수화하는 경우 학습자들의 자유로운 참여가 억제되고 평가로 인해 학습자들이 말하는 것을 주저하기도 한다. 또한 사려 깊은 침묵은 비생산적이라고 볼 수 없으며, 수줍은 학습자들을 나쁘게 평가하는 것 때문에 부정적 견해가 있을 수도 있다.

따라서 참여의 활성화와 보상을 위해서는 점수로 평가하기보다는 칭찬이나 다른 긍정적 요소를 강화시키는 것이 바람직하다. 특히 소극적 학습자가 의견을 제시한 경우 비록 기여도가 적거나 수정이 필요하더라도 강사는 미소라도 지어 학습자의 참여를 격려해 주어야 한다. 긍정적 피드백을 제공할 때는 비언어적 표현의 효과적 활용도 잊지 않는 것이 바람직하다.

- 학습자들의 모든 질문과 의견을 존중한다.

강사의 질문이나 답변에 학습자들이 당황하지 않도록 하기 위해서는 학습자들의 응답 결과를 가능한 한 평가하지 않는 것이 좋다. 학습자들의 실수나, 오답, 반대의견을 제시하는 것이 용납되는 자유로운 분위기를 조성하는 것도 필요하다. 학습자에게 질문해 놓고 답을 안 한다고 해서 충분히 기다리지도 않고 동일 질문을 다른 학습자에게 질문함으로써 학습자의 응답을 단순히 평가하거나 무시하는 행동을 피해야 한다.

- 가능한 많은 학습자을 강의에 참여시킨다.

연구에 따르면 40명 미만의 강의에서는 4~5명의 학습자가 전체 상호작용의 75%를 차지하고, 40명 이상의 강의에서는 2~3명의 학습자가 51%를 차지한다. 따라서 지나치게 강의에 적극적으로 참여하는 학습자들을 적절히 통제하여 모든 학습자가 강의에 참여할 수 있도록 한다.

- 강의를 수강하는 학습자들의 특성을 파악해 둔다.

학기 초 학습자들에게 간단하게 관심사와 강의 관련 경험 등을 나타내는 자기소개서를 작성하게 하는 것은 학습자들의 특성을 파악하는 데 도움이 된다. 수줍음이 많거나 수동적 학습자들을 강의에 참여시키는 효과적인 방법 중 하나는 그들이 가지고 있는 특별한 지식을 문제 영역에 기여하도록 하는 것이다. 따라서 학습자들의 특성을 가능한 빨리 파악해 두는 것이 필요하다.

5.

강의 중 질문 전략과 대응 전략

강의 과정에서 질문은 강사와 학습자, 학습자 상호 간의 의사소통을 증진시키는 수단으로 교육적 의의를 가진다. 학습자들의 능동적 참여를 통한 역동적 강의 진행을 위해서는 학습자들에게 질문을 할 수 있는 기회를 제공해 주어야 한다.

강의에서 질문의 활용은 학습자들의 사고를 촉진하는 것을 근본 목적으로 하며, 질문을 통해 교수는 학습자들의 비판적 사고, 반성적 사고, 합리적 사고 등 다양한 형태와 수준의 사고를 자극하고 이끌어줄 수 있다. 특히 질문은 주의를 환기시키고 학습자들의 호기심과 지적 활동을 자극하여 적극적 강의에 대하여 참여를 유도하는 데 효과적이다.

1) 질문 제기 전략

- 핵심 질문을 미리 준비해 둔다.
- 질문의 목적과 방법을 생각해둔다.
- 학습자들이 명확히 이해할 수 있도록 질문한다.
- 개방형 질문을 한다. "예", "아니오"로 답할 수밖에 없는 폐쇄형보다 다양한 답이 가능한 개방형 질문을 하는 것이 바람직하다.
- 발산형 질문을 한다.

수렴형 질문은 강사가 강의 내용을 학습자들이 제대로 이해하고 있는지를 확인하거나 주의를 집중시키고자 할 때 사용한다. 이에 반해 발산형 질문은 새롭고 창의적 통찰력을 요구하며 응답자에게 대답의 형태를 허용하기 때문에 다양한 사고와 정보를 도출해낼 수 있다. 하나의 정답만을 갖는 질문에 부담을 느끼는 학습자들에게 다양한 답을 할 수 있는 질문을 하면 창의력 배양에 도움이 된다.

특정 학습자를 호명한 후 질문하면 다른 학습자들은 그 질문에 대해서는 생각하지 않고 호명된 학습자가 무엇을 말하는지 듣기만 할 뿐이다. 또한 언제 본인이 호명될지 몰라 강의 시간에 불안해할 수도 있다. 질문은 되도록 모든 학습자에게 하고 모든 학습자가 생각할 수 있도록 시간을 주는 것이 바람직하다.

2) 효과적인 대응 전략

- 학습자들의 말을 경청한다. 질문을 받거나 의견을 들을 때 눈을 맞추면서 신뢰감을 심어주어야 한다. 고개를 끄덕이면서 학습자가 계속 말을 할 수 있도록 얼굴 표정이나 손 동작을 적절히 하는 것도 효과적이다.
- 질문을 하거나 정답을 말한 경우는 칭찬을 아끼지 않는다.
- 질문을 반복하고, 쉬운 말로 바꿔 모든 학습자에게 말해준다.
- 한 학습자가 질문을 하는 경우 강사는 모든 학습자에게 질문의 내용을 알려주도록 한다.
- 질문을 이해하지 못한 경우에는 다시 질문하도록 한다.
- 가능한 바로 답변해준다.
- 오답은 기술적으로 수정해준다. "틀렸어요." 대신에 "지금 말한 것은 정답이 아닌 것 같은데요."라는 말을 통해 학습자가 답을 다시 말하거나 수정할 수 있도록 격려한다.
- 학습자가 자신의 질문에 대한 답을 스스로 찾을 수 있도록 격려한다.

6.

강의 마무리

명강의는 시작을 분명히 알려야 하듯 강의의 마무리도 명확히 해야만 한다. 시간이 부족하여 마무리를 제대로 하지 못하거나, 시간이 지났는데도 강의를 지속하는 것은 바람직하지 못하다. 강의를 마무리할 때는 학습자들이 당일 강의의 목적이 무엇이었는지, 무엇을 배웠는지를 이해할 수 있도록 도와주어야 한다.

- **마무리는 확실히 한다.**
인상적인 마무리는 학습자에게 오래 기억되며 다음 강의를 준비하는 데에도 많은 도움이 된다.

- **배운 내용을 확인한다.**
강의 시간 동안 강의한 내용에 대해 확인하는 것이 필요하다. 학습자들의 이해도를 파악하기 위해 주요 내용을 적게 하는 1분 페이지 쓰기를 활용할 수 있다. 또한 퀴즈나 토론도 좋은 방법이다.

- **핵심 내용을 요약하고 다음 시간 내용을 공지한다.**
제기한 문제에 답을 하고, 주요 개념을 요약하거나 강의목적이 어떻게 성취되었는가를 설명한다. 학습자들에게 생각해 볼 내용이나 답해야 할 질문, 해결해야 할 질문을 통해 다음 강의를 준비할 수 있도록 유도한다.

- **학습자들에게 질문할 기회를 준다.**
의문 사항이나 보충 설명의 필요 여부를 확인해야 한다. 개인적 질문의 기회를 제공함으로써 신뢰적 관계를 유지할 수 있다.

7.

강의 공포감 해결

우리나라 사람들은 남들 앞에 서는 문화가 생활화되어 있지 않기 때문에 강의를 앞두게 되면 발표 경험이 없는 사람들은 보편적으로 심한 스트레스를 느낀다. 실제로 통계자료를 보면 우리나라 직장인 열 명 가운데 아홉은 업무와 관련한 각종 발표 때문에 심한 스트레스와 심적 부담을 느낀다고 한다.

누구든지 처음 강의를 하게 되면 여러 사람 앞에 선다는 생각만으로도 긴장하게 되고, 실제로 강단에 서서는 사시나무 떨듯이 떠는 경우가 많다. 그러다 보니 몸이 떨려 목소리까지 떨리게 되고 결국 혀가 뒤엉켜서 말까지 더듬게 된다. 그렇게 되면 아무리 많은 것을 안다 해도 제대로 전달하기는 커녕 말 한마디 제대로 하지 못하고 강단을 내려오는 경우가 있다.

제아무리 많은 것을 알고 있다고 할지라도, 학습자들 앞에만 서면 떨리거나 두려워지면 아는 것을 학습자 앞에서 효과적으로 표현해내지 못해 명강의를 할 수 없다. 따라서 명강의가 되기 위해서는 떨리는 것을 완전히 없애기는 어렵겠지만 줄일 수는 있다.

1) 떨리는 이유

사람은 누구나 사람들 앞에 서면 정도의 차이는 있지만 떨리고 흥분한다. 사람은 두려움과 흥분이 생기면 상황을 피하려는 노력을 하게 되는데 이를 회피반응이라고 한다. 그러나 어쩔 수 없이 상황에 부딪혀야 하는 경우는 상황이 발생하기 전부터 미리 불안을 느끼는데 이를 예기불안이라고 한다. 피할 수 없는 정도가 클수록 일상생활에 장애를 가져오고 극심한 불안 반응이 일어나게 된다.

학습자들 앞에만 서면 떨리는 이유에는 다음과 같다.

① 정신적인 원인
- 아는 사람 앞에서 강의해야 한다는 부담감
- 실패에 대한 두려움, 실패했을 때의 공포감
- 남들보다 잘할 수 없을 것 같은 열등감, 강의해본 경험이 없는 두려움
- 정서불안
- 강의에 실패해본 경험

② 기술적인 원인
- 말을 잘할 수 없다.
- 대화에 자신이 없다.
- 화제가 부족하다.
- 연습이 충분하지 않다.

③ 육체적인 원인
- 추위로 인한 떨림
- 건강이 안 좋아졌을 때
- 몸살, 감기, 두통으로 인한 컨디션이 안 좋아졌을 때.

대부분의 강사는 학습자 앞에 서면 자기도 모르게 여러 가지 정신적인 변화와 신체적인 변화를 겪는다. 정신적인 증상으로는 불안감, 긴장감, 당황, 흥분 상태가 되고, 신체적인 증상은 가슴이 두근거리는 현상, 얼어버리는 현상, 울거나 얼굴이 빨개지는 현상, 사시나무 떨듯이 떠는 현상 등이 나타난다. 떠는 현상은 사람에 따라 입술을 떠는 사람이 있기도 하고, 손이나 다리가 떨리는 사람이 있기도 하고, 온몸을 유난스레 떠는 사람도 있다. 떨림 현상은 목소리까지 떨리게 하여 듣기가 거북해진다.

학습자 앞에만 서면 떨리는 공포 증세는 강사가 자신 없어 하는 것을 학습자들이 알게 하며 준비를 충분히 안 해 온 것처럼 보이기 쉽다. 그러나 어떠한 불안도 막상 일을 해결하고 보면

의외로 별것 아닌 것으로 끝나는 경우가 많아 허탈감이 생기기도 하다. 이는 우리가 공포나 불안을 느끼는데 충실했지, 공포나 불안을 해결하기 위한 방법을 생각하지 않았기 때문이다. 결국 공포는 무지와 불안의 산물이기 때문에 차분히 준비한다면 공포도 사라지게 된다.

2) 떨리지 않고 자신감 있게 강의하는 방법

강의에 대한 두려움이 있는 분들은 다음과 같이 해보면 확실히 효과가 있다.

① 긍정적인 암시로 자신감을 갖는다.

강의를 하기 전에 "나는 잘할 수 있다.", "나는 자신있게 강의할 수 있다."와 같이 긍정적인 암시로 자신감을 갖도록 한다. 그리고 강의장에 들어가기 전에 크게 심호흡을 한번하고 배에 힘을 주면 떨리는 현상은 상당히 줄어든다. 그래도 떨린다면 청심환이라도 먹으면 심리적으로 안정이 되어 자심감 있게 강의할 수 있다.

② 자신감은 준비로부터 온다.

강의에 두려움증이 있거나 처음 강단을 서는 강사는 강의에 대한 준비를 철저히 해야 한다. 강의 준비 중에 제일 먼저 해야 할 일은 자신의 상황과 학습자의 배경을 정확히 인식하는 것이 중요하다. 앞에서 "적을 알고 나를 알면 백전백승이라는 말이 있다."라고 하였다. 이에 맞추어 강사가 준비해야 하는 것은 다음과 같다.

- 강의 대상이 누구며, 어느 정도의 학력에, 경제적 상황은, 어느 수준의 지식을 가졌는지 등에 대하여 학습자에 대한 배경을 철저히 분석한 후 그들이 필요한 것이 무엇인가를 생각한다.
- 강의 주제에 맞게끔 그들에게 유익할 수 있는 내용을 강의하기 위하여 관련 자료들을 모아서 분석하고 강의안을 만든다.
- 예상 질문에 대한 답변 등도 마련하여 어떠한 상황도 극복할 수 있는 자신감을 가져야 한다.

③ 강의 순서를 적어둔다.

강의 주제와 순서를 칠판 한구석이나 메모지에 적어두고 언제나 볼 수 있도록 하면 강의 순서가 일정하게 진행될 수 있으므로 오로지 강의에만 신경 쓸 수 있게 된다. 또한 당황해서 강의 내용을 잊어버려도 강의 순서를 보면 다시 기억할 수 있으므로 최악의 상황에서 의지가 된다.

강의 순서를 적어두는 것만으로 순조로운 강의를 진행하기가 어려우면 교재를 펴 놓고 잠시 잠시 보면서 강의하는 것도 자신감을 가지게 해주는 요인이 될 수 있다. 비록 매끄러운 강의는 아니지만 강의를 다시 차분히 시작할 수 있게 해 준다.

④ 타인은 진지하게 듣지 않고 있다는 사실을 명심한다.

강의에 대한 두려움을 갖거나 떨리는 이유는 남들보다 잘해야 한다는 부담감부터 학습자들이 자신의 강의에 대하여 처음부터 진지하게 듣고 있다는 생각으로부터 시작한다. 그러나 학습자들은 의외로 강사의 강의 내용에 대하여 처음부터 진지하게 듣지 않는 경우가 많다는 것이다. 따라서 강의를 완벽하게 해야 한다는 부담감에서 벗어나 최선을 다한다는 생각을 가지면 여유가 생긴다.

⑤ 잘하려는 욕심을 버린다.

강의할 때 대충해야겠다는 생각만 한다면 대화체로 강의 해나가듯 자신감 있게 강의를 전개해나갈 것이다. 그러나 강의에 대한 공포가 생기는 것은 훌륭한 강의가 되길 바라는 강사 자신의 욕구가 강하기 때문이기도 하다. 따라서 강사 자신이 공포증이나 떨고 있다는 생각이 들면 너무 잘하려는 의지를 버리고 조금 성의 없이 보일지라도 자연스럽게 1대 1 대화를 한다고 생각하고 대화하듯 강의하면 무사히 강의를 마칠 수 있다. 그러나 이러한 강의 공포증은 조금 강의하게 되면 금방 잊혀지게 된다.

어떤 강사는 강단에만 서면 신바람 나는 사람으로 바뀌어 강의가 인생에서 가장 행복한 것이라고 말하는 것을 본 적이 있다. 그 강사도 처음 시작은 매우 떨리는 강의로 시작했지만 그러한 떨림을 극복해 가는 과정이 더욱 즐거웠다고 한다.

⑥ 실전처럼 연습한다.

완벽한 준비 후에는 연습을 실전처럼 해보아야 한다. 특히 '강의 공포증'을 많이 느낄수록 연습을 마치 학습자들 앞에서 강의하듯 소리 내어서 해보아야 한다. 가장 좋은 방법은 여러 학습자를 놓고 미리 연습하는 것이 좋지만 그렇게 하기 어렵기 때문에 거울을 앞에 놓고 거울을 보면서 실제로 강의하는 것처럼 하면서 잘못되거나 어색한 부분을 수정해 나가는 것이 좋다.

전체를 연습하는 것이 바람직하지만, 적어도 첫 10분 정도에 해당하는 강의를 연극 대본을 외우듯이 연습하는 것이 좋다. 강의의 시작이 바라던 만큼 매끈하게 진행되면 어느덧 강의 공포증이 슬며시 사라지게 된다.

⑦ 강의를 철저히 준비한다.

입으로만 강의를 하려면 모든 것을 외워서 내 것으로 만들어야 할 수 있다. 강의를 잘하려면 강의 내용을 완벽하게 숙지하는 것도 중요하지만 강의 스킬도 좋아야 한다. 강의를 처음하는 사람들은 두 마리의 토끼를 잡기 어렵다. 그러나 강의를 준비하면 강의 내용을 전부 외우지 않아도 되므로 부담에서 벗어날 수 있다.

또한 강의의 흐름을 구체적으로 제시할 수 있으므로 강의 중 말이 막히는 경우나 잊어버려서 당황하는 경우가 없어진다. 그러나 강의에 너무 많은 것을 의존하여 강의만 읽어 가는 강의를 하게 되면 학습자들은 강사의 뒤통수만 보게 된다. 따라서 강의를 이용하여 자신의 단점을 보완하는 차원에서 사용하면 의외로 좋은 효과가 나타나며, 처음 강의하는 강사도 명강사가 될 수 있다.

8.

수업의 활력을 높이는 피드백

피드백은 강사가 학습자에게 강의를 진행하거나 강의가 끝난 후 학습자들이 그 결과의 옳고 그름에 대한 정보를 제공하면 강사는 그 이유를 설명하거나 학습의 부족한 부분을 보충하기 위해 교수학습 과정 외의 부가적 정보를 학습자에게 제공하는 것을 말한다. 즉, 강의현장에서 이루어지는 학습과정 중에서 학습자들의 반응에 따라 학습자들의 질적, 양적인 성취를 위하여 학습자들에게 정보를 제공해 주고자 하는 모든 형태의 의사소통을 피드백이라 할 수 있다.

피드백의 필요성을 보면 다음과 같다.

- 피드백은 학습자의 반응 후에 뒤따르는 메시지로서 학습자들이 강의에서 학습한 결과가 성취도에 어느 정도 도달하였는지에 대한 평가를 할 수 있는 근거가 되기 때문이다.

- 피드백은 강의의 결과 학습자들의 피드백에 제시한 내용으로 인하여 다음 단계의 학습으로 나아가는 데 방향감을 가질 수 있기 때문이다.

- 피드백은 상호작용의 결과이므로 강의의 활력을 찾아주며 강의에 대한 참여도를 높일 수 있기 때문이다.

- 피드백은 학습자로 하여금 적극적으로 학습 활동을 지속할 수 있도록 기회를 제공하기 때문이다.

- 피드백은 학습의 결과에 대한 이해와 파지를 도와주어 과제 수행에 긍정적인 영향을 미치기 때문이다.

- 피드백은 학습자의 학습결과에 대하여 학습 상태의 적성 여부와 학습 결손 정도에 대한 정보를 제공해준다.

- 피드백은 학습의 결손을 발견하여 제거해줌으로써 학습에 대한 동기를 부여하고 후속학습을 가능하게 해준다.

9.

수업 참여를 높이는 방법

1) 강의 계약서 작성

학습자의 학습 참여를 높이기 위해서는 강의 계약서를 작성을 하는 방법이 있다. 강의를 시작하기 전에 이 강의에서 기대하는 효과, 배우고 싶은 것, 출석에 대한 약속과 강의시간 전반에 대한 성실성을 명시하여 계약서를 작성하게 하는 방법이다.

학습자가 작성한 강의 계약서는 학습자 스스로가 강의의 중요도와 기대하는 효과를 스스로 평가하는 방법이다. 이 강의를 통하여 얻고자 하는 것이 무엇인가를 스스로 알 수 있게 하는 효과를 거두어 긍정적인 피드백을 얻을 수 있다. 강사 입장에서는 학습자들이 기대하는 바를 파악하고 강의에 적용시킬 수 있기에 이어질 강의에 학습자의 참여도를 높일 수 있다.

2) 웹 게시판 활용

강의 시간에 전달되는 정보뿐만이 아니라 웹을 통하여 많은 정보들을 전달하고 강의에 유용하다고 생각되는 자료들을 탑재하여 공유할 수 있다. 학습자들에게 인터넷 활용을 생활화하는 데 강한 동기를 부여할 수 있을 뿐만 아니라, 홈페이지에 웹사이트가 가지고 있는 복합적인 기능인 메일, 채팅, 자료 올리고 내려 받기, 게시판에 글쓰기 등을 부가하여 컴퓨터 통신과 인터넷을 통해 자기 주도적 학습을 가능하게 한다.

3) 질문 활용하기

학습자를 가장 쉽게 수업에 참여하게 할 수 있는 방법이 바로 질문이다. 그러나 질문할 때는 답변을 논리적으로 할 수 있도록 충분한 시간을 준다. 질문을 할 때 전체 학습자에게 먼저 하여 모든 학습자가 생각할 수 있는 시간을 충분히 준 뒤에 특정 학습자를 지적하여 답변을 귀 기울여 듣는 것이 좋다. 질문 시 학습자들의 마음이 상하지 않도록 주의한다.

학습자의 대답이 끝나기 전에 말을 막아버린다거나 비판적인 어조를 사용하지 않도록 해야 한다. 정확한 대답이 나왔을 경우 인정이나 칭찬의 반응을 보이며 확답해 준다. 부분적으로 정확한 답이 나왔을 경우 정확한 부분에 대해서는 자신감을 주고, 부정확한 부분은 다른 학습자를 통해 고치도록 유도한다. 예를 들어 "맞았어요, 좀 더 보충할 학습자는 없나요"라는 말로 다른 학습자의 참여를 유도한다. 틀린 답이 나왔을 경우도 "주요 부분이 빠졌네요."와 같은 말로 정확한 대답을 할 수 있도록 질문을 같은 학습자에게 다시 한다.

4) 인센티브 제공

강의 과정에서 발표를 잘하거나 수업에 참여를 잘하는 학습자에게 인센티브를 준다. 예를 들어 가산점을 주거나 과제를 면제시켜주는 인센티브를 활용할 수 있다. 인센티브를 통하여 학습자들의 강의에 대한 참여를 높일 수 있을 뿐만 아니라 강의 과정에 있어서 선수학습을 할 수 있게 하는 것이다.

5) 브레인스토밍 활용

브레인스토밍은 특정한 주제나 문제점에 대하여 학습자들이 자신의 의견이나 아이디어를 자유스럽게 제시하도록 하는 강의이다. 이것을 통하여 학습자들의 창의력을 촉진시키고 학습의 참여도를 높이는 강의 방법이다. 학습자들로부터 다양한 의견을 이끌어내는 것에 그치지 않고 학습자들이 적극적으로 강의에 참여할 수 있는 강의 태도를 만드는 것이다.

10.

강의 중 문제행동을 줄이는 기술

　모든 강사는 강의 중에 모든 학습자가 집중하여 자신의 강의를 경청해주기를 바라지만 학습자들에게 있어 강의 중 내내 집중하기란 쉬운 일이 아니다. 처음에는 경청하고 있다가도 지루해지면 강의 중에 잡담하거나, 잠을 자거나, 스마트폰을 사용하는 등 문제행동을 보이는 경우가 있다. 이러한 문제행동을 그냥 지나치고 강의를 진행하게 되면 자신의 문제행동을 보이는 것에 대해 스스로 도 문제를 느끼지 못하고 지나치게 될 수 있을 뿐 아니라 강의 분위기가 조성되지 못하게 되면서 강의의 질이 떨어지는 문제가 발생할 수 있다.

　학습자의 문제행동은 한 학습자의 문제만이 아니다. 교실에서 많은 학습자가 함께 강의를 받고 있는 만큼 다른 학습자들에게 피해를 줄 수 있으며, 강사도 강의를 제대로 진행하지 못하게 되어 교실의 모든 구성원에게 피해가 되는 것이다. 이러한 문제행동에 대해 접근하는 방식은 강사의 태도에 따라 다른 특성을 보인다.

　어떤 강사는 억압적인 분위기를 조성하여 문제행동을 하지 못하도록 하거나 체벌과 훈계를 통한 방법을 쓴다. 반면 친근하고 협조적인 분위기를 조성하여 강사의 지시에 학습자가 우호적인 반응을 보일 수 있도록 하여 문제행동을 예방하거나 해결하려고 한다. 어떤 강사는 학습자들의 문제행동이 나타났음에도 불구하고 개입하지 않고 강의를 진행하는 경우도 있다. 어떠한 방법이든 문제행동에 대하여 개입하지 않는 것은 결국 강사의 의무와 책임을 다하지 않는 모습으로 비추어지게 된다.

　적절한 개입을 통해 학습자들이 자신의 강의 분위기를 지지하고 문제행동을 줄일 수 있도록 하여 강의를 진행해나가는 것도 강사의 능력으로 평가받고 있다. 따라서 강사는 강의 중에 발생하는 문제행동을 다룰 수 있는 기술을 요하게 된다.

1) 문제행동의 정의

강의 중 문제행동이란 강의 중에 강의 분위기를 해치는 행동을 말한다. 구체적으로는 강의 중에는 하지 말아야 하는 행동, 특히 강의 분위기에 실질적 또는 감정적으로, 신체적으로나 정신적, 나쁜 영향을 주는 행동을 말한다.

이러한 문제행동의 정의를 바탕으로 강의 시 문제행동은 다음과 같이 구분할 수 있다. 개인적 문제행동은 남에게는 피해를 주지 않으나 자신에게 피해를 주는 것을 말하며, 지각하거나, 잠을 자거나, 핸드폰을 가지고 문자를 주고받거나, 강의와 관련 없는 다른 생각을 하거나, 강의 중 강의와 관련 없는 행동을 하는 것을 말한다.

집단적 문제행동은 집단에게 피해를 주는 행위로 옆 사람과 대화하거나, 행동을 크게 하거나, 강의에 관련되지 않은 행동으로 남에게 피해를 주거나, 강사와 학습자 간에 정해 놓은 규칙을 위반하는 행동을 하는 것을 말한다.

2) 문제행동의 발생 원인

강의 중에 나타나는 문제행동을 처리하기 위해서는 문제행동의 원인을 알아내는 것이다. 강의 중에 나타나는 문제가 되는 행동은 다양하게 나타나지만, 문제행동을 일으키게 하는 원인에는 대체로 한정되어 있다. 가장 흔한 이유를 살펴보면 다음과 같다.

① 잘못이라고 인식하지 못하고 있기 때문이다.

학습자들은 자신의 행동이 강의 분위기를 해치는 문제행동이라고 생각하면 쉽게 하지 못할 것이다. 실제로 많은 학습자가 자신의 행동이 왜 잘못 잘못되었는지를 모르고 하는 경우가 많다. 강의 중에 핸드폰 문자를 주고받거나, 옆에 앉은 학습자하고 작은 목소리로 소곤거리는 학습자는 자신의 목소리가 남에게 들리지 않은 것이라고 착각하는 경우가 많다. 따라서 문제행동을 자주 하는 학습자들에게는 자신의 행동이 옆 학습자한테 피해를 준다는 사실을 지적해서 깨닫게 해야 한다.

② 강사의 강의력이 부족하기 때문이다.

똑 같은 과목을 가르치더라도 강사가 누구냐에 따라서 학습자들은 흥미를 갖고 강의에 참여하기도 하지만, 문제행동으로 인해서 강의가 이루어지기 어려운 경우가 있다. 공부를 잘하거나 학습 의지가 높은 학습자들일수록 강의에 대한 참여도가 높은 편이다. 그러나 반대로 강의에 대한 흥미를 느끼지 못하거나, 학습 내용을 도저히 따라가지 못할 경우 강의가 지루하고 따분하게 느껴지게 되고, 결국은 자기도 모르는 사이에 딴짓하게 된다.

이처럼 강의에서 참여도와 문제행동의 발생률은 바로 강사의 강의력과 깊은 관계를 가지고 있다. 따라서 강의를 잘하는 강사일수록 강의 중에 문제행동이 발생하지 않으나, 강사의 강의력이 부족해질수록 문제행동이 발생하기 쉽다.

③ 강의 내용이 재미없거나 흥미가 없기 때문이다.

강의 내용이 재미있거나 흥미가 유발되면 강의에 대한 참여도가 높다. 그러나 강의 내용이 너무 어렵거나 추상적인 내용들로 구성되면 학습자들은 지루하게 되고 그에 따라 졸음이나 무료함을 달래기 위하여, 잡담이나 스마트폰을 사용하게 된다. 따라서 이런 경우에는 학습자들의 흥미를 유발할 수 있도록 화제를 전환하거나 스팟 강의를 해주는 것이 좋다.

④ 학습자들의 생리적·신체적 작용의 결과이기 때문이다.

학습자들이 아무리 강의에 대하여 관심을 갖고 참여하고 싶더라도 생리적·신체적인 작용으로 인하여 문제행동이 발생하는 경우가 많다. 학습자들은 생리적으로 점심 식사 후에 졸게 되거나 오랫동안 강의를 듣게 되면 신체적으로 힘들게 되므로 주의가 산만해지게 된다. 이런 경우에는 분위기를 전환할 수 있도록 신체적 활동이 이루어질 수 있도록 해서 강의에 흥미를 유지하도록 해야 한다.

⑤ 다른 학습자들에게 주목받으려고 하기 때문이다.

학습자에 따라서는 강의 중에 돌출행동이나 문제행동을 함으로 해서 다른 학습자들의 주목을 받거나 우쭐하고 싶어 하는 경우가 있다. 이런 경우 문제행동을 일으키는 학습자를 지적하게 되면 더욱 이상한 문제행동을 보이기도 한다. 예를 들면 옆 학습자하고 잡담하지 못하게 했더니 아예 딴짓을 하거나, 강의실을 늦게 들어오는 것을 지적했더니 강의가 끝나기 전에 휙 나가버리

기도 한다. 이런 경우에 강사는 매우 불쾌하지만 더 이상 반응을 보이게 되면 학습자들이 원하는 만족을 가져다주는 것이므로 반응하지 않는 것이 바람직하다.

3) 문제행동

① 스마트폰 사용

요즘 학습자들에게 스마트폰은 필수다. 그래서 강의 중에도 문자를 보내거나 강의 중에 통화를 하기 위해 강의실을 나가는 경우를 종종 볼 수 있다. 결과적으로 스마트폰을 강의 중에 활용하게 되면 개인이나 다른 학습자들에게도 피해를 주게 된다. 강의 중에 스마트폰 사용을 하지 못하도록 하기 위해서는 첫 강의에서의 규칙 설정이 필요하다. 자신의 강의 중에는 스마트폰을 사용하지 않도록 한다.

또한 강사 자신도 스마트폰을 사용하지 않는 것이 중요하다. 강사 자신이 강의 중에 스마트폰을 사용한다면 학습자들로부터 신뢰감을 떨어뜨리는 결과를 낳게 된다. 스마트폰의 사용이 적발될 경우 자신의 스마트폰의 전원은 꺼져 있음을 확인시켜주면서 강사 스스로 확실한 행동적 모범을 보여주면 학습자들의 행동적 변화에 유용할 것이다.

② 졸음

강의 중에 조는 행위는 강사와 학습자의 의욕을 모두 떨어뜨릴 뿐만 아니라 전체적인 강의실 분위기에 영향을 미쳐 강의 자체의 질이 떨어질 수 있는 문제를 가지고 있다. 강의 중에 특히 점심시간 이후나 이른 아침이라면 강의 중에 조는 학습자가 많아지고 강의가 지루하게 이어질 수 있으므로 강사의 세심한 주의가 필요하다.

학습자들은 강의가 자신에게 반드시 필요한 것이라고 느낄 때 더 많은 집중력을 보인다. 따라서 강사는 학습자들에게 강의의 중요성을 강의 해 주거나, 질문을 통해서 강의에 능동적으로 참여하게 함으로써 집중할 수 있도록 한다.

졸음을 방지하기 위한 방법으로 강사는 강의 중에 한 곳에 정지되어 있듯이 강의하지 않는 것도 좋은 방법이다. 사람은 시선을 한 시간 동안이나 한 군데에 집중하다 보면 자기도 모르는 사이에 졸게 되어 있다. 따라서 강사는 강의를 하는 동안에 가끔 자리를 옮기는 것과 강단에서 내려와 학습자들 사이를 지나다니는 것이 학습자들의 시선 집중을 도와주는 좋은 기술이다. 이것은 한 마디로 학습자들의 눈동자에 운동시켜주어서 피로함을 풀어주자는 뜻이기도 하다. 특히 조는 학습자 옆으로 지나가면 그 학습자는 슬며시 깨어나게 되어 있다. 아무리 간이 큰 학습자도 강사의 바로 앞에서 "나 몰라라"하며 엎어져 자는 학습자는 그리 많지 않다. 마찬가지로 강의 시간에 떠드는 학습자들 곁으로 슬쩍 다가가면 말로 야단치지 않고도 같은 효과를 볼 수 있다. 그러나 너무 부산하게 지속적으로 이리저리 왔다 갔다 하는 것은 오히려 산만한 분위기를 자아낼 수도 있기 때문에 절충하는 것이 효과적이다.

③ 잡담

강의 중의 잡담은 강사의 강의 흐름에 방해가 될 뿐만 아니라 다른 학습자에도 피해를 주게 된다. 따라서 강의 중에 잡담한다면 "무슨 질문 있어요?", 또는 "하고 싶은 말이 있으면 나와서 말해보세요"라고 잡담에 응하며 강의 중에 잡담하는 것이 강사와 다른 학습자에게 피해를 주고 있음을 인식하도록 한다.

또한 강의 중 중에 적절한 움직임을 통해서 학습자의 시선이 고정되지 않도록 하며 잡담하는 학습자 옆에 서서 강의하는 방법도 있다. 학습자는 강사가 가까이에 있으면 옆 사람과 잡담을 나누기 어렵다. 강의 중 앞에 앉은 학습자보다 뒤에 앉은 학습자의 잡담과 문제행동이 높은 것도 같은 맥락으로 볼 수 있다.

④ 지각 및 결석

학습자들이 강의 중에 늦게 들어오게 되면 책상을 옮기는 소리, 의자를 끄는 소리, 문을 여닫는 행위들로 인해서 강의에 방해를 받게 된다. 또한 그러한 소리로 인해서 학습자들과 강사의 시선이 옮겨짐으로 인해 강의의 집중력이 떨어질 수 있다. 결석이 많은 경우 강의에의 적극적인 참여 분위기가 조성되지 못하여 강의의 질이 떨어지는 문제를 가져올 수 있다. 따라서 강의에서 지각과 결석을 줄일 수 있도록 적절한 제제를 가하는 것이 필요하다.

학습자들의 지각과 결석을 줄이기 위해서는 출석의 중요성을 강조하는 것이 필요하다. 지각 및 결석을 했을 때 돌아가는 불이익에 대해서 설명해 줄 수 있다. 또한 강의 시간에 늦으면 질문을 하거나 발표시키도록 하는 것도 좋은 방법이다.

참고 문헌

1. 국내 논문과 문헌

강호원(2020). 영국의 학교 보건안전 현황. 서울: 메일진

곽은복(2009). 아동안전관리, 서울: 학지사.

경기도교육청(2022). 재난대비 학교현장 행동매뉴얼. 경기도교육청.

경기도교육청(2022). 학교시설 재난 및 사고 현장조치 행동매뉴얼. 경기도교육청.

경기도교육청(2022). 한눈에 보는 안전매뉴얼(태풍, 집중호우, 낙뢰). 경기도교육청.

경기도교육청(2015). 교권보호 길라잡이 이럴 땐 어떻게?. 경기도교육청.

경상북도교육청(2017). 학교폭력 사언처리 길라잡이. 경상북도교육청.

권봉안(2004). 안전교육. 도서출판 금광.

교육부 국회제출 자료(2016). 학교폭력대책자치위원회 심의결과. 교육부.

교육부(2017). 2017년 1차 학교폭력 실태조사. 교육부

교육부(2015). 7차 교육과정안. 교육부.

교육부(2014). 생명존중과 안전한 사회 구현을 위한 교육 분야의 안전종합대책. 교육부.

교육인적자원부(2013). 학교 안전교육 실태분석을 통한 안전교육 개선방안. 교육인적자원부.

국립국어원(2014). 표준국어대사전. 서울: 국립국어원.

국민안전처 (2014). 재해연보. 국민안전처.

국립재난안전연구원(2015). 재난 안전교육체계 정립을 위한 재난 유형분류 및 표준화. 서울: 국립재난안전연구원.

김두현·김상철(2000). 생활과 안전. 동화기술.

김도훈(2022). 사회적 재난 이후 조성된 기억장소의 의미해석 : 세월호 참사를 중심으로. 서울대학교 대학원 박사학위논문.

김명열(2017). 안전문화가 안전 성과에 미치는 영향에 관한 실증적 연구. 명지대학교 대학원. 박사학위 논문.

김성희(2000). 유아안전교육. 창지사.

김종세(2015). 현행법상 학교안전교육에 대한 문제점과 개선방안. 한양법학 26(2).

김태환(2017). 재난관리론. 백산출판사.

김창현(014). 생활안전교육 및 지도법. 동문사.

문기섭(2014). 안전분위기의 선행요인과 성과에 관한 연구. 경희대학교 대학원. 박사학위 논문.

미래창조과학부(2014). 2013년 인터넷이용실태조사 보고서. 미래창조과학부.

박남희 외(2015). 안전교육 전문인력 양성 활성화 방안 연구. 국민안전처

법제처(2017). 기업재난관리표준.

법제처(2019). 재난 및 안전관리 기본법.

법제처(2018). 재해경감을 위한 기업의 자율활동 지원에 관한 법률.

보건복지부(2006). 미디어와 함께 건강하게 살아가요. 보건복지부.

부산교육청(2017). 2017 학교 안전계획. 부산교육청.

산업안전관리공단(2004). 안전교육. 산업안전관리공단.

서해근(2003). 안전교육 및 응급처치. 동아대학교출판부.

서울특별시교육청(2016). 대상별 학교 성폭력 사안처리 메뉴얼. 서울시교육청.

신지현(2007). 아동복지현장에서의 안전교육 효과성 연구. 아동복지연구. 5(3). pp. 73-89.

소방방재청(2014). 소방행정자료 및 통계. 소방방재청

신의진(2013). 디지털 세상이 아이를 아프게 한다. 북클라우드.

심창섭(2016). 유·초등 안전교육정책과 안전교육 활성화방안. 한국유아체육학회지.

안영훈·박해육(2008). 주요 선진국의 재난 및 안전관리체계 비교연구. 한국지방자치학회.

안전보건공단(2014). 산업재해예방 안전 수칙 가이드북. 안전보건공단.

양승실(2014). 학교 안전지도사 자격 도입 방안 연구. 한국교육개발원,

양재영·김석산·김하영(2018). 학교안전교육에 대한 교사로서의 역할. 한국체육과학회지.

연안체험활동 안전교육 위탁기관협의회(2015). 안전교육. 한미의학.

유숙자(2015). 안전의식의 영향요인 분석-생활 안전을 중심으로. 「정책개발연구」.

이강준·권오영(2005). 안전시스템 구축과 심리학의 적용. 한국심리학회지: 인지 및 생물.

이광무(2015). 초등학교 교과서 안전교육 내용 분석. 한국사회체육학회지.

이명선·이송아·김선혜(2013). 화재 안전교육이 고등학생의 안전 행동에 미치는 영향. 『한국
위기관리논집』. 9(1). pp. 329-343.

이영미(2021). 국민 안전교육을 위한 전문인력 활용 방안에 관한 연구. 목원대학교 대학원. 박

사학위 논문.

이재민(2011). 안전교육을 통한 국민안전의식 제고 방안 – 초·중·고등학교 안전교육을 중심으로. 대한안전경영과학회 추계학술대회.

임동균·양기근(2021). 학교시설 화재예방에 관한 연구. 법이론실무연구. 9(2). pp. 59-88.

임성호(2015). 미국 학교안전교육의 특징과 시사점. 국회입법조사처.

임준식·최태준2010). 산업안전공학. 일진사.

전도근(2014). 힐링 스트레스. 해피앤북스.

전도근(2017). 성공적인 학교경영. 교육과학사.

전도근(2018). 교사를 당황하게 하는 학교. 교육과학사.

전순호(2001). 중학교 안전교육의 개선방안. 한국사회안전학회지. 4(1). pp. 149-164.

정건희(2014). 재난 위험도 평가 과정에 재난 안전교육이 미치는 영향 평가. 한국 위기관리논집. 10(3). pp. 366-378.

정승래·박현진·장성록(2016). 한국과 주요 외국의 안전보건교육제도에 관한 비교 연구. 한국안전학회지, 31(5). pp. 119-128.

정정일(2016). 학교안전사고의 현황과 개선방안 – 학교안전공제회를 중심으로. 융합보안 제16권 제1호. p. 24.

정윤한(2013). 외국의 재난 안전관리시스템 운영사례. 월간자치 발전. 4월호.

조인식·정필운(2015). 학교에서 안전교육에 대한 비판적 연구. 법과인권교육연구. 8(2).

최인범(1997). 안전교육. 21세기교육사.

학교안전공제회(2014). 연도별추이 및 2014년도 사고발생 통계.

학교안전공제중앙회(2021). 학교 안전 중대사고 사례연구집. 학교안전공제중앙회

학교안전공제중앙회(2020). 학교 안전교육 교재분석 연구. 학교안전공제중앙회

학교안전공제중앙회(2022). 2021년도 학교안전공제중앙회 통계자료

학교안전공제중앙회(2016). 학교안전사고 통계체계 개선 및 학교안전교육활성화 방안 연구 결과물.

학교안전공제중앙회(2017). 학교 안전교육 교재분석 연구.

한국산업안전보건공단(2004). 보호구 착용 및 사용방법. 한국산업안전보건공단.

한창희(2014). 세월호사고와 학교안전교육. 손해사정연구. 6(2). pp. 91-122

행정안전부(2018). 2017 재난연감. 행정안전부.

행정안전부(2019). 국민 안전실천역량 진단체계 개발 및 조사. 행정안전부.

행정안전부(2020). 안전교육 전문인력 역량강화 지원사업계획. 행정안전부.

행정안전부(2021). 21년 안전교육 전문인력 역량강화 지원사업 추진계획. 행정안전부

허준영. 이주호(2014). 미래재난 대응을 위한 재난관리체계 구축방안연구. 한국 위기관리논집, 10(10). pp. 173-195.

2. 외국 문헌

Anna Maria College(2021). Online Programs. MPA. Program Resourses. History of Emergency Management.

Brown(2014). Council of State Governments Justice Center.

Bohn, A.(2001). Becoming a Safety Sleuth, Safety and Health, 163(3).

Chan, E. & Lam, D.(2013). Hotel safety and security systems : Bridging the gap between managers and guests. International Journal of Hospitality Management, 32(0). pp. 202-216.

Chen, F. F., & West, S. G.(2008). Measuring individualism and collectivism: The importance of considering differential components, reference groups, and measurement invariance, Journal of Research in Personality, 42, pp. 259-294.

Clarke, S.(2013). Safety leadership: A meta analytic review of transformational and transactional leadership styles as antecedents of safety behaviors. Journal of Occupational and Organizational Psychology, 86(1). pp. 22-49.

CRS Report for Congress(2011). Disaster Relief Funding and Emergency Supplemental Appropriations. United States Government Publishing Office 「Disaster Relief Act of 1970」, P.L. 91-606,

FEMA(2016). National Disaster Recovery Framework - Executive Summary. 2nd Edition.

Fishbein, M. & Ajzen, I(2005). Theory-based Behavior Change Interventions: Comments on Hobbis and Sutton, Journal of Helth Psychology, Vol. 10 No. 1.

Guldenmund, F.(2010).(Mis) understanding safety culture and its relationship to safety management. Risk analysis, 30(10). pp.146-1480.

Lu, C. S. & Yang, C. S.(2010). Safety Leadership and Safety Behavior in Container Terminal Operations. Safety Science, 48(2). pp. 123-134.

Health and Safety (First-Aid) Regulations(1981)

McSween, T, E.(2003). The Values-Based Safety Process, Improving your safety culture with a behavioral approach,(2ed.)NEW YORK: Van Nostrand Reinhold.

National School Safety Center(2019). United States Departments of Education.

Neal A. & Griffin M. A.(2006). A Study of the Lagged Relationships among Safety Climate, Safety Motivation, Safety Behaviors, and Accidents at the Individual and Group Levels, Journal of Applied Psychology, 91(4). pp. 946-953.

Neal, A. & Grifin, M.(2002). Safety Climate and Safety Behaviour, Australian journal of management, 27(1). pp. 67-75.

Neal, A. Griffin, M. A. & Hart, P. M.(2000). The Impact of Organizational Climate, Safety Climate and Individual Behavior, Safety Science, 34. pp. 99-109.

Organ, D. W., Podsakoff, P. M., & Mackenzie S. P.(2006). Organizational citizenship behavior: Its nature, antecedents, and consequences. London: Sage Publications.

Park, Y. S.(2001). Developing of Safety Psychology Coaching Program, Research Report. KOSHA.

저자 소개

이 정 일

한세대학교 일반대학원 재난안전 공학박사

한국재난안전교육연구소 소장

경기도 소방재난본부 민간전문강사

대한태권도협회 교육감사

한국나사렛대학교 태권도학과 객원교수

한국기독글로벌스쿨 체육교사

영국) UKTU 태권도연합회장

미국) 태권도지도자연합회 한국회장

아시아태권도연맹 기술위원회 임원

경기대학교 평생교육원 경호체육복지계열 교수

권 창 희

한세대학교 교수(경찰재난안전·산업보안안전4차산업스마트시티안전융합) 학과장

행정안전부 안전한국훈련 평가위원

사) ESG 범국민운동본부 대표

사) 한국스마트시티학회 총회장

사) 대한노인회 스마트노인 연구소 소장

영) 캠브리지대학교 최고위과정 동문

미) MIT대학교 방문교수

정 명 원

한세대학교 일반대학원 U-city 공학박사

한세대학교 산업안전학과 교수

한세대학교 ESG 위원회 부위원장

한국재난안전교육연구소 연구원

문 종 철

한세대학교 일반대학원 재난안전 공학박사

국제교육진흥협회 대표

한국조달진흥원 원장

경기도 소방재난본부 민간전문강사

한국재난안전교육연구소 연구원

이 종 성

경기도 안산시자율방재단 단장

사) 대한민국특전사동지회 안산시지회 제6대회장

경기도 안산시주민참여예산위원회 안전분과위원장

전) 국민대학교 경호무술학부 실기지도교수

DK 디펜스코리아 대표

김 경 화

한세대학교 대학원 재난안전 석사과정

한국재난안전교육연구소 연구원

경기도 안산시 월피동 자율방재단 대표

안산시 여성자치대학 31기 회장

안산 가위손헤어 원장

감수 권 오 덕

한국재난안전교육연구소 고문

전) 서울 구로소방서 서장

전) 서울 서대문소방서 서장

전) 서울 119특수구조단 항공대장

안전 일상이 되다

재난안전교육의 이론과 실제

초판1쇄 인쇄 : 2023년 3월 1일

초판1쇄 발행 : 2023년 3월 1일

지은이 : 이정일

펴낸이 : 이정일

출판사 : 맹꽁이

주소 : 경기도 안산시 단원구 신촌2길 7 304호

전화 : 010-7511-0949

e-mail : kkh0949@naver.com

등록번호 : 393-2022-000035

※ 잘못된 책은 바꾸어 드립니다.

※ 무단복제를 금합니다.

ISBN 979-11-981175-0-2[93350]

값 35,000